J I A N G X I N O R M A L U N I V E R S I T Y

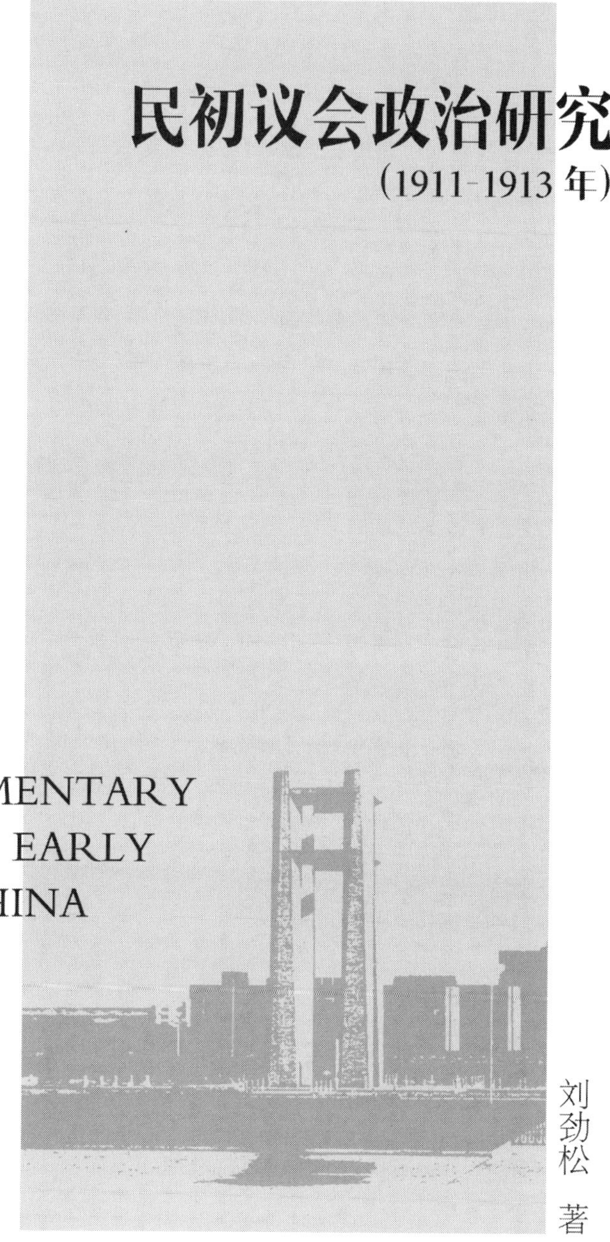

民初议会政治研究

（1911-1913年）

ON THE PARLIAMENTARY POLITICS OF THE EARLY REPUBLIC OF CHINA

刘劲松 著

中国社会科学出版社

图书在版编目(CIP)数据

民初议会政治研究（1911—1913 年）/ 刘劲松著. —北京：
中国社会科学出版社，2014. 11
ISBN 978 - 7 - 5161 - 4782 - 5

Ⅰ. ①民… Ⅱ. ①刘… Ⅲ. ①议会制 - 研究 - 中国 - 民国
Ⅳ. ①D693. 22

中国版本图书馆 CIP 数据核字(2014)第 211263 号

出 版 人 赵剑英
责任编辑 宫京蕾
责任校对 邓雨婷
责任印制 何 艳

出 版 中国社会科学出版社
社 址 北京鼓楼西大街甲 158 号（邮编 100720）
网 址 http：//www. csspw. cn
中文域名：中国社科网 010 - 64070619
发 行 部 010 - 84083685
门 市 部 010 - 84029450
经 销 新华书店及其他书店

印刷装订 北京市兴怀印刷厂
版 次 2014 年 11 月第 1 版
印 次 2014 年 11 月第 1 次印刷

开 本 710 × 1000 1/16
印 张 16. 5
插 页 2
字 数 243 千字
定 价 49. 00 元

目　　录

导言 ………………………………………………………………（1）
一　学术回顾 ………………………………………………………（1）
二　概念界定 ………………………………………………………（7）
三　本书结构 ………………………………………………………（9）
四　创新与不足 ……………………………………………………（11）

第一章　清末议会政治的发轫 ……………………………………（12）
第一节　政体选择的理论基础 ……………………………………（12）
一　政体选择的可能性问题 ………………………………………（12）
二　政体选择的价值诉求 …………………………………………（14）
三　清末立宪之争 …………………………………………………（17）
第二节　政体选择的组织基础 ……………………………………（28）
一　政党思潮的出现 ………………………………………………（28）
二　清末政党的萌芽 ………………………………………………（35）
第三节　政体选择的制度基础 ……………………………………（41）
一　预备立宪方案 …………………………………………………（41）
二　地方自治的推行 ………………………………………………（43）
三　谘议局的创设 …………………………………………………（46）
四　资政院的召开 …………………………………………………（47）

第二章　各省代表会：南北对峙时期的代议政治 ……………… (52)
第一节　各省都督府代表联合会 ……………………………… (52)
一　各省都督府代表联合会的组织 …………………………… (52)
二　各省代表会的代表构成及组织结构 ……………………… (55)
第二节　组织临时政府 ………………………………………… (59)
一　议决临时政府地点 ………………………………………… (59)
二　制定《中华民国临时政府组织大纲》 …………………… (61)
三　选举临时大总统 …………………………………………… (63)
四　各省代表会与临时政府的关系 …………………………… (68)
第三节　各省代表会时期的主要政党 ………………………… (71)
一　同盟会的分化及派系之争 ………………………………… (71)
二　革命派和立宪派的分裂 …………………………………… (76)

第三章　南京参议院：同盟会的议会政治实践 ……………… (79)
第一节　政局的发展特点 ……………………………………… (79)
一　地方制度的变革 …………………………………………… (79)
二　权力中心的转移 …………………………………………… (82)
第二节　南京参议院的结构 …………………………………… (85)
一　南京参议院的成立 ………………………………………… (85)
二　南京参议院的议员结构 …………………………………… (86)
第三节　南京参议院的运作绩效 ……………………………… (91)
一　议事成效 …………………………………………………… (91)
二　关于《临时约法》的几个问题 …………………………… (96)
三　南京参议院的存废风波 …………………………………… (114)
第四节　南京参议院时期的议会政治 ………………………… (119)
一　主要议会政党 ……………………………………………… (119)
二　参议院与政府的关系 ……………………………………… (121)

第四章　北京参议院：过渡时期的议会政治 ………………… (129)
第一节　北京参议院的成立及议员结构 ……………………… (129)

一　北京参议院的成立 …………………………………（129）
二　北京参议院的议员结构 ……………………………（132）
第二节　北京参议院的议事成绩 …………………………（138）
一　议决事项……………………………………………（138）
二　未决事项……………………………………………（142）
第三节　北京参议院时期的议会政治 ……………………（145）
一　北京参议院的政党概况 ……………………………（145）
二　北京参议院与政府的关系 …………………………（152）
三　北京参议院的认同危机 ……………………………（165）

第五章　第一届国会的顿挫 …………………………………（174）
第一节　国会议员的选举 …………………………………（174）
一　国会选举的法律规定 ………………………………（174）
二　各政党的竞选准备 …………………………………（175）
三　竞选方式……………………………………………（177）
四　选民的投票心态 ……………………………………（182）
五　选举过程中出现的问题 ……………………………（186）
六　投票的结果…………………………………………（188）
第二节　国会的组织机构及立法成效 ……………………（190）
一　国会的组织机构 ……………………………………（190）
二　国会的立法成效 ……………………………………（191）
第三节　第一届国会的议会政治 …………………………（195）
一　主要政党……………………………………………（195）
二　国会的党争…………………………………………（199）
三　国会政治的顿挫 ……………………………………（209）
第四节　第一届国会的社会认同 …………………………（212）
一　国会的立法成效 ……………………………………（212）
二　议员的素质…………………………………………（214）
三　国会党争的社会反应 ………………………………（217）

结论　民初议会政治的反思 …………………………………… (222)

一　议会政治的认同危机 ………………………………………… (222)

二　同盟会—国民党的议会作用 ………………………………… (230)

三　袁世凯议会政治观的变化轨迹 ……………………………… (243)

参考文献 ……………………………………………………………… (249)

后记 …………………………………………………………………… (256)

导　　言

民国初年，议会制度作为立宪政治的核心部分被引入中国的政治实践，但经过短暂的实践后即告危急。学者们对这一历史现象十分关注，并给予了种种解释。概括其类型，大致有力量对比说和发展时机说两种观点。然而，如果不从议会政治本身的运作过程出发，并与民初特定的政治、社会情境相联系，其解释往往或陷于价值预设，或流于空泛。本书立足于议会政治本身运作过程，力图通过梳理议会政治与民初特定的政治、社会情境的互动关系，从而揭示其中蕴涵的历史特质及规律。

一　学术回顾

从1911年11月各省都督府代表联合会成立算起，民初议会政治实践距今已超过百年。百年来，学术界以《参议院一年史》为出发点，开始了关于民初议会政治的研究历程。已有的研究主要从议会建立、议会政党、议员结构、议会立法等几个方面对民初议会进行了探讨，其中历经四个阶段，掀起了三次研究高潮。

民初议会史的第一个研究高潮起始于1913年初，终结于1916年。当时议会政治实践虽然一度遭到挫折，但时人并不灰心，仍对议会政治抱有浓厚兴趣，并对议会政治在中国的前途充满信心。而且中国知识分子历来有修史的传统，在每一次重大政治变动之后，都会留下大量的历史记录。因此，在民初议会政治的曲折发展中，许多亲身经历者纷纷著书立说，对这次政治实践进行反思、总结，形成了研究民初议会政治的第一个阶段和第一次高潮。这一时期的主要论著有林长民的《参议院一年史》、谷钟秀的《中华民国开国史》和佐藤三郎的《民国之精华》等。

《参议院一年史》是研究民初议会的最早论著，以参议院为研究对象，发表于1913年的《庸言》杂志。该文由两部分构成：第一部分“参议院之沿革”，简要介绍了各省代表会的缘起、南京参议院的形成及截至1912年11月的北京参议院。第二部分“参议院成立前后民国之政局及政府之更迭”，以参议院（包括各省代表会）活动为中心，简明扼要地阐述了民初政局的变化发展和内阁更迭情况。这一部分是该文的重点所在。作者林长民是福建人，清末立宪派的重要人物，而且本人又为各省代表会的代表，并始终关注民初临时参议院的变化发展。因此该文叙述较为客观。但因成文过早，没能全面反映民初议会政治的发展概貌，且个别资料欠考证，易于以讹传讹。

《中华民国开国史》是研究议会史较早的一部著作，刊行于1914年10月。该书以民初议会（包括各省代表会、临时参议院和正式国会）为中心，详细描述了议会与民初政治发展变迁的关系。全书分“绪论”、“组织政府时代”、“南京临时政府时代”、“北京临时政府时代”和“结论”5部分，共38章，其中22章以上内容以议会为研究对象，书后以附录“民国议会人物表”结束，因此从某种意义上说“开国史”就是“议会史”。之所以出现这种情况，大概与本书作者——谷钟秀——的经历有关。谷钟秀历任各省代表会河南代表、临时参议院议员和国会众议院议员。该书详尽阐述了议会与民初政局变化发展之间的关系，立论平实、结构匀称、资料丰富，实为研究民国议会史不可多得的佳作。

《民国之精华》是日本人佐藤三郎编写的一部较早以国会议员为研究对象的资料汇编性著作。1916年由北京写真通讯社刊行。该书由正文和附录两部分构成。正文部分用汉文和英文记载了正式国会参众两院议员（约占议员总数的三分之二）的传略。传略内容包括姓名、年龄、籍贯、所受教育程度、职业及简要成长经历等，具有一定的学术价值。附录为“中华民国议会史”，共有“最初的民意机构”、“南京参议院”、“北京临时参议院”、“第一次正式国会”、“国会停止中”、“第二次国会”6章构成，以日志形式扼要记述了民初国会的主要发展历程。全文用日文写成，没有相应的中文和英文对照。该书对研究民初国会，尤其正式国会议员的结构分析具有较高参考价值。

这一时期的研究者可以称为政治家型的研究者，他们或是议会政治的活跃分子，如林长民、谷钟秀，或是对中国议会政治抱有浓厚兴趣的观察者，如佐藤三郎。其研究呈现如下特点：一方面是立论比较公允，注重对历史过程的客观记述，主观论断色彩淡薄；另一方面又存在着缺乏注解或参考文献等方面的不足。出现这样的不足可能与作者置身于当时政治实践不无关联，作者大概认为所引资料信手拈来、随处可得，没有必要注明出处。但这给后来的研究者按图索骥带来了诸多不便。

民初议会史研究的第二个高潮出现在20世纪30年代。袁世凯死后，国内混战连年不断，人们对议会政治的热情逐渐淡漠。1928年南京国民政府成立，大规模的立法活动全面展开，议会史研究再次引起时人的重视。顾敦鍒的《中国议会史》（木渎心正堂1931年版）、杨幼炯编著的《近代中国立法史》（上海商务印书馆1936年版）、谢振民编著的《中华民国立法史》（正中书局1937年版）等都曾引起广泛影响。此外钱端升等的《民国政制史》、吴宗慈的《中华民国宪法史》等论著都有相关章节涉及民初议会问题。其中尤以《中华民国立法史》向来为治学者所称道。

《中华民国立法史》（谢振民编著，张知本校订）是以民国议会的立法活动为研究对象的学术论著。我们所说的民初议会完全涵盖于其范围之内。全书分“绪论”、“总论”和“各论”三编。绪论为理论阐述，包括立法概念、立法程序、立法范围、立法趋势，以及中国的法制改革与立法运动的起源等，提纲挈领，要言不烦。总论从宏观上把中华民国的立法机关发展过程分为10个时期，其中“制定约法时期”、“制定宪法时期”和“增修约法时期”就是本书民初国会的时间范围。各论则从微观层面上阐述了各种法律制定与修订的经过，编制上与实质上的要点，阐明立法旨趣、立法主义及立法精神。在同类论著中，该书资料翔实，主要以官书档案及当时的名家著述为依据；结构严谨，宏观与微观论述两相结合，内容全面；立论公允，以叙述史实为主，并略参学理，但不加批断。

《中国议会史》（顾敦鍒著）是这一时期研究民国议会史的名著。全书共有 14 章，从中国议会之滥觞写起，到 1924 年的国会临时会终结。其中第 5—8 章分别为“民国以来之政党”、“各省都督府代表联合会”、“临时参议院”、“第一届国会第一期常会”为我们关注的重点所在。该书叙述了民初国会的发展演变及其主要成绩，简要地总结了这一阶段议会政治的得失情况。值得注意的是，该书参考书籍中罗列的目录有 92 种之多，给后来研究者提供了极其重要的资料线索，具有较高的史料价值。但遗憾的是，其中很多资料没有受到后来学者重视，如《参议院公报》、《众议院公报》、《参议院议决案汇录》等，后来研究者很少利用，这不能不说是一大遗憾。

与第一个阶段相比，民初议会史研究的第二个阶段明显呈现出下列特征：（1）大量官方档案资料引用到著述中，资料更全面更丰富。（2）研究范围不断扩大，从最初的国会沿革、国会与政局发展的相互关系及议员结构扩展到国会的立法层面，研究更加深入。（3）从作者看，杨幼炯、谢振民等都是当时著名的学者，可称为学者型研究者。因而这一时期的论著一改先前的草创特征，更加科学、精细。

民初议会史研究的第三个阶段开始于 1964 年李守孔编著的《民初之国会》，止于 20 世纪 80 年代末，地点在台湾。在此之前的 20 多年里，似乎没有多少有特色的民初国会史著作问世。除了《民初之国会》外，张玉法的《民国初年的国会》堪称这一时期同类著作中的集大成者。此外，张朋园的《梁启超与民国政治》等论著中也有不少内容涉及民初国会。论文方面，张朋园的《从民初国会选举看政治参与——兼论蜕变中的政治优异分子》（1979 年）、许秀碧的硕士论文《民国二年的国会》（1977 年）等或在方法上或在选题范围上均有所创新或突破，给议会史研究提供了新的视角和方法。

《民初之国会》（李守孔编著）分为“各省代表团之集会与中华

民国之成立"、"南京参议院之开幕"、"北京参议院之复会"、"国会之开幕与政党之演变"、"袁世凯之蹂躏国会"、"国会之解散与政党之末路"6章。全书以议会为中心，侧重阐明国会与政府、国会内政党与政党之间错综复杂的关系。该书的立论依据为"民国初年之政局至为复杂，其关键在于国会与党争。革命党以数十年艰辛缔造之民国，希望纳之于宪政常规。袁世凯则欲实现其野心，造成帝制自为之局面；加以官僚政客以政党为拥护，操纵其间，而中国因之多事矣。"（见该书绪言）换言之，该书以革命党为民初宪政的推动力、袁世凯为反动力的观点为前提，是一部观点鲜明的意识形态型论著。

1984年，张玉法所著《民国初年的国会》发表于《近代史研究所集刊》第13期，标志着民初议会史的研究进入了一个新阶段。张著共由"各省都督府代表联合会"、"临时参议院的成立及其演变"、"正式国会选举与议员背景分析"、"正式国会的组织与政党对峙大势"、"政党与众院议事的关系"、"政党与参院议事的关系"、"国会停闭及其善后"及"结论"等几部分构成，重点为第一届国会第一期常会。本书以国会为依托，以政党为中心，对国会议员的选举、两院议员的结构状况、国会的组织机构、参众两院议事情况、国会内的激烈党争等问题都有较为细致的陈述与分析，脉络清晰、一目了然。该书资料丰富，引证的中外资料接近200种；方法新颖，引入了统计分析等计量史学方法，对于许多复杂的问题多以列表说明，并注明资料来源及不同资料的异同之处；立论公允，较少主观臆断，能够在充分分析材料的基础上进行理论探讨。但该书结构极不匀称，对各省都督府代表联合会和临时参议院着墨较少，令人感到美中不足。然而瑕不掩瑜，它仍是迄今为止研究民初国会最为全面的论著，具有较高的资料价值和学术价值。

张朋园的论文《从民初国会选举看政治参与》给国会史的研究提供了新的尝试。该文以现代化理论为指导，以民国二年国会议员选举为切入点，通过引进计量研究的方法，开创了民初国会史研究的新境界，读来令人耳目一新。

台湾学者的议会史研究已经进入成熟阶段，其资料来源已经大大超过前两个时期，不仅有中文，还有众多的英文、日文等资料作为补充；计量史学等新的研究方法的运用使其研究成果更加厚实，有较强的说服力；其立论依据从意识形态型基本上过渡到学术型，因而思路也更加开阔。但一些基础性的工作，如基本史实的考证，似乎较少有人问津，致使一些有问题的材料一再以讹传讹，这不能不说是一大缺陷。

大陆学者对民初议会政治的研究晚于台湾，起步于80年代初，多为单篇论文或在相关论著中出现，系统的研究尚不多见。单篇论文方面，张亦工的《第一届国会的建立及阶级结构》①、宝成关的《民初国会述论》②、徐辉琪的《论第一届国会选举》③ 等均属荦荦大端。相关著作方面，辛亥革命史的3部综论性“皇皇巨著”④ 都有专节或专目谈论国会，专题论著如张国福著《民国宪法史》（华文出版社1991年版）、徐矛著《中华民国政治制度史》（上海人民出版社1992年7月版）、刘伟等著《中国近代政体发展史》（华中师范大学出版社1998年版）、彭明等主编《近代中国的思想历程1840—1949》（中国人民大学出版社1999年版）等也都有专门的章节或目涉及民初国会。

据不完全统计，大陆方面已有的研究集中在总结民初议会政治的失败原因（单篇论文10篇以上）、第一届国会选举（单篇论文4篇以上）等方面，其中探讨最为热烈、意见分歧最大的是对民初议会政治失败原因的分析。概括起来主要有力量对比说和发展时机说两种观点。力量对比说认为，革命、立宪和旧官僚三派势力主导了民初政局发展。前两派以民主政治为理想，有提携可能；后两派大多有士绅背景，也有妥协余地；革命派和旧官僚无论渊源或信仰，差异很大，难以融洽。但在民主与独裁的较量中，立宪派选择了旧官僚为妥协对

① 《历史研究》1984年第6期。

② 《社会科学战线》1985年第4期。

③ 《近代史研究》1988年第2期。

④ 参见章开沅、林增平主编的《辛亥革命史》，李新、李宗一主编的《中华民国史》和金冲及、胡绳武著的《辛亥革命史稿》。

象，这就规定了革命派维护民主与法治的斗争只能以失败告终。[①] 发展时机论认为，议会政治的推行必须具备一定的政治、经济和文化条件。20 世纪初，中国推行议会政治的时机还不成熟。辛亥革命推翻了皇权，但并不表明中国就具备了实行民主政治的条件。革命派超越现实，不顾国情，强行推行议会政治，其失败结局自然不可避免。[②]

从已有论著看，大陆学术界的研究特点主要有：资料收集上有若干突破，如《参议院议事录参议院议决案汇编》、《张镇芳存札》等的出现为学者的深入研究提供了便利条件。资料突破的直接后果是澄清了一些基本史实，如《临时约法》的起草者、南京参议院议员人数等。方法上，有些论文运用现代西方政治学民主理论来解释民初议会政治的发展，尽管粗糙，但毕竟是种有益的尝试。目前研究多以同盟会和国民党为民初宪政的推动力、袁世凯为反动力为立论依据，在此基础上进一步探讨国会与政府、国会内部的政党之争，因此这种意识形态型研究已经更加细致、更加完善。不过，就总体而言，低水平重复现象比较严重，鲜有较大创新。

民初议会史研究已有百年研究历程，成绩有目共睹，如议会内政党之争、议会与政府的关系、正式国会的选举、议员结构、议事成效等方面，以及资料运用、新方法引进等方面都取得了丰硕成果。但存在的缺陷也是明显的，如资料的进一步收集、研究范围的拓宽等。本节稍后述及，此处从略。

二　概念界定

民初，即民国初年。学术界公认民初时间为 1912—1927 年。但在民初议会这一概念上却有分歧。一种意见认为，民初议会始于 1911 年 11 月各省都督府代表联合会的出现，止于 1913 年 11 月国民

① 胡绳武、金冲及：《辛亥革命史稿》第 4 卷，上海人民出版社 1991 年版，第 243—258 页。

② 彭明等主编：《近代中国的思想历程 1840—1949》，中国人民大学出版社 1999 年版，第 379—384 页；徐矛：《中华民国政治制度史》，上海人民出版社 1992 年版，第 39—40 页。

党被解散或次年1月政府停止国会议员职务，历时约2年。台湾学者李守孔、张玉法[1]等和大陆学者刘伟、宝成关[2]等都持这种看法。近来有人主张民初议会时限应该延伸至1925年的国会临时会结束。彭明、杨天宏等均持是论[3]。笔者倾向于前一种看法。理由是：(1) 这一时期议会政治在《临时政府组织大纲》和《临时约法》设定的政治架构内运作，法律基本上能够得到尊重；(2) 议员产生方式较为民主；(3) 议会政党界限清晰。因此，本书研究范围为从各省都督府代表联合会起至第一届国会第一期常会止，时间上从1911年11月至1913年11月初。

议会与国会。就一般意义而言，议会与国会并无区别，都是国民代议机关，只是称谓习惯不同而已（如称英国为议会，称美国为国会）。学术界对这一概念的运用似乎较为一致，大多使用民初国会这一提法。这一提法优点在于明确锁定研究范围，即民初的最高代议机关，与地方代议机关无涉；但其缺点又极为明显，因为民初最高代议机关名称并不相同，国会只是其中名称之一，易于造成概念使用混乱。为叙述方便，本书把议会和国会稍作简单区分：议会泛指民初的最高代议机关，包括各省都督府代表联合会、南京参议院、北京参议院和第一届国会第一期常会；国会专指根据《临时约法》规定、通过普选产生议员、由参议院和众议院构成的第一届国会第一期常会。此外，本书还涉及正式国会和第一届国会第一期常会两个概念。正式国会和第一届国会第一期常会内涵与国会完全相同，均指1913年4—11月或1914年1月之间的国家最高代议机关。正式国会区别于此前的临时最高代议机关——参议院；第一届国会第一期常会区别于后来的第一届国会第二期常会及第二届国会等概念。

议会政治。议会政治属政治学范畴，为说明问题，本书予以借

---

① 李守孔：《民初之国会》；张玉法：《民国初年的国会》。

② 刘伟：《民初国会：知识精英的政治理想》，《华中师范大学学报》1989年第3期；宝成关：《民初国会述论》，《社会科学战线》1985年第4期。

③ 彭明等主编：《近代中国的思想历程1840—1949》，中国人民大学出版社1999年版；杨天宏：《走向衰亡的民初国会》，《四川师范大学学报》2001年第2期。

用。议会政治是以议会为国家最高权力中心的一种政权组织形式。在议会政治下，议会是国家最高权力机关，它享有立法、组织与监督政府或内阁等权力。国家元首只能任命议会中多数党领袖或多党联盟领袖担任政府总理，并负责组阁，国家元首处于虚位状态，不能独立行使职权，在执行宪法规定的职责时必须有总理等政府官员的副署才有法律效力。内阁掌握行政大权，制定内外政策，内阁对议会负责，答复议会的质询，解释政府的政策。如果议会拒绝或否决内阁提案，就是表示对政府的不信任，这时内阁辞职或解散议会，宣布重新选举。根据《临时约法》，民初政体类似议会内阁制，议会是国家最高权力中心，大总统由议会选举产生，其行使职能须经过国务总理或内阁总长副署才有效力，内阁对议会负责。但与通常意义上的责任内阁制相比，大总统又有相当大的权力，内阁成员对议会负责的同时，也对大总统负责，议会可以监督政府，政府不可以解散议会。因此，本书中的议会政治既有一般意义上议会政治的特征，又有其特定的历史内涵。

三　本书结构

古云：人必自侮，而后人侮之。考察民初议会政治的兴起衰落，外因固然重要，但如果不从议会自身出发，不免有雾里看花之感，其论证必然乏力。本书着力于两个方面：一是把民初的议会政治置于近代中国特定的历史背景下，从宏观上把握议会政治发展的历史脉络，进而对民初议会政治的兴衰作出更为确切的解释；二是从议会政治自身运作出发，通过梳理议会政治与民初特定的政治、社会情境的互动关系，揭示其中蕴涵的历史经验和理论启示。是为本书结构的理论基础。

全书分为六个部分。

第一部分为清末议会政治的发轫。任何事物的发展，都有其内在必然性，民初议会政治的确立，也是如此。民初的议会政治，承袭了清末立宪改革的遗风，并发扬光大，或者说是清末立宪政治价值取向发展的必然结果。民国成立前，立宪政治已经经历了短暂的积累阶段。这种积累包括理论宣传、组织基础和议会运作三个方面。可以说，民国成立时，我国的议会政治已经有了一定的经验可供借鉴。

第二部分为南北对峙时期的代议政治，表现为各省都督府代表联合会的运作状况。各省都督府代表联合会是武昌首义后独立各省组织的临时代议机构。该联合会议决了独立各省临时中央政府的所在地，制定了《中华民国临时政府组织大纲》，选举了临时大总统，奠定了中华民国临时政府的基础，在南北和谈过程中发挥了积极作用。各省都督府代表联合会所取得的成就，是原立宪派和革命党人共同努力的结果，标志着共和立宪在中国大地生根发芽。

第三部分为南京参议院时期的议会政治实践。南京参议院于 1912 年 1 月 28 日正式召开，结束于 4 月 8 日，历时 2 个多月。在此期间，南京参议院一方面促成了南北议和，维护了国家的统一；另一方面议决了大量法规，奠定了民国的政治基础，开创了中国共和立宪的先河。《临时约法》是南京参议院法制建设的一大成就。同盟会在参议院中占绝对多数席位，主导了这一时期议会政治的舞台。因此，南京参议院时期的议会政治，也可以视为同盟会运用议会政治的一次尝试。

第四部分为北京参议院时期的议会政治。北京参议院于 1912 年 4 月 28 日开幕，次年 4 月 8 日结束。此间，民国形势发生了巨大变化：袁世凯就任临时大总统，内阁因党争而经常瘫痪；参议院内政党纷纷扰扰，党争过于激烈；同盟会改组为国民党，在参议院内占据优势地位；因行使权力不当，参议院屡遭批评，议会政治模式受到质疑，建设强固政府的思潮涌动。北京参议院是第一届国会召开前的议会政治形式，具有明显的过渡性质。

第五部分为第一届国会的顿挫。1913 年 4 月 8 日，国会正式开幕。这是经过普选产生的国会，也是万众瞩目的国会。不过，11 月初，袁世凯政府宣布取缔国民党，收缴国民党议员证书，先后被收缴的议员超过 400 人，国会因不足法定人数而陷于停顿，民国初年自由的议会政治告一段落。第一届国会政治顿挫，除了袁世凯政府的强权外，国会的运作绩效、议员素质等因素，也不容忽视。

结论部分是对民初议会政治的反思。民初议会政治遭遇顿挫，有三个方面的因素不容忽视：一是议会的运作绩效，二是同盟会—国民党的议会运作策略，三是袁世凯政府的强权行为。议会政治的成熟是一个过程，不可能一蹴而就，遇到挫折也很正常。民初议会政治的经验和教训，值得深入反思。

四　创新与不足

与过去的研究成果相比，本书在以下几方面有所创新：

1. 资料运用有所突破。一是澄清了一些基本史实。现行论著中许多错误资料被广泛引用，本书尽量予以澄清。如南京参议院议员具体人数、临时参议院立法成绩等。二是引进了一些新材料。如南京参议院议事录参议院议决案汇编，以往学者很少利用，本书适当引用。

2. 研究范围有所拓宽。现有研究主要集中在第一届国会第一期常会，本书延伸至晚清，并把民初议会政治置于近代中国特定的历史情境中，将宏观把握和微观考察结合起来，力图作出更为确切的解释。

3. 提出了一些新问题。以往学者在检讨民初议会政治遭遇挫折的原因时，不管是力量对比说或发展时机说，都没有对同盟会—国民党领导议会政治的能力提出过怀疑。这种先入为主的价值预设无疑不利于研究的继续深入。在进一步探讨这段历史时，本书认为，同盟会—国民党是否胜任民初议会政治是值得怀疑的。如《临时约法》的效力问题就是明显一例。

本书研究对象为民国初年的议会政治，涉及历史、法律、政治等学科内容，理论水平要求较高，知识积累要求较深，而笔者学识浅陋，水平有限，加之收集资料困难，选择此题，只是勉为其难。因此，书中舛谬之处，在所难免，敬请各位专家不吝赐教。

第一章

清末议会政治的发轫

清末引进议会政治，更多地着眼于实现某种政治理想，而不是基于政治实践的需要。20 世纪初的政体移植之争，散布于海内外，为议会政治的推行提供了理论基础，也是一场广泛的社会动员。清末预备立宪的蓝图，随着地方自治的推行、谘议局的创设和资政院的建立，陆续付诸实践。在政体移植争议和议会政治实践中，议会政党的雏形悄然形成。清末的预备立宪，开创了议会政治的新时代，积累了一定的经验和教训。

第一节 政体选择的理论基础

一 政体选择的可能性问题

鸦片战争以前，中国与世界各国，尤其欧美大国，交往甚少，基本上处于闭关锁国的状态，因此丝毫没有感觉到政治体制的差异。同时，中央政府的权威没有受到来自外部力量的强力挑战，中国仍是世界强国，也不会想到政治体制问题。简言之，此前中国政体既无变革的可能，也无选择的必要。

近代中国政体的变革萌芽于 19 世纪中期出现的民族危机。1840—1842 年，中英之间爆发战争。战争以中国失败而告终。这次战争对部分官僚和知识分子影响很大，他们震惊于西方的强大，开始正视现实，提出“师夷长技以制夷”，陆续把西方文化介绍到中国。议会制度就是在这种背景下被引进中国的。

《海国图志》是系统介绍世界史地知识的著作。书中对英国议会制度进行了简单介绍，指出：“设有用兵和战之事，虽国王裁夺，亦必由巴离满（即 Parliament——议会）议允。国王行事有失，将承行之人交巴离满议罚。凡新议条例、新设职官、增减税饷及行楮币皆王颁巴离满，转行其文好司而分布之。”① 作者魏源对西方的选举制度颇有好感，认为总统由选举产生，“匪惟不世及，且不四载即受代，一变古今官家之局，而人心翕然，可不谓公乎？”自下而上的选举制度无疑具有表达民意的作用，“众可可之，众否否之，众好好之，众恶恶之，三占从二，舍独循同”②。当时另一部介绍西方史地知识的名著《瀛寰志略》对英国议会的结构和运行程序也进行了详细描述：“都城有公会所。内分两所，一曰爵房，一曰乡绅房。爵房者，有爵位贵人及耶稣教师处之；乡绅房者，由庶民推择有才识学术者处之，国有大事，王谕相，相告爵房，聚众公议，参以条例，决其可否，复转告乡绅房，必乡绅大众允许而后行，否则寝其事勿论。其民间有利病兴除者，先陈说于乡绅房。乡绅酌核，上之爵房。爵房酌议，可行则上之相而闻于王，否则报罢。”③ 可以说，中国对西方政治体制的了解就是从这两本书开始的。

西方政治常识的引进，扩大了国人眼界，也使中外政治制度比较有了可能。从某种意义上说，《海国图志》赞扬英国议会制度也可以解释为对中国传统政治体制的反思。但这种常识性的介绍影响极为有限，因为早期引进的西学集中在军事、科技等方面，议会制度虽有所涉及，但不是重点，很难引起人们的普遍关注。而且这些作者的认识还很片面、零碎，仅限于表面现象，还没有也不可能从制度层面来探

① 魏源：《海国图志》，《续修四库全书》（744）史部·地理类，上海古籍出版社1995年版，第66页。

② 同上书，第197页。

③ 徐继畬：《瀛寰志略》，《续修四库全书》（743）史部·地理类，上海古籍出版社1995年版，第158页。

讨中西强弱的关系。加之战争失败并没有引起中央高层的足够重视，专制统治的社会基础还很牢固。所以，这一时期，尽管人们对西方的议会制度有所认识，甚至表现出好感，但西方的议会制度还难以在中国产生足够的影响，以促使清政府思考体制的变更问题。

二 政体选择的价值诉求

早期维新派较早把政治体制改革与民族独立富强联系起来。经过19世纪50年代末60年代初英、法联军侵华之役和借师助剿太平军，清政府多次领教了西方坚船利炮的威力。为了维护切身利益，清政府高层高举“自强”“求富”的旗帜，展开了大规模的物质层面向西方学习的运动，即著名的洋务运动。不过，中法战争的不败而败和甲午中日战争的惨败之后，有识之士逐渐认识到：西方的物质成就是西方优越的制度和文化所致，单纯的物质层面学习不能挽救中国于危亡。为此，他们提出了学习西方、改革政治制度的要求。这些人主要包括两类：一类是较早接触西方政治制度的洋务派外交官，如郭嵩焘、马建忠等；一类是积极参与洋务事业的开明士大夫，如王韬、郑观应、薛福成、陈炽、陈虬、何启等。其中后者影响较大，要求改革的呼声较高。

根据各国政治体制的差异，早期维新思想家一般把西方分为君主之国、民主之国和君民共主之国三种类型，特别对君民共主的政权组织形式很感兴趣。王韬说：“朝廷有兵刑礼乐赏罚诸大政，必集众于上下议院，君可而民否，不能行，民可而君否，亦不能行也，必君民意见相同，而后可颁之远近”，这种制度被称为“君民共主”[①]；郑观应也作了类似解释。他说，英国议院分上下两院，上院“以国之宗室勋戚及各部大臣任之，取其近于君也”，下院由“绅耆士商才优望重者充之，取其近于民也”，“议院揽庶政之纲领”，“用人行政，皆恃上下议员经理”，“百僚升降，权归议院，期会之令，出自君主，选举之政，操之民间”，“凡军国大政，君秉其权；转饷度支，民肩其任；

① 王韬：《弢园文录外编》，中华书局1959年版，第23页。

无论筹费若干，议院定之”；“遇有国事，先下令下院议定，达之上院；上院议定，奏闻国君，以决从速。如意见参差，则两院重议，务臻妥协，而后从之”①。随着早期维新思想的流传，议会制度在人们的头脑中也逐渐明晰。

早期维新思想家还注意到了西方议会政治体制中体现出来的某些抽象的政治原则。一是分权和制衡的基本原则。马建忠指出：“各国吏治异同，或为君主，或为民主，或为君民共主之国，其定法、执法、审法之权，分而任之，不责一身，权不相侵，故其政事纲举目张，粲然可观。”② 也就是说，他注意到西方政治体制客观存在的分权和制衡原则。较之单纯的描述，马建忠的介绍已经显示了对议会制度法理的阐释。二是民本思想。胡启等人强调：“横览天下，自古至今，治国者唯有君主、民主及君民共主而已。质而言之，虽君主仍是民主。何则？政者，民之事而君办之者也，非君之事而民办之者也。事既属乎民，则主亦属乎民。民有性命恐不能保，则赖君以保之；民有物业恐不能护，则借君以护之。至其法如何，性命始能保，其令如何，物业方能护，则民自知之，民自明之，而唯恐其法令不能行也。于是乎奉一人以为之主。故民主即君主也，君主即民主也。”③ 这种“君民共主”观一方面承袭了中国传统的民本思想，另一方面与西方启蒙运动中提出的人本主义思想也有相通之处。不同的是，西方议会制度以保障人民的基本权利为原则，通过分权制衡等原则限制权力过分集中，以确保人民的权利不受侵害，整个制度呈现出一元化结构特征；而君民共主观强调民本的同时并不否认君主的作用，把“民”与“君”置于同等重要地位，整个制度呈现出二元化结构特征。

早期维新思想家的“君民共主”观和限权思想奠定了他们政治改

① 郑观应：《盛世危言》，上海人民出版社1982年版，第312—313页。

② 马建忠：《适可斋纪言纪行》，《近代中国史料丛刊》第十六辑，文海出版社1968年版，第74页。

③ 何启、胡礼垣：《新政论议》，转引自《中国近代政体发展史》，华中师范大学出版社1998年版，第62页。

革思想的基石。在此基础上他们注意到：中外强弱之分实根源于政治制度的差异。融合全国上下的议会制度就是西方富强的直接原因，而中国的积弱积贫恰恰在于缺乏沟通上下的有效机制。“试观泰西各国，……类皆君民一心。无论政治大小，悉经议院妥酌，然后举行。……中国则不然。民之所欲，上未必知之而与之也；民之所恶，上未必察之而勿之施也”[①]；而泰西诸国，“因民之利而导之，顺民之志而通之”[②]，国会的好处就在于“上下相通，民隐得以上达，君惠亦得以下逮”[③]，这样的“议院之法”，就是英美各国所以强兵富国、纵横四海的根源所在。王韬指出：“夫欧洲诸邦，土地不如中国，人民不如中国，然而能横于天下者，在乎上下一心，君民共治。我中国人民为四大洲之最，乃独欺藐于强邻悍敌，则由上下之交不便，君民之分不亲，一人秉权于上，而百姓不得参政于下也。”[④] 可以说，因君德不能下达、民意不能上闻而造成中国的贫困落后成为早期维新思想家的一项共识，并为后来的政治改革派所继承，对近代中国的政治发展产生了深远影响。

议会政治与西方富强是否有直接联系姑且不论。重要的是，康有为等维新派人士接受了这种观点，并以此为根据，掀起了轰轰烈烈的政治改革运动。比如，在《上清帝第四书》中，康有为提出：西方设议院是为了听取“众议”，通达“下情”，使民之“疾苦”上闻，君主之“德意”下达，以去“权奸”之私，杜“中饱”之弊，所以，连“筹饷”等“最难之事”[⑤] 也不难办到。因此，他的结论是：“东西各国之强，皆以立宪法开议会之故”，因为在立宪政体下，“人君与千百万之国民合为一体，国安得不强?”而中国实行专制政体“一君与大臣数人共治其国，国安得不弱?”[⑥] 也就是说，在康有为看来，

① 王韬：《弢园文录外编》，中华书局 1959 年版，第 68 页。

② 同上书，第 298 页。

③ 同上书，第 23 页。

④ 王韬：《弢园尺牍》，中华书局 1959 年版，第 170 页。

⑤ 康有为：《康有为政论集》上册，中华书局 1981 年版，第 150 页。

⑥ 康有为：《请定立宪开国会折》，《戊戌变法》第 2 册，上海人民出版社 1962 年版，第 236 页。

西方强盛乃源于采取议会制度，因为议会制度具有融通上下之功效；中国虚弱乃源于专制政制，因为专制政制使上下隔阂，互不信任。因此，中国要想强盛必须立定宪法，实行议会制度。这个逻辑成为推动清末政治改革运动的主要理论支撑点之一。

三　清末立宪之争

清朝末年，特别在日俄战争之后，围绕政体移植，即是否把西方以议会为中心的立宪政治移植到中国，中国的政治精英展开了激烈的论争。论争的焦点包括要不要实行立宪、何时立宪及采取何种方式立宪等方面。由此形成了赞成立宪和反对立宪、速行立宪与缓行立宪、渐进改革和暴力革命之争。

立宪之争首先在海外立宪派和革命党之间展开。1905 年 12 月，陈天华在《论中国宜开创民主政体》一文中，提出民权立宪是中国政治发展的必然趋势，但必须先之以开明专制作为民权立宪之预备①。这一观点拉开了立宪之争的序幕。1906 年 1 月，梁启超有感于陈天华遗书中有“欲救中国必用开明专制”一语，作《开明专制论》，提出中国现阶段不仅不能实行共和立宪，就是君主立宪也不能实行，只能实行开明专制。梁文发表后，汪精卫、胡汉民等革命党极力反对。此后，他们分别以《新民丛报》和《民报》为主阵地，围绕立宪问题，展开了激烈论争。

革命党和海外立宪派首先围绕着政体移植方式——暴力革命能否实现立宪——展开了激烈论争。立宪派认为革命不会带来民主，只能造成另一种专制。梁启超系统地阐述了这个主张。他认为，政体移植必须通过渐进的改革方式进行，革命不能得到共和，反而会得到专制。他用德国学者波仑哈克的理论来证明自己的观点，认为共和国体，在人民之上没有独立的国家主权。所以要想调和各种利害冲突，还必须求之于人民自己，以保持各方利益相互平衡。这对富于自治精神的国民来说（如英国），当然可以实行。但长期处于专制统治之下

① 陈天华：《论中国宜开创民主政体》，《民报》第 1 号。

的人民，缺乏自治习惯，不识团体公益，只知道各营其私。一旦实行共和，人们原先均衡的利害关系就容易遭到破坏，而靠人民自己的力量调和平复又不可得，于是社会险象层见叠出，民无宁日，厌乱至极，最终不得不将政治上的民主自由，托付给强健有力者，而自己再次沦为奴隶，则民主专制政体由此产生。因此，梁启超表示："凡因习惯而得共和政体者常安，因革命而得共和政体者常危"，"历史上久困君主专制之国，一旦以武力颠覆中央政府，于彼时也，惟仍以专制行之，且视前此之专制更加倍蓰焉"①，故"革命决非能得共和而反以得专制"②。

革命党则认为革命是建立宪政的唯一手段。汪精卫提出，国民思想、民族思想的融洽是立宪政治运用无所窒碍的必要条件。这两种思想自秦汉以来即已生成于国民心中，只是长期以来受专制荼毒而未能发扬光大而已。在革命"实行时代，去专制之苦，尝自由之乐，夷阶级之制，立平等之域。国民主义、民族主义、昔存于理想，今现于实际，心理之感孚，速于置邮而传命也"③。也就是说，只要实行革命，推翻专制统治，国民无不赞成实行民权立宪。胡汉民的看法也大致相同："惟我汉族，民族思想与民权思想发达充满，故能排满，能立国。而既已能排满立国，则探乎一般社会之心理，必无有舍至平等之制不用，而犹留治人者与治于人者之阶级也。"④

革命党和海外立宪派在政体移植时间上也存在很大争议。海外立宪派认为推行立宪政治必须具备一定条件。在条件还不完全具备的情况下，贸然采用，可能不见其利，反受其害。就目前情况而言，中国还不适宜采用立宪政治。

其一，国民的政治素质还不具备。梁启超认为实行立宪的要素之

---

① 梁启超：《申论种族革命与政治革命之得失》，《饮冰室合集》文集之十九，中华书局1941年版，第13—14页。

② 梁启超：《开明专制论》，《饮冰室合集》文集之十七，中华书局1941年版，第50页。

③ 汪精卫：《驳〈新民丛报〉最近之非革命论》，《民报》第4号。

④ 胡汉民：《民报之六大主义》，《民报》第3号。

一在于国民要具备运用议会政治的能力。具体来说，一是议院大多数人应有批判政治得失的常识。在梁启超看来，有此常识，政府若有隐衷，就能觉察；若有失策，就能指摘。假如没有批判政治得失的常识，那么议会必难形成有关国利民福的议案，也就必难有对待政府的健全态度。或政府的正确行为得不到支持，或政府的舛谬行为得不到监督纠正，从而使议会信誉坠地。二是要有完备发达的两大政党。在海外立宪派看来，假如小党林立，则政府更迭频繁。五日京兆，必无良绩；假如两党对峙，甲党上台，乙党在野，立于监督地位，使执政党不敢自恣，必然实行其政治纲领以福国家，反之亦然。反观中国，能够竞选议员，“非顽固之老辈，则一知半解之新进也”。他们充斥议院，若前者占多数，“则复八股之议案可以通过”；若后者占多数，“尽坑满人之议案可以通过”。如此议员，指望国富民强，绝无可能；至于政党，“今之中国，无三人以上之团体，无能支一年之党派”。若中国开设议院，五百议员必有百个以上党派，以此来指挥议会，左右政府，政局混乱可想而知①。由此他们认定立宪要想收取功效必须使国民程度及格，国民程度要想及格必须普及教育，而教育的普及又非一朝一夕，指日可待，必须依靠时间的流逝逐渐积累。因此，中国目前还不宜实行以议会为核心的立宪政治。

其二，社会基础还不具备。这种社会基础表现在地方自治还没有实行。海外立宪派认为，要想实行立宪政治，人民必须具有参政权。参政权的有效行使必须使人民具有参政议政的能力。参政议政的能力从何而来？首在实行地方自治。因为公民对地方事务的治理可以养成政治上的能力。人民习惯于地方自治，则能唤起其参与公共事务的兴趣，从而孕育其服从多数的习惯，政治能力自然会增长。因此，他们强调：“今日立宪各国，欲求宪政之完美，乃益不得不致力于地方自治，无他，人民之参预政治，大之则在组织国家机关，小之则在组织地方机关，其事互相联络，未有不能自治而能治国家大事者也。”②

① 梁启超：《开明专制论》，《饮冰室合集》文集之十七，中华书局1941年版，第64—65页。

② 攻法子：《敬告我乡人》，《浙江潮》1903年第2期。

然而中国人历经两千年专制统治，其政治主动性汩没已久，向来没有自治习惯，也没有公益心，更没有经历过团体政治活动的训练，人各自私，只知有朝廷不知有国家，只知有家庭不知有社会，公益心无从培养。没有自治能力，就不知尊重公共秩序；没有公益心，就不能主动地承担公共之责任。而“重秩序尊公益之心理，非养之以岁月而万难成就”①。为此，他们提出，“今日宪法虽未实行，而民间不能不先于各府县及市镇町村，广设是等议会（即地方议会），使举国之人，咸富裕其政治经验，而娴熟起实地之措施，即根基既植于立宪之前，效果自不难收于立宪之后矣”②。

其三，法律制度还不完善。立宪政治的实质是法治。法制完善需要一个漫长过程。海外立宪派认为，就中国目前而言，法律制度还没有完善，如国籍法没有编定、教育程度无法测量、租税法不完善、选举区没有划定、户口统计、地图测量都不确切、地方自治制度没有颁行、治安警察没有普及、交通不便、民法刑法没有制定、行政司法混为一谈，等等。如果仓促立宪，难免不会出现种种流弊，进而影响人们对议会政治的信仰之情。所以缓行论认为，议院不开则已，一旦召开，则其于法律上神圣之地位，不可以不确保；其对于政治上优势之势力，不可以不常存。而要保持人们对议会的信仰力，必等到施政机关完备再行立宪。而以上所举各端，“虽在承平之时，有一强有力之中央政府，网罗一国上才以集其间，急起直追，殚精竭虑，汲汲准备，而最速犹非十年乃至十五年不能致也”③。

汪精卫等革命党人认为只要推翻满清专制统治，中国民权立宪自然可以立刻实现。因为，在他们看来，中国民众天生就具有民权立宪资格。不过在实行立宪政治的具体时间上革命党人之间也存在分歧。

一种意见认为中国无须经过君主立宪或开明专制阶段即可直接采

① 梁启超：《答某报第四号对于〈新民丛报〉之驳论》，《饮冰室合集》文集之十八，中华书局1941年版，第78页。

② 舜修：《论立宪当有预备》，《东方杂志》1906年第3期。

③ 梁启超：《开明专制论》，《饮冰室合集》文集之十七，中华书局1941年版，第83页。

取立宪政治。汪精卫提出，自由、平等、博爱是人类的共性。民权立宪则本乎此精神之制度。中国国民既有此种精神，故“此制度之精神必适合于我国民而决无虞其格格不入也”。此外，他还认为国民的能力始终胜于政府的能力，“国民为国家之分子，分子良，则机关亦良”。现在的政府为满清专制政府，“只能与国民为敌，不能与国民为助”。所以“不以改革之事望诸政府，而专望之国民”。国民能改革，则民权立宪必然能够立刻实现①。换言之，中国人天生就具备立宪国民资格。孙中山也强调民权立宪可以一蹴而就，不必由君主立宪以进于共和。他用火车与铁路的关系来比喻君主立宪和民权立宪的关系，“铁路之汽车。始极粗恶，继渐改良；中国而修铁路也，将用其最初粗恶之汽车乎，抑用其最近改良之汽车乎？”② 也就是说只要实现共和，立宪即可立至。

一种意见认为民权立宪实行之前须经开明专制阶段。陈天华指出，中国国民几千年前就已经具备了立宪国民资格，不过，数百年来这种资格“被压制于历来之暴君污吏，稍稍失其本来，然其潜势力固在也”。进而认为只要推翻满清专制统治，“国民能力必可回复”，而且这种回复可以在至短期限内完成。但“入手之方，则先之以开明专制，以为兴民权改民主之豫备”③。

汪精卫等和梁启超的立宪之争只是体现了革命党人在特定历史时期的基本价值取向。随着同盟会组织分裂，革命党在立宪问题上也产生了巨大分歧。1907 年，光复会领袖章太炎断然否认代议制度的合理性，公开提出：“代议政体必不如专制为善。”真是一鸣惊人！清末立宪移植论普遍认为，立宪政治就是扩张民权，保证人民平等、自由和追求幸福的权利，进而实现国家的繁荣富强。章太炎对此表示异议。他从民主理论和同盟会宗旨两方面论证中国必不可实行立宪政治，提出，“代议政体必不如专制为善”。其依据为：(1) 中国人民已经平等，不需要代议制。章氏认为代议政体是封建制的产物，实行代

① 汪精卫：《驳〈新民丛报〉最近之非革命论》，《民报》第 4 号。

② 孙中山：《在东京留学生欢迎会上的演说》，《民报》第 1 号。

③ 陈天华：《论中国宜开创民主政体》，《民报》第 1 号。

议制必有贵族院与平民院之分。“（而中国）去封建远者，民皆平等；（不似日本）去封建近者，民有贵族、黎庶之分。与效立宪而使民有贵族、黎庶之分，不如王者一人秉权于上，规模廓落，苛察不遍行，民犹得以纾其死。”（2）选举制度不可能带来平等。章氏认为代议制以选举为基础，但考察了选举的种种形式后，章氏的结论为“通选亦失，限选亦失，单选亦失，复选亦失，进之则所选必在豪右，退之则选权堕于一偏。……满洲行之非，汉人行之亦非，君主行之非，民主行之亦非”，故选举不可能带来平等。（3）代议制有悖于同盟会民族、民生两大宗旨。章氏认为“（中国若）不分为联州（即联邦制），多选议员，则召喧呶；少选议员，则与豪右。……若一日分为联州，其涣离则愈甚，而南北美之战争将亟见于汉土，于民族主义甚反矣。……若就民生主义计之：凡法自上定者，偏于拥护政府；凡法自下定者，偏于拥护富民。今使议院尸其法律，求其垄断，惟恐不周，况肯以土田平均相配?”此外，章太炎还对欧美各国的代议政体进行了抨击，如“美国之法，代议士在乡里，有私罪不得举告，其尊与帝国之君相似”①；“代议政体，非能伸民权，而适堙郁之。……欧、美、日本行之，民愈困穷，未见其为元元福也”，“以中国行立宪代议之政，其蠹民尤剧于专制”②。

清政府于1906年9月宣布预备仿行宪政后。国内要求速行立宪的呼声渐趋高涨。据不完全统计，仅1908年4—8月，要求速开国会的请愿就有13件之多③。1910年间，各省谘议局代表及民间团体更是先后掀起了三次规模宏大的速开国会运动。围绕着何时召开国会，国内政治力量大致分为缓行立宪和速行立宪两派，展开了激烈的论争。

所谓速行立宪，即基于对形势发展的估计分析，提出立刻或迅速召开国会，以稳定形势，挽救危局。速行立宪的主要依据如下：

只有速行立宪才能稳定社会秩序。清政府宣布预备立宪之后，国

---

① 章太炎：《代议然否论》，《民报》第24号。

② 章太炎：《章太炎政论选集》，中华书局1977年版，第385—386页。

③ 韦庆远等：《清末宪政史》，中国人民大学出版社1993年版，第246—247页。

内形势更加动荡不安，“各省饥民救死不赡，铤而走险，土匪乘之骚乱。……各地无不嗷鸿遍野，伏莽丛生，举国惶然，不可终日。……举国臣民，顾影汲汲，朝不保夕”①，国势已如危石临崖，惊险异常。因此，速行论者指出，如果形势一如今日，则全国兵变民变，必起于此一二年间，“此绝非革命党煽动之力所能致也，政府迫之使然也”②。只有速行立宪，才能消弭内乱，摆脱危机，稳定局势。

只有速行立宪才能转变弱势外交。速行论认为，国会对于全国为政府交通之邮，对于列强为政府文明之帜。上下相通，猜疑自泯；邦交既固，民气其和。但若政府在速行立宪问题上一再徘徊，长期拖延，则患机叵测，雄猜者时遂其进步，和平者亦易其方针，外交必更颠危，民怨必更剧烈，“万一有强邻之群蠹，得无惧覆辙之前蹈?”③“况以今日中国在世界位置言之，东西列强必不容我糜烂，政府之力既仅能召乱而不能戡乱，斯则必有代起而戡之者，则其祸岂惟中于三百年之皇室，势必且中于五千年之国家”④。换言之，若不速行立宪，不仅有强邻入侵之忧，更可能亡国灭种，国将不国。

只有速行立宪才能真正改革内政。速行论认为，自筹备宪政以来，有名无实，中外臣僚，涂饰敷衍，捏造成绩，“今日之所谓筹备，非惟不足以利国，而反以病民”，“供大小官吏欺罔君父自便其私图之口实”，实与光绪时殷殷贻谋之本意相违背。他们认为现在国事纷乱，宪政不举，都是因为没有国会的缘故。“夫筹备何以能有效？必自行政官各负责任始。行政官何以能负责任？必自有国会以为监督机关始。是故他事皆可后，而惟国会宜最先；他事皆可以缓，而惟国会宜最急。”⑤

此外，速行论者还就缓行论者提出的政体移植时机、法律制度完善、国民程度不及格等理由进行了程度不同的反驳。如速行论者认为

① 《第三次国会请愿上书记》，《国风报》1910年第1年第25号。

② 梁启超：《论政府阻挠国会之非》，《国风报》1910年第1年第17号。

③ 《国会代表请愿书》，《国风报》1910年第1年第1号。

④ 梁启超：《论政府阻挠国会之非》，《国风报》1911年第1年第17号。

⑤ 《国会请愿代表孙洪伊等上资政院书》，《国风报》1911年第1年第26号。

国民程度只是认识上问题，没有实际衡量标准。如果以欧美国民程度为标准，则中国永无实行立宪之日；如与本国官吏相比，则不存在程度不足之说，因为官吏亦属国民之一分子。退一步说，“与其俟程度高而后立宪，何如先预备立宪而徐施诱导，使国民得以渐几于立宪国民程度”①。针对9年预备立宪时间，梁启超断言：“中国而欲有国会者，惟设于宣统四五年以前为能有之，过此以往，吾中国永无开国会之时矣。”②

所谓缓行论，即从政教协调、政体移植时机等方面出发，认为目前中国还不适宜立即召开国会，采取立宪政治。

政教协调需要一个过程。缓行论认为，中外政治制度是在不同的文化体系中成长发展起来的。立宪政治之所以能够在西方发挥成效，是与它们特定的文化氛围密切关联的。中国有特定的国情，决不能简单地照搬照套西方的政治模式。政体移植要与中国传统的政教风俗相适应。不过，“我国家以专制之教行专制之政三千余年，教政相持极为周密，其事非常识所能窥。如不统计其全体如何，而漫改其一二，以为文明之形象，则惟有文质不相应可耳。如欲实行其事，必败。此如一大机器厂，其诸机彼此相维，以成所制之一物。若有不知此学之人，漫然改其一二，而又强迫以行，非停止即炸裂而已。岂复能成一物乎？”③ 因此输入西方的政治文化时，“必经其国之有学识有经验者，熟察而同化之，使新理想与旧风俗有对病发药之效，而无扞格不入之忧，斯能应用之而不至为害于其社会”。若“使立宪之知识，不先输入于国民之脑中，而深喻其利弊之所在，我恐政体变而国民之心理犹未能相应而与之俱变，未得利而害先见未可知也”④。而政教协调则显然需要一个过程，并非一蹴而就。

政体移植时机还不成熟。缓行论认为，政体移植必须考虑本国的政治、经济、文化、社会传统等发展条件的制约。在时机还不成熟

① 《立宪纪闻》，《辛亥革命》（四），上海人民出版社1957年版，第15页。

② 梁启超：《论政府阻挠国会之非》，《国风报》1911年第1年第17号。

③ 《论日胜为宪政之兆》，《东方杂志》1905年第2卷第6期。

④ 《论今日宜亟设宪法研究会》，《东方杂志》1906年第2期。

时，强行移植，其消极影响可能远远大于积极影响。但显然中国目前政体移植的时机还不成熟。从政治条件看，欧洲实行立宪政治根源于其专制过甚之历史，而中国当前情况是君权不振，而不是专制过甚。“欧洲百年前，其君暴戾恣睢，残民以逞，其病盖中于专制，以立宪医之当也。”而中国当前则是“官骄吏窳，兵疲民困，百孔千疮。其病总由于君权之不振。何有于专，更何有于制？”既然中西病理不同，“彼曰立宪，我亦张皇其说曰立宪立宪，是犹之医者不寻其脉理，不察其症结，见萎弱之病夫，遽施以乌堇猛烈之剂也，奚其可？”针对君权不振现状，江西道监察御史刘汝骥提出的解决办法是“张君权”①。从经济条件看，中国目前还不能实行立宪政治。江苏巡抚陈夔龙指出，中国目前形势动荡不安实因“民生困苦，人心浮动”所致。而造成民生困苦之原因有二：一是甲午以来巨额外债使财力竭于外输；二是近来内外图强、百度并举之宪政改革使物产虚耗巨大。偿还外债自不待言。仅以预备立宪之更改官制为例，看上去并无大弊。但多更一制，即多一耗财之地；多设一官，转多一幸进之门。层层加剥，虚耗无已。这些负担都直接间接转嫁到农民头上，“四民胥受其累”；“民生既困，民气安得不嚣”？陈提出，解决民生困苦唯一可行之法即为“毋庸扩充立宪变法或暂缓施行”。只有如此，才能稍纾财力，与民休息。伺数年之后，闾阎元气大复，再进行立宪改革②。中央政权的式微、经济发展的衰退使国家无法承受重大政治变革带来的巨大压力。因为立宪与专制不同在于宗旨，不在于形式，“宗旨一变，则一切用人行政之道无不尽变，这就如同重心一移，则全体之质点均改其方向”。如此巨大的变动，国力强盛时亦难免有骚动之忧，何况当今中国国势衰微，“变之太大太骤，实恐有骚然不靖之象”，因此目前“但宜革其丛弊太甚之事，俟政体清明，以渐变更，似亦未迟”③。

---

① 《刘汝骥奏请张君权折》，《清末筹备立宪档案史料》上册，中华书局1979年版，第107页。

② 《江苏巡抚陈夔龙奏新政请毋庸扩充立宪变法或暂缓施行折》，《清末筹备立宪档案史料》上册，中华书局1979年版，第176—178页。

③ 《立宪纪闻》，《辛亥革命》（四），上海人民出版社1957年版，第15页。

也就是说，政体移植时机现在还不成熟。

清末的立宪之争是在两个不同地区不同政治层面展开的。海外立宪派和革命党的立宪之争在海外进行，以各自的舆论机关《新民丛报》和《民报》为主阵地，论争的焦点包括暴力革命能否带来立宪、中国当时是否具备实行立宪的基本条件及是否有必要实行立宪等方面。从立论基础看，双方都以国民资格作为立论的基本前提。但立宪派注意的是国民资格中的消极因素，革命党强调的是其积极方面，由此双方产生了立宪方式的差异。应该说，国民资格本身是一个复杂的综合体，既有积极的一面，也有消极的一面，关键在于如何引导，趋利避害。西方代议政体恰恰是建立在人性恶的心理基础之上的。立宪派强调国民劣根性，在某种程度上与立宪政体的心理基础不谋而合。因此，较之革命党的理想人格论，立宪派的渐进论无疑更接近于立宪政治的本质特征，更符合当时的社会现实。从论战目标看，双方都不反对把立宪作为中国政治发展的长远目标。但革命党认为中国国民天生就具备民权立宪资格，无须经过预备阶段，革命是建立民权立宪的唯一有效手段。立宪派则强调立宪政治必须具备一定条件。在时机还不成熟的情况下贸然移植立宪政治，可能未见其利，反受其害。他们进而认为革命不仅不能带来立宪，而且只会造成专制。现在看来，革命党从抽象的人性论角度论证立宪政治的可行性未免流于肤浅，海外立宪派夸大政体移植过程的难度当然也不可取。不过后者从国情出发探讨政治改革的途径不失为一种务实态度。当然双方论争也有接近之处，如都不否认立宪是中国政治的发展目标，都承认专制到民主之间需要一个过渡阶段。不过双方的立宪之争在清末的那场革命排满的大论战中只是处于次要地位，他们对此都不太重视，因此论辩文字极为有限。从某种意义上说，他们对立宪政治都缺乏足够的思想准备，尤其革命党，对政体移植过于乐观，对民国成立以后行使议会政治十分不利。他们的论争表明，政治体制改革已经成为社会发展的必然趋势。

与海外立宪派和革命党相比，国内的速行立宪和缓行立宪之争更有意义。首先，他们的论争形式多样。既有舆论工具的大力鼓吹（立宪派通过他们所控制的舆论工具为立宪运动造势，《东方杂志》、《时报》等都是其中荦荦大端者），也有国会请愿运动的蓬勃进行，直至国务会议上内阁大臣的唇枪舌剑（如1906年8月，国务会议曾就立宪问题展开激烈的论争）。形式多样化表明立宪的影响日益扩大。其次，论争的参与阶层十分广泛。参与论争的一方为速行立宪派，主要为地方清流派人物、中下级开明官吏、开明士绅及部分留学生等，他们对地方政情比较了解，更感到实行宪政的迫切；另一方为缓行立宪派，主要为政府的高层官员及部分留学生等，他们能从宏观上把握政治体制改革的可行性及其分寸，两者具有互补作用。参与阶层的广泛性无疑起到了社会动员的效果。再次，速行与缓行的分野促成了中国政党的萌芽。如为了推动宪政运动发展，速行立宪派先后组织了预备立宪公会、各省谘议局联合会、国会请愿同志会等团体。这些团体的大量涌现，客观上有利于议会政党的形成，从而为中国宪政发展提供了组织基础。不过，就总体而言，速行与缓行之争是在君主立宪的前提下进行的，因此其历史局限性是显而易见的。

清末立宪之争在中国政体发展史上具有重要意义。

其一，通过立宪之争，扩大了思想交流，为议会制度的推行提供了理论基础。无论是革命党和海外立宪派引经据典的激烈论战，或缓行论和速行论的泛泛讨论，他们都从不同角度、不同层面对政体移植进行了广泛而深入的思考，并且提出了许多值得注意的问题，如政体移植与国情、政体移植与国民资格、政体移植步骤、政体移植时机等等。这些问题的提出广泛传播了西方的宪政知识，起到了思想启蒙作用，为议会制度的移植提供了一定的理论基础。

其二，通过立宪之争，激发了民众政治参与意识，为推行立宪提供了广泛的社会基础。革命党和海外立宪派的激烈论战吸引了海外留学生的广泛关注，促使他们对中国的政治改革问题进行更为深入的思考，关注国家的政治发展，客观上起到了社会动员的作用。日俄战争后，国内立宪运动蓬勃兴起，“上至勋戚大臣，下逮校舍学子，靡不曰立宪立宪，一唱百和，异口同声”①，立宪一时成为社会发展的主

① 闵闇：《中国未立宪以前当以法律遍教国民论》，《东方杂志》1905年第11期。

流思潮。因此，清末立宪之争无异于一次社会总动员，是对国情的一次深刻反思，为即将实行的民权立宪提供了广泛的社会基础。

其三，通过立宪之争，促成了政见相同者之间的联合，为推行议会政治提供了有力的组织基础。清末的政治运动有君主立宪和民主革命两派。在立宪之争和立宪运动推动下，立宪派逐步联合起来，形成了预备立宪公会、国会请愿同志会等政治组织，而资政院内宪友会的成立，标志着现代意义上的政党在中国已经出现。与海外立宪派短暂论争后，汪精卫、胡汉民等论战主将很快离开了《民报》，把主要精力放在从事革命运动上。尽管革命党人对政体移植问题缺乏足够的重视，也没能在立宪问题上取得一致意见，但他们对民权立宪充满信心，通过革命运动的锻炼和洗礼，客观上已经具备了行使民权立宪所需要的基本领导才能。也就是说，到武昌起义爆发前夕，中国立宪政治已经有了一定的组织基础。

总之，清末的立宪之争推动了中国政治运动的发展，激发了民众的政治参与意识，广泛传播了西方的民主议会政治思想，对即将到来的民权立宪起到了极大的社会动员的作用，在中国政体发展史上具有重要意义。

第二节　政体选择的组织基础

一　政党思潮的出现

革命和改良是清末政治运动的基本分野。尽管他们都不反对将议会政治作为中国政治发展的长期目标，但在如何行使议会政治问题上，双方还是存在着较大分歧。立宪派提出政党是运用议会政治的主导力量，并从理论上详细论证了政党与议会政治的密切关系，以及中国应该采取的政党模式。革命党虽不反对在中国实行议会政治，但在如何运用议会政治问题上，显然缺乏认真的思考。多数革命党明显排斥政党政治，甚至至武昌起义发生前夕，有些革命党人还对政党不遗余力地加以攻击。雷铁崖认为政党往往会“弃国家公益而计本党之私图”，被政党控制的国会和政府“必以政党之利害为转移”，而国民的利益“反置之于不议不论之列”。不仅如此，政党还会损害国民利益，“残下媚上”、“虐民而乱国”①。这种观点在革命派中间很具有代表性。从某种程度上可以说，清末政党思想的传播是立宪派大力鼓吹的结果。立宪派的政党观主要有：

（一）政党与议会政治的关系

政党概念是伴随着议会政治思潮的出现而引进中国的。早期维新思想家认为，中外强弱之分实根源于政治制度的差异。西方强大，乃是因为它们采用了议会政治；中国贫弱，实由于实行的是专制统治。推而论之，中国若要强盛，必须采用议会制度。清末的立宪运动就是在这种理论指导下蓬勃展开的。

既然立宪政治可以富国强兵，那么，它是如何运作的呢？改良派的答案是：政党。1897 年《时务报》刊载了一篇题为《政党论》的文章，提出：“政党之与立宪政治，犹如鸟有双翼。非有立宪之政，则政党不能兴；若立宪之政，无政党兴起，亦犹鸟之无翼耳。”② 形象地揭示了立宪政治与政党不可分离的关系。作者撰写此文目的很清楚：立宪政治给国家强盛提供了可能，而立宪政治又必须依赖政党才能发挥效能，因而政党是引导国家走向强盛的核心力量。在政党、立宪政治及国家强盛三者之间的关系中，政党的作用得到了凸显。

到武昌起义爆发前夕，政党与立宪政治之间的相互依存关系已经成为立宪派的基本共识。如有人认为“宪政之运用，所以能完全者，恃有议会，而议会之职务，所以能进行者，恃有政党，故宪政与议会之关系，犹之议会与政党之关系也”③；或者说“有宪政而无政党，犹之航海者无灯塔无磁针，将不知其所向，而政治因以紊乱矣”④；

① 铁崖：《中国立宪之观察与欧洲国会之根据》，《民声报》1910 年第 1 年第 2 号。

② 《政党论》，《时务报》1896 年第 17 册。

③ 《论中国现在之党派及将来之政党》，《辛亥革命前十年间时论选集》第 2 卷下册，生活·读书·新知三联书店 1963 年版，第 615 页。

④ 杜亚泉：《政党论》，《东方杂志》1911 年第 8 卷第 1 期。

或断言："立宪政治，惟有政党为能运用之。"[1] 诸如此论，比比皆是。

（二）政党的效能观

政党与立宪政治关系既然如此重要，那么政党有什么妙用呢？在立宪派看来，政党的效能主要体现在以下几方面：

1. 政党是人民反对专制政体的产物。立宪派认为，在专制政体之下，人民无权参与政治。假如人民厌弃政府，除了起义造反外，别无他法。尽管人民起义前仆后继，但继任的君主，未必就优于退位的君主；新成立的政府，也未必就胜于被推翻的政府，"以暴易暴，比比然也。于是久而久之，人渐知专制之不足恃，而共和政体乃兴。然人民犹惧新政体之未必持久，而深恶痛绝之专制，或乘隙以入也，则相率结一巨大团体，以保卫人民之权利"。这"巨大团体"就是政党。因此，他们认为："政党者，人民发表政见之机关也，国民表示意向之机关也。"[2] 进而强调，政党"用以抵抗暴政，则暴政绝迹而不行；用以代表民情，则民情无微而弗达。故文明之国，但闻有无国之党，不闻有无党之国"，"党也者，所以监督政治之得失，而保其主权，使昏君悍辟无所得而行其私，其关系于国家者尚也"[3]。

2. 政党代表了一定社会集团的利益，其能否执政取决于人民公意。在立宪派看来，政党首先是一定社会集团利益的代表："……立宪政治实施之际，政府施政之方向，往往因计国家之大利益，而牺牲一部分之利益，以伸张他部分之利益者。国民分子之间，遂蒙利害切己之影响。于是利害相同者，互相结合以求达其目的。结合以后，则虽目的已达，而利害之关系，决不能断绝，则他目的发生，遂成永久结合，而形成政党。"其次，他们认为，政党要想执政，必须以人民的利益为本，为人民服务，而民众则通过选举、舆论监督等方式保持着对政党的最终选择权："盖一国之民，对于国家之政治，以利害关

---

① 《将来百论》（十七），《国风报》第 2 年第 15 号。

② 黄远庸：《政党浅说》，《民国经世文编》政治三，《近代中国史料丛刊》第五十辑，文海出版社 1970 年版，第 768 页。

③ 《论非立大政党不足以救将亡之中国》，《清议报》第 79 号。

系之切，即不能置若罔闻，又以各有职业之故，势不能以政治为生涯；而政治之状态纷繁，学理深邃，决不可以轻率卤莽之意见妄谈国是，不得不赖热心之政治家考察之、讨论之，而以利害之结果指示吾民。以为利者，则罗列其利之所在，使民得从而赞成之。以为害者，则备举其害之所极，使吾民得从而反对之。各标其帜以定吾民之趋向，任吾民之选择也。”①

3. 政党是统一国家机关的枢纽。立宪派认为，西方的立宪政体大致可分为总统制和内阁制两种。在实行总统制的国家（如美国），严格强调行政、立法、司法三权分立，互不干涉。因此保证国家机关的有效运作十分重要。因为三权严格独立容易产生舛驰之敝，中央、地方各行其政。如何才能保持各处各种机关之间不相剌谬、不相背驰呢？只有政党才能做到这点。在实行内阁制国家，内阁由议会多数党控制，所以内阁制度的完善实依赖于政党制度的完善。执政党以监督行政立法为责任，在野党则不断积蓄力量，为他日执政、监督政府做好准备。也就是说，不管何种立宪政体，政党都是不可或缺之物。因此，立宪派的结论为：“共和之国，政党实为行政之一部分，所以统一联络各种之政治机关者也。”②

此外，立宪派认为政党还具有统一舆论、普及政治常识等诸种效能。

清朝末年，人们的党祸思想普遍还根深蒂固，立宪派能够从政治发展的角度，强调政党在立宪政治中的重要作用，甚至积极筹备组建政党，这无疑是个巨大进步。不过他们的政党观服务于现实政治斗争的需要，有时不免有夸大其词之处，如他们认为中国之所以积弱不振，受人欺凌，政治腐败，民族危亡；中国人政治思想薄弱，政治智识缺乏，政治能力幼稚，政治上之无经验，究其原因，“无他，惟无政党之故”③，甚至放言：“吾中国苟有党，则四百兆人可以不死……

① 杜亚泉：《政党论》，《东方杂志》1911年第8卷第1期。

② 黄远庸：《政党浅说》，《民国经世文编》政治三，《近代中国史料丛刊》第五十辑，文海出版社1970年版，第769页。

③ 《中国灭亡论》，《国民报》1901年第3期。

则二亿万地可以不分”，为了保存国家主权，必须建立政党，“欲中国强与亡乎，在今之党人”①。

从政党观看，立宪派十分强调保护人民的利益。那么，人民通过什么方式表达自己意愿呢？立宪派设计的途径有两条：（1）通过选举。实行立宪政治必须举行选举，而选举必须通过政党来组织指挥。因此，各政党要想取得选举胜利，必须广泛宣传本党的政策主张。而民众则从各党的宣传中选择与自己意思相近、能够代表自己利益的政党来充当代议士。这样，一方面政党通过选举为自己掌握政权取得了合法途径，另一方面民众也通过选举保持了对政党的压力。（2）通过舆论。当时人们普遍认为，立宪政治之下人民享有言论、结社、集会、出版等自由是不言而喻的。而舆论无疑是民意的反映，民众可以通过舆论对政党活动实施监督，以使自己的权利得到有效保护。因此，立宪派认为，在某种程度上，立宪政治就是舆论政治②。

（三）政党制的形式

在采取何种政党制度问题上，立宪派表现出惊人的一致，即认为两党制优于多党制。他们认为：“政党之妙用，在于两党相持，一进一退，一反一正，以求得其平衡。”③

按照立宪派的观点，两党制与多党制比较，其优点主要体现在以下几个方面：

1. 多党制会侵及人民权利，而两党制却可以有效地协调国家各种机关的关系。著名立宪派人士黄远庸比较了当时英美和欧洲大陆各国政党情况后，指出“（实行多党制国家）无论何党握权，（其余各党）咸表反对。故政党之制虽行，然以根本未固，其势力至薄至弱，其实权实握于少数之行政官及不负责任之立法部，若人民之权，固微乎其微也”。而实行两党制国家，则可以通过执政党与在野党的相互监督

① 康有为：《中华救国论》，《康有为政论集》，中华书局1981年版，第723页。

② 梁启超：《国风报〈叙例〉》，《辛亥革命前十年间时论选集》第3卷，生活·读书·新知三联书店1960年版，第586页。

③ 罗普：《政党论》，《新民丛报》上编，癸卯（1903）年第40、41号合本。

保持国家权力的平衡，进而使人民权利得到保护①。

2. 多党制不利于社会秩序的稳定，而两党制却可以使国家富强。《时务报》分析德国多党制时，评论道："其议会有小党分派，聚讼纷纭，无能统合。政府与议会，每不相协，举国荡然，不解立宪政治之运用如何。"相比之下，英美之所以国势强大，"未尝不因两大政党之力也"。②

3. 以政治主张相同或相近为基础结合而成的两党制易使宪政趋于完善。既然两党制的优点已经不言而喻，那么，以何种指标来划分两党制呢？以地域为界分成南北两党，抑或以官吏民间对峙为基础划分为民吏两党？有人在《东方杂志》撰文指出，政党应该"以主义结合，非以感情结合者也"。据此，作者提出，未来中国应该有进步与保守两大政党，"予以谓此二党者，如车之两轮，鸟之两翼，相扶相助而皆不可缺。进步过骤，则不免流于危险，当以保守主义维持之；保守过甚，则不免流于退弱，当以进步主义调和之。若而党不失其平衡，则宪政愈形其圆满"。③

从反对多党制理由看，立宪派一则害怕内阁更迭频繁，政局不稳，易于造成社会动荡不安；一则害怕党争纷纭，政党势力遭到削弱，国家政权会集中到少数行政官员及不负责任的立法官员手中，从而形成专制，侵及人民的权利。相反，"若仅两党，则天与人合，国以富强，在朝在野，旗鼓相当。以大党在朝，则党势坚而行政强，以大党在野，则朝党不敢专制而为殃"。④ 因此，在立宪派眼中，两党制成了最完美的政党制度形式。

（四）理想的政党范式

既然政党与立宪政治相辅相成、不可或缺，那么，具备什么样的条件才符合现代意义上的政党要求呢？《新民丛报》第25号曾刊载了

① 黄远庸：《政党浅说》，《民国经世文编》政治三，《近代中国史料丛刊》第五十辑，文海出版社1970年版，第770页。

② 《政党论》，《时务报》1897年第17册。

③ 杜亚泉：《政党论》，《东方杂志》1911年第8卷第1期。

④ 康有为：《中华救国论》，《康有为政论集》下册，中华书局1981年版，第723页。

一篇题为《政党论》的文章，对政党的理想范式有着极为清楚的阐述：

1. 政党应该把国家利益置于首位。这也是当时立宪派的一个普遍认识。在世界历史上，各政党建立的基础并不相同，有以地域为基础的，有以种族为基础的，有以宗教为基础的，有以职业为基础的等等，但这都不是严格意义上的政党，因为这些所谓的政党都只是部分利益集团的代表，而不是代表整个国家的利益。“是故甲党胜也，乙党败也，不过为甲乙两党之利害问题，其影响与国家绝不相蒙，甚且令国家受其相反之利害焉。”所以，政党之资格，“当先以爱国心为第一根据。无爱国心者，必非政党也”。

2. 政党应该有一定的宗旨。该文认为，政党必须与他党对峙，然后才能形成。而两党相持，必须有一定的宗旨以区别于他党。这样，在选举过程中，各政党可以通过宣传本党的政治主张来吸引选民；而选民也可通过各党的宗旨来决定其对政党的取舍。因而，“政党之所以必要，在此而已；政党之所以可贵，在此而已”。

3. 政党应该通过光明磊落的方式进行和平竞争。该文认为，任何政党都是持一定宗旨、以国家利益为目的来号召选民的。因此，为了取得选民支持，各政党都应该光明磊落、堂堂正正地宣传本党的政治主张，“其主义而果优也，则胜不必骄；其主义而果劣也，则败亦不讳其成败利钝，坦然与天下公之。此政党所以特见重于今世而君子亦乐为执鞭从事也”。任何运用阴谋诡计或表里不一的竞争都是犯了欺诈社会的公罪，为立宪政治所不容。

立宪派在政党范式上并无一致意见，以上只是大致概括了他们理想政党范式的几个普遍特征。从这些特征看，在他们眼中，现代意义上的政党与中国传统意义上的朋党不啻天渊之别，是个能够真正肩负其民族富强重任的政治团体，是议会政治必不可少的一个组成部分，有了政党，议会政治才能有效运作。显然，他们只看到了两党制的优越点，而没有注意到其发展过程中出现的问题。以理想来衡量实践，有时难免有挫折感。

政党和议会政治的关系不言而喻。革命党重在破坏旧制度，因此对政治建设缺乏必要的思考。立宪派主张召开国会，实行立宪，所以对如何搞好政治建设投注了更多精力。政党理论的传播，一方面是立宪运动发展的必然产物，另一方面也促进了立宪运动的进一步深化，是近代中国启蒙运动的一个重要组成部分。政党政治的广泛传播，为议会政治组织建设提供了丰富的理论基础。

二　清末政党的萌芽

清朝法律严禁组织党会。直到甲午战争之后，政府纪纲废弛，国力严重衰退，人民议论政事渐渐增多，以至有人或明或暗组织政治党会。日俄战争后，立宪思潮沛然兴起，颁布宪法、召集国会已成为士绅阶层共同愿望。迫于内外压力，政府不得不宣布预备立宪，从此组党结会公然流行。当时的政治运动有君主立宪与革命民主两大潮流。前者主张维护满清君主统治，通过自上而下的政治改革把中国纳入宪政轨道，史称立宪派。资政院召集后，立宪派又分化组合为民宪派和帝宪派。民宪派以发达民权为宗旨，帝宪派以维护君权为目标。革命共和者则明确提出民族革命和民主革命并行，推翻满族统治，建立民主共和政府，纯粹为一革命政党。因此，清末政治运动明显呈现出两条路线齐头并进的发展格局。

（一）革命派团体——同盟会

同盟会是民族、民主革命分子的秘密结社，组建基础为兴中会、华兴会和光复会等反政府秘密政治组织。1905 年成立于日本东京，留日学生加盟者达 17 省之多。其宗旨为：驱除鞑虏、恢复中华、创立民国、平均地权。

总理为孙中山，有指导全体党员的权力。其他主要分子有黄兴、刘揆一、汪精卫、胡汉民、陈天华、宋教仁、张继、章太炎、蔡元培等。总部设于东京，由执行、评议和司法三部构成。执行部下分 6 科，即庶务、内务、外交、书记、经理和会计，各部长之下有干事。评议部有评议长和评议员。司法部有部长和检察长。国内分东、西、南、北、中 5 个支部，支部下按省设立分会，并推定各省分会的主盟人。海外华侨分南洋、欧洲、美洲和檀香山 4 个支部，支部下按照国别、地区设立分会。同盟会的机关刊物有《民报》、《中国日报》等。

武昌起义爆发前，同盟会主要以民族主义为号召，在中国中下层社会具有广泛的感染力和号召力，并多次发动武装起义试图推翻异族统治，但每次均以失败而告终。在清末立宪之争中，同盟会只有少数人参加了论辩。从论辩文字的内容和数量看，他们十分强调暴力革命的重要性，对未来中国政体的选择似乎兴趣不大，同盟会某些著名领袖甚至认为专制统治善于立宪政治。这些情况表明，同盟会很大程度上只能说是一个秘密的革命组织，与现代意义上的政党组织差异很大。

（二）立宪派政团的演变发展

1. 政闻社

清政府宣布仿行宪政之后，立宪运动一时蓬勃发展。各种立宪会社接踵而起。1907 年 7 月，梁启超、蒋智由、陈景仁等在东京组织政闻社。政闻社提出四大政治纲领：（1）实行国会制度，建设责任政府；（2）厘定法律，巩固司法权之独立；（3）确立地方自治，正中央地方之权限；（4）慎重外交，保持对等之权利。

《政闻社宣言书》称："政闻社虽未足称政党，而固俨然为一政治团体，则亦政党之椎轮也。……政闻社所执之方法，常以次序的行动，为正当之要求。其对于皇室，绝无干犯尊严之心；其对于国家，绝无扰紊治安之举。此今世立宪国国民所常覆之迹，匪有异也。今立宪之明诏既屡降，而集会、结社之自由，则各国所咸认为国民公权，而规定之于宪法中者也，岂其倏忽反汗，对于政治团体而能仇之。若政府官吏不奉诏，悍然敢为此种反背立宪之行为，则非惟对于国民而不负责任，抑先已对于君主而不负责任。若兹之政府，更岂能一日容其存在以殃国家！则政闻社之发生，愈不容已，而吾党虽洞胸绝脰，而不敢息肩者也。"① 这个宣言，一方面表明政闻社对于皇权绝无干犯，另一方面也显示了他们要求立宪的决心。1908 年 2 月，总部迁往上海，并在沿江沿海及南北各省逐步建立起分支机构，影响不断扩

① 梁启超：《政闻社宣言书》，《梁启超选集》上海人民出版社 1984 年版，第 546 页。

大。《政论》为政闻社的机关报，经常评论政府内政外交的得失，为立宪运动大造舆论。

1908年，清政府以“政闻社内诸人良莠不齐，且多曾犯重案之人（指梁启超等）”为由，将政闻社社员、法部主事陈景仁革职。接着又宣布政闻社“内多悖逆要犯，广敛资财，纠集党类，托名研究时务，阴谋煽惑，扰害治安”，通令全国各省督抚查禁，着令将该社社员严加缉捕，毋行漏网①。政闻社遂于清廷禁令下解散。政闻社组织上虽已消灭，但由其倡导的立宪运动并未因此减少，反而日呈发扬光大之势，不可阻遏。

政闻社的成立是由维新派演变而来的海外立宪派和部分国内立宪派力量的一次大集结。他们主张维护现政权的合法地位，通过自上而下的政治改革方式实现中国政体从专制制度到立宪政治的过渡。政闻社在中国中上层社会具有巨大影响，他们倡导的渐进的政治改革方式得到了士绅阶层的广泛认同。不过，因历史原因，他们并不见容于政治当局，屡屡受到政治当局压制。

2. 预备立宪公会

1906年起，要求召开国会、速行立宪的宪政团体蓬勃兴起，如上海有预备立宪公会、湖北有宪政筹备会、湖南有宪政分会、广东有自治会，更有华侨联名请愿，要求即行立宪。其中以预备立宪公会声势最为浩大。预备立宪公会成立于1906年12月，总部在上海，以江、浙、闽3省为中心，宗旨为按照预备立宪之谕旨，开发地方绅民之政治知识，为预备立宪准备基础。成立时，会长为郑孝胥，张謇、汤寿潜为副会长，会员200多人。1908年在上海创办《预备立宪公会报》（半月刊），2年后移至北京，改出《宪志》（日刊），鼓吹立宪。同时编印宪政书籍，分送各省；开办法政讲习所，训练法政人才。从思想上看，该会对康、梁的立宪派颇表深厚同情，但表面上又力避与康、梁发生联系。其主要人物有朱福铣、张謇、孟昭常、郑孝胥、汤寿潜、许鼎霖、雷奋等，会员多为江、浙、闽知名人士和实业界代

---

① 朱寿朋编：《光绪朝东华录》第5册，中华书局1958年版，第5951、5967页。

表，声势颇盛。此后更网罗广东、湖北、湖南等省政见相同者，以为声援，隐然为君主立宪运动中有力团体。

虽然颁布仿行宪政上谕，清政府仍然对立宪犹豫不决，害怕立宪不利于满族，盛传有取消上谕之意。全国人士对此深为不满。1908年，预备立宪公会领袖郑孝胥、张謇、汤寿潜等联名电呈政府，请开国会，以图对抗。7月，他们再次电请2年内召开国会。复由预备立宪公会移书湖北宪政筹备会、湖南宪政分会、广东自治会，并与河南、安徽、直隶、山东、山西、四川、贵州等省立宪人物相约，各派代表齐集北京，以请愿书呈都察院代奏。8月，各省请愿代表纷纷入京，不少八旗士民也加入了请愿行列。规模盛极一时。此次请愿虽值光绪不豫，奏未得呈，但当局对此也极为震惊。此后不久，遂颁布各省谘议局及议员选举章程，要求一年内办齐，并公布了钦定宪法大纲及九年筹备清单。

预备立宪公会在近代中国宪政发展历史上地位十分重要。它的成立，标志着国内立宪派开始走上有组织的推进宪政发展的道路；也表明民众政治参与意识正在蓬勃兴起，旧的统治秩序已经彻底溃烂，新的政治秩序亟待建立。而由它发起的国会请愿活动把清末的宪政运动推向了高潮，加速了旧政权的覆灭。

3. 谘议局联合会

1909年，各省谘议局成立。但不少地方立宪派领袖对预备立宪时间过长很不满意。同年10月，江苏谘议局议长张謇以“外侮益剧，部臣失策，国势日危，民不聊生，救亡要举，则在速开国会，组织责任内阁”等语①，通电各省，要求各省谘议局各派代表3人，集于上海，向政府请愿，速开国会；又派孟昭常、杨廷栋、方还诸人，游说各省谘议局。1909年12月，计有直隶、江苏等16省代表，共51人，集于上海。经多次协商，组织了谘议局联合会，并约定国会正式成立，始行解散。1910年1月中旬，各省代表齐集北京，一面由孙洪伊领衔，连署各省代表33名，以请愿书托由都察院代奏；一面遍访

① 转引自杨幼炯《中国政党史》，上海书店1984年版，第43页。

各王公大臣，请求赞助早开国会。不久诏书发出，拒绝请愿。代表团决定以孙洪伊等6人为常驻委员，停留北京，组织国会请愿同志会。其余代表，各回原籍，努力鼓吹。同年4月起，各省谘议局代表陆续抵京。6月，各代表复联合各省政团、商会及海外侨商，各举代表，再度上书请愿。经两次御前会议，下诏不准。谘议局代表两次请愿结果，都以失败而告终，但他们并不灰心，继续酝酿新一轮请愿。此时舆论对于清廷益多非难。10月，代表团又向资政院提出请愿案，要求设立责任内阁，速开国会。他们还上书摄政王、遍求朝廷大员援助。资政院议员由各省谘议局选举产生，多数与各省谘议局主张一致，请愿案通过。同时，各省督抚联电军机处，主张速开国会，建立责任内阁制度。经过多方努力，清廷终于明谕天下，准将筹备期限缩短，定于宣统五年（1913年）召集国会。在国会未召集以前，先将官制厘定，设立内阁。国会请愿运动取得初步成果。

各省谘议局联合会可以说是预备立宪公会的发展组织。第一，前者由后者发起，并以张謇、孟昭常、雷奋等为主角，代表团晋京，江苏谘议局为坚强后盾。第二，代表团以速开国会为目的，强调发达民权，与预备立宪公会一脉相传。第三，它们都希望通过上书请愿方式达到立宪目标。因此，从某种意义上说，谘议局联合会是宪政运动在特定历史阶段的新的发展形式。

4. 宪友会

资政院成立后，其民选议员多为各省谘议局的优秀人物，比较干练，富于政治经验，组织性强，在院中颇占优势。而出自预备立宪公会的议员，尤其能够行动一致。宪友会就是基于民权之发达和宪政之完成为宗旨的、以民选议员为核心的、代表各省谘议局利益的一种政党组织。宪友会以国会请愿同志会为基础，1909年6月成立总部于北京，支部达于10省，当时有民党之称。其干部人物有孙洪伊、汤化龙、谭延闿、徐佛苏、雷奋、林长民、蒲殿俊、刘崇佑等人，资政院内，则以雷奋、籍忠寅等为领袖。其政纲有：（1）尊重君主立宪政体；（2）促成责任内阁；（3）整理各省政务；（4）开发社会经济；（5）讲究国民外交；（6）提倡尚武教育。

宪友会有会则7章25条，支部纪律15条。该会不设会长，共和色彩较浓，还有文书、会计、庶务、调查、编辑、外交等各部员。常务干事为雷奋、徐佛苏和孙洪伊3人。

宪友会的形成，标志着现代意义上的政党在中国正式成立。中国的宪政发展初步进入实验阶段。

5. 宪政实进会

宪政实进会，由资政院内敕选议员和硕学通儒议员，基于共同的信仰和利害关系组织而成。性质近于保守。其主要人物有劳乃宣、陈宝箴、赵炳麟、于邦华等。其政纲为：（1）尊重君主立宪政体，期上下意思之疏通；（2）发展地方自治，巩固宪政之基础；（3）谋政治全体之改善；（4）期法律之完备；（5）定教育之方针；（6）完成移民事业；（7）实行财政整理；（8）开发人民生计；（9）研究外交政策，集中国家权利；（10）谋军备之充实。

宪政实进会从各方面网罗稳健人士，发起人主要属于官僚系统。会长陈宝箴，副会长于邦华、姚锡光，其他有常任议员、调查编辑、审议等科。另有党则12章31条。

严格意义上讲，宪政实进会并不是推动中国宪政发展的一支重要力量。它的主要人物虽然不乏宪政知识，但他们并没有积极参与由预备立宪公会发起的速开国会请愿运动，而且它的成立主要是对付资政院内宪友会表现出来的积极进取政策。尽管如此，它的成立毕竟标志着资政院内民宪和帝宪两大势力的正式形成，立宪派理想中的两党对峙的政治局面粗具规模。但因其保守性质，辛亥革命爆发后，该党没有附会革命，自然消亡于无形。

清朝末年，推动中国宪政发展的力量有革命民主和君主立宪两大派别。革命民主派虽然没有直接参与清末的立宪运动，但他们不断发动的武装起义客观上动摇了清政府专制统治的社会基础，使统治阶级感到再也无法照老样子进行统治，被迫进行改革，尤其是政治改革，加速了中国的政治发展朝宪政轨道转型。从这个意义上说，革命民主派为宪政改革起了造势作用，间接地推动了立宪运动的发展。立宪派则是清末宪政改革的直接推动力量。他们利用自己所掌握的政治资源，极力鼓吹立宪政治，并且组织各种政治组织，大力推动政治改革朝立宪方向实质性发展。在立宪派的积极推动和支持下，中国的宪政改革取得了巨大成绩。随着地方自治的举办、各省谘议局的成立和中央资政院的召开，立宪派在议会政治实践中得到了初步锻炼。可以说，武昌起义爆发时，中国已经出现了一批既有经验又有理想的立宪政治的积极运用者。

第三节 政体选择的制度基础

一 预备立宪方案

清朝末年，特别在日俄战争之后，中国的立宪思潮沛然而起，不可阻遏。出于种种考虑，在立宪潮流推动下，从1906年起，清政府加大政治体制改革力度，使数千年来的专制政制朝着立宪政治方向转轨。9月1日，清廷宣布预备仿行宪政。谕旨指出：目前规制未备，民智未开，若仓促行事，涂饰空文。应该先将官制分别议定，逐步厘定法律，广兴教育，清理财务，整饬武备，普设巡警，以备立宪基础。1908年9月，清廷宣布预备立宪时间为9年，光绪四十二年（1916年）正式颁布宪法，召集国会。同时颁布《钦定宪法大纲》，以及《议院法要领》、《选举法要领》和《逐年筹备宪政事宜清单》等文件，预备立宪。

《钦定宪法大纲》勾勒了政府宪政改革的基本蓝图。本着“君上有统治国家之大权，凡立法、行政、司法，皆归总揽，而以议院协赞立法，以政府辅弼行政，以法院遵律司法”① 的基本原则，《钦定宪法大纲》赋予君主广泛的权力，如君主有颁行法律及发交议案、召集开闭停展及解散议院、设官制禄及黜陟百司、统率陆海军及编定军制、宣战议和订立条约及派遣使臣与认受使臣、宣布戒严、爵赏及恩

---

① 《宪政编查馆资政院会奏宪法大纲暨议院法选举法要领及逐年筹备事宜折》，《清末筹备立宪档案史料》上册，中华书局1979年版，第57页。

敕、总揽司法、议会闭会遇有急务以诏令替代法律、制定皇室常费等权。与此同时，《议院法选举法要领》等文件却对议员的权利与言论作了种种限制。从整体看，《钦定宪法大纲》体现更多的是君主意志，虽然立宪，但君主仍然保留了很大权力。尽管如此，较之朝令夕改、反复无常的专制制度，人民毕竟有了发言的权利，君主权力毕竟受到了某种程度的限制。因此，清末预备立宪的进步意义是不容置疑的。

根据9年预备立宪宗旨，《逐年筹备宪政事宜清单》详细列举了9年内应办的事项：

1908年，筹备谘议局，颁布城镇乡地方自治章程、调查户口章程、清理财政章程，设立变通旗制处筹办八旗生计，编辑简易识字读本和国民必读课本，修改新刑律，编订民律商律刑事民事诉讼律等法典等9大项；

1909年，举行谘议局选举，各省一律办齐，颁布资政院章程举行资政院选举、厅州县地方自治章程、法院编制法、简易识字读本、创设厅州县简易识字学塾和国民必读课本，筹办城镇乡地方自治设立自治研究所和各省城及商埠等处各级审判厅，调查各省人户总数和各省岁出入总数，厘定京师官制，编订文官考试章程、任用章程、官俸章程，核定新刑律，限定厅州县巡警年内粗具规模14大项；

1910年，召集资政院议员举行开院，续办城镇乡地方自治，筹办厅州县地方自治，汇报各省人户总数，编订户籍法，复查各省岁出入总数，厘定地方税章程、直省官制，试办各省预算决算，颁布文官考试章程、任用章程、官俸章程和新刑律，推广厅州县简易识字学堂，限定各省省城及商埠等处各级审判厅年内一律办齐和厅州县巡警一律完备等14大项；

1911年，续办城镇乡及厅州县地方自治，调查各省人口总数，编订会计法，会查全国岁出入确数，颁布地方税章程，厘定国家税章程，实行文官考试章程、任用章程、官俸章程，筹办直省府厅州县城治各级审判厅和乡镇巡警，核定民律商律刑事民事诉讼律等法典12项；

1912年，限定城镇乡地方自治年内粗具规模，续办厅州县地方自治，汇报各省人口总数，颁布户籍法、国家税章程和新定内外官制，限定直省府厅州县城治各级审判厅年内粗具规模，推广乡镇简易识字学塾和乡镇巡警；

1913年，实行户籍法和新刑律，试办全国预算，设立行政审判院，直省府厅州县城治各级审判厅和城镇乡地方自治一律成立，筹办乡镇初级审判厅，颁布新定民律商律刑事民事诉讼律等法典、限定厅州县地方自治和乡镇巡警年内粗具规模；

1914年，试办全国决算和新定内外官制，颁布会计法，厅州县地方自治一律成立，限定乡镇初级审判厅年内粗具规模，人民识字义者须得百分之一；

1915年，确定皇室经费，变通旗制一律颁定，设立审判院、实行会计法和民律商律刑事民事诉讼律等法典、乡镇初级审判厅和巡警一律成立或完备，人民识字义者须得五十分之一；

1916年，宣布宪法和皇室大典，颁布议院和上下议院议员选举法，举行上下议院议员选举，确定预算决算，制定明年预算预备向议院提议，新定内外官制一律实行，设弼德院顾问大臣，人民识字义者须得二十分之一。

从内容看，清政府筹备宪政清单所列内容十分详尽，且易于操作。政府在如此短的时间内就拟订出一个比较切实可行的宪政清单，由此可见其对实施宪政的态度还是相当积极的。《钦定宪法大纲》和《逐年筹备宪政事宜清单》等文件的颁布完整体现了清政府的宪政改革蓝图及具体的实施步骤，标志着中央政府正式启动了预备立宪程序，中国自上而下的有序的宪政改革就此拉开了帷幕。

二　地方自治的推行

地方自治是预备立宪的一项重要内容。早在1906年11月，清廷就下谕旨要求奕劻等会商各督抚筹议地方自治事宜。1907年更谕令民政部“妥拟自治章程，请旨饬下各省督抚，择地依次试办”①。

① 朱寿朋编：《光绪朝东华录》第5册，中华书局1958年版，第5742页。

1908年宪政编查馆拟订的《逐年筹备宪政事宜清单》对地方自治的实施步骤作了详细规定：（1）颁布城镇乡地方自治章程（1908年）；（2）筹办城镇乡地方自治，设立自治研究所，颁布厅州县地方自治章程（1909年）；筹办、续办城镇乡地方自治和厅州县地方自治（1910—1912年）；（3）城镇乡地方自治一律成立（1913年）；厅州县地方自治一律成立（1914年）。从这一系列文件中可以看出，清末政府统筹规划的地方自治分为城镇乡和厅州县两级，京师则另行规定；地方自治组织实施按部就班地进行。

1909年1月（即筹备清单内的光绪三十五年），《城镇乡地方自治章程》和《城镇乡地方自治选举章程》如期颁布。根据章程，城镇乡自治范围包括学务（如中小学堂、图书馆等）、卫生（如清洁道路、医院、公园等）、道路工程（如修缮道路、建筑桥梁、疏通沟渠等）、农工商务（如整理商业、开设市场、筹办水利等）、慈善事业（如育婴、救贫事业等）、公共营业（如电灯、自来水等）等方面，内容十分广泛。城镇乡地方自治机关分议事会和董事会两大块。议事会类似地方议会，职权有议决本城镇乡：（1）应兴应革事宜；（2）自治规约；（3）自治经费岁出入预算、决算、自治经费筹集、处理方法；（4）选举上之争议；（5）自治职员办事过失之惩戒；（6）董事会职员或乡董乡佐；（7）申复地方官咨询等。董事会（或乡董）类似地方行政机关，职权有：（1）议事会议员选举及议事之准备；（2）议事会议决各事之执行；（3）以律例章程或地方官示谕委任办理各事之执行；（4）执行方法之议决等。

城镇乡议事会议员由本城镇乡选民互选产生。凡年满25岁、具有本国国籍的男子，只要连续居住在本城镇乡3年以上、年纳正税或本地方公益捐2元以上者都有选举资格。城镇议事会议员以20名为限，此后随着人口增长，名额逐渐增加，但至多不超过60名。任期两年；乡议事会议员，根据人口数量确定，最少6名，最多18名。任期两年。城镇乡议员选举，父子兄弟不得同时为议员。若同时当选者，以子避父，以弟避兄。若有父子兄弟现为城镇董事会总董董事或乡董乡佐者，不得为议事会议员。

1909 年 5 月《自治研究所章程》颁布。作为地方自治的人员培训机构，研究所章程规定：各省省城及各府厅州县各设一所。省城自治研究所于本年内成立。各府厅州县研究所在省城第一届听讲员毕业后，即派赴各属，一律成立。自治研究所 8 个月为一期，主要讲授：（1）奏定宪法纲要；（2）法学通论；（3）现行法制大意；（4）谘议局章程及选举章程；（5）城镇乡地方自治章程及选举章程；（6）调查户口章程；（7）其他奏定有关自治及选举各项法律章程；（8）自治筹办处所各项筹备方法。

1910 年 2 月，《京师地方自治章程》及《京师地方自治选举章程》颁布。1910 年 2 月（即筹备清单内的光绪三十六年），《厅州县地方自治章程》及《厅州县地方自治选举章程》也如期颁布。这些文件就京师和厅州县地方自治事宜有着详细而明晰的规定，内容与城镇乡地方自治事宜相似。

至此，清末地方自治三大制度框架初步形成。

清末地方自治取得了很大成绩。据统计，到 1911 年之前，各省省城自治研究所培训的学员总数就已达 7000 多人，平均每省超过 350 人，其中直隶一处就有 1051 人之多；各省各属自治研究所培训的学员总数至少在 50000 人（有据可查的省份为 13 个）以上，即各属培训的学员总数平均超过 3800 人，四川一省为万人以上①。有学者研究指出，截至辛亥革命爆发前，城镇乡地方自治工程已经有很大进展，其中城会成立 1000 余属，占当时府厅州县城厢数的 60%，许多地方同时成立了镇乡议事会、董事会并选举乡董；各省府厅州县议事会、参事会大半已经建立②。至此，清廷筹办的地方自治，已基本上完成了既定任务。

地方自治是清末宪政改革的一项重要举措，是预备立宪优先发展的一个环节。从内容看，清末地方自治实施范围极为广泛，自治机构

① 根据《国家与社会：清末地方自治与宪政改革》第 148—149 页“各省设立地方自治研究所及培训学员表”统计而得。

② 马小泉：《国家与社会：清末地方自治与宪政改革》，河南大学出版社 2001 年版，第 154—156 页。

有很大权力；从效果看，地方自治也取得了相当大的成效，基本上达到了预备立宪关于地方自治的相关目标。地方自治的制度化为训练民众的自治能力提供了必要的组织保障和制度保证，对推动清末宪政运动深入进行意义重大。

三　谘议局的创设

1908 年 7 月《谘议局章程》和《谘议局议员选举章程》颁布。根据《谘议局章程》，谘议局的职任权限有：议决本省应兴应革、岁出入预算、决算、税法、公债、担任义务之增加、单行章程规则之增删修改、本省权利之存废等事件；选举资政院议员；申覆资政院及本省督抚咨询事件；公断和解本省自治会或人民陈请建设事件等。就议员本身而言，议员于谘议局议事范围内所发言论或所发言论在外自行刊布者均不受局外诘责（第 39 条）；议员于会期内非得谘议局承诺，不得逮捕。现行犯罪除外（第 40 条），等等。从内容看，《谘议局章程》赋予议员以相当广泛的权利，并从协调谘议局与各省督抚关系出发，规定：谘议局议定可行事件，呈督抚公布执行；督抚若不以为然，应说明原委事由，令谘议局复议；谘议局对于复议事件若仍执前议，督抚得将全案咨送资政院核议。这样，谘议局作为采取舆论的咨询机关不仅能起到监督行政机关作用，实际上也起到了制衡行政机关的作用，这对长期以来只知有行政的国家来说，无疑是个巨大的进步。更为重要的是，议员言论自由得到保护，可以使议员发言无所顾虑，就全省利病，直抒自见，不屈不挠，而不至于因有所顾虑而瞻前顾后，缄默自安。在某种程度上也激发了议员的责任心。

谘议局议员由选举产生。其选民条件为：（1）本省籍贯男子，年满 25 岁以上；（2）曾在本省地方办理学务及其他公益事务满 3 年以上著有成绩者；（3）曾在本国或外国中学堂及与中学同等或中学以上之学堂毕业得有文凭者；（4）有举贡生员以上之出身者；（5）曾任实缺职官文七品、武五品以上未被参革者；（6）在本省地方有 5000 元以上之营业资本或不动产者；（7）凡非本省籍贯之男子，年满25岁，寄居本省10年以上，在寄居地有1万元以上之营业资本或不动产者。竞选议员的限制条件为：凡属本省籍贯，或寄居本省满10年以上之男子，年满30岁以上者，得被选举为谘议局议员。议员任期3年，期满改选，得连选连任，连任以一次为限①。选举资格的种种限制，使大部分民众被剥夺了参政权。有学者统计出当时各省选民总数与人口总数比例为0.42%，即每万人中有选民42人②。与西方民主先进国家相比，这个数字显然相差很远。但就数千年来一直没有选举权的国度来说，已经是一个不小的进步。毕竟它能为民主观念觉醒的少数政治精英分子提供参政途径和发言舞台。这在以前几乎是不可能的。

1909年各省谘议局几乎同时召开（新疆因教育落后暂缓办理）。有学者对谘议局的议员结构进行了分析，结果发现有如下特点：议员中绝大多数为士绅阶层，其中上层士绅（包括进士、举人、贡生）占54.6%，下层士绅（生员）占34.3%；议员中不乏留日或受过新式教育者，1600多名议员中，接受过新式教育的占10%多一点，其中留学日本的就有约百人，占总数的6.39%；不少议员有过从政经历，在63名正副议长中，曾经出任过中央地方官吏的有40人，而且多为中级以上官吏。议员的平均年龄为41岁；具有立宪倾向的议员在谘议局中人数不少，居于领导地位。各省谘议局议长几乎都为立宪派的领导力量③。由此可见，谘议局议员以上层士绅为主，立宪派占主导地位，他们成熟、干练，有理想，又富有从政经验，是清末立宪运动的主要推动力量和积极组织者。各省谘议局成立后，他们又以此为基础，推动清末宪政改革朝纵深方向进一步发展。

四 资政院的召开

资政院是清末预备立宪的重要一环。1907年8月，清廷下谕旨设

① 《政治官报》光绪三十四（1908）年六月二十六日。

② 张朋园：《立宪派与辛亥革命》，台湾“中央研究院”近代史研究所专刊（24），1983年版，第16页。

③ 同上书，第27—37页。

立资政院，并任命溥伦、孙家鼐为总裁。12月，命景星等5人协理开办资政院事务。1908年6月，溥伦、孙家鼐奏呈所拟资政院章目。1910年10月资政院正式召集。

根据资政院章程、宪法大纲和议院法等文件的相关规定，资政院的职权主要有：（1）议定税法及公债权。（2）议决法律权。但未经君主诏命批准颁布者，不能见诸施行。不过，已制定之法律，非交议院协赞，奏经钦定时，不得以命令更改废止。（3）议院只有建议权，没有行政权。所以议决事件，须钦定后，政府才能执行。（4）议员提议事件，只能涉及全国共同利益，一省寻常事件不得提出。（5）君上大权及法律上规定的岁出，非与政府协议，议院不得废止删除。（6）国家岁入岁出、每年预算，须得议院协赞。（7）行政大臣如有违法情事，议院只可指实弹劾，其用舍之权，仍在君上。（8）议院所议事件必须上下两院议决后，方可奏请钦定颁行。（9）议员言论，不得对朝廷有不敬之语及污蔑他人情事。违者分别惩罚。

资政院议员由选举产生。议员来源有两种途径：一是民选（又称互选）（100名），一是钦选（100名）。民选议员由各省谘议局选举产生。选举时，设监督一人，以该省督抚充任。督抚受当选人名册之后，覆加选定，授予执照，别造议员名册，咨送资政院。民选议员程序比较简单。钦选议员包括7种类型：（1）宗室王公世爵16名；（2）满汉世爵12名；（3）外藩王公世爵14名；（4）宗室觉罗6名；（5）各部院7品以上官员32名；（6）硕学通儒10名；（7）多额纳税者10名。钦选议员形式不一样，选举方式也不同。上述1—3项，只要年满30岁男子，没有因（1）非奉特旨停差俸，（2）非疾病或其他事故，自请开去一切差使者，就可充选。宗室觉罗男子，年满30岁以上，没有（1）被处圈禁或发遣，（2）失财产信用，（3）吸食鸦片，（4）心疾，（5）不识文义者，均可充选。各部院7品以上官员，只要年满30岁以上，并有下列资格之一者，均可充选，（1）现任实缺者，（2）曾任实缺者（休致革职者除外），（3）特旨署理或奉署理者，（4）奉特旨候补、补用、选用或学习行走者，（5）其余候补满3年以上者。硕学通儒包括年满30岁以上（1）不由考试，奉特旨赏授清秩者，（2）著书有裨政治或学术者，（3）有入通儒院之资格者，（4）充高等及专门学堂以上主要科教习连续 5 年以上，著有成绩者。年满 30 岁以上，具备下列条件之一的多额纳税者可充议员，（1）男子照地方自治章程有民权者，（2）年纳正税或地方公益捐，在所居省份内，占额较多者[①]。

由此可以看出，资政院议员的选举有如下特点：钦选议员和民选议员联合组成资政院，只有选举方式差异，没有权力的不同；钦选和民选议员选举形式有 8 种之多，各国少见；钦选议员根据类别，先行互选，然后钦选，因此并非纯粹钦选。民选议员须经督抚核定，而后上报资政院，也并非纯粹民选。

1910 年 10 月，资政院在北京正式成立。之后召开过两次常年会，第 2 次常年会因武昌起义发生几乎无所作为。尽管如此，资政院第一次常年会（会议只有 30 次）还是取得了一些成绩：议决了中国历史上的第一个预算案；议定了新刑律草案、破产律、地方自治章程，修改了谘议局章程等；通过了奏请速开国会案、弹劾军机大臣案等。这些成绩初步训练了国人的参政议政能力。

学者论及清末宪政改革时，往往强调革命运动和国会请愿运动的巨大推动作用，而忽视了政府的主观努力。这种看法是有欠公允的。不可否认，立宪运动和革命运动，尤其是立宪运动对清末宪政改革确实产生了重要影响，但如果没有政府方面的主观努力，宪政改革要想取得多大成就是难以想象的。政府方面的努力主要体现在两个方面：（1）清末宪政改革是由政府发起的。早在庚子事变时，政府就发布上谕，宣示改革决心。日俄战争期间，政府新政改革目标已经渐趋明朗，即走宪政发展的道路，并派员分赴东西洋考察政治。在此期间，个别立宪分子（如张謇）虽然有所活动，但并不成规模，影响也极为有限。大规模的立宪运动发生在 1906 年政府宣布仿行宪政之后，而其目标也只是速开国会，并不是以宪政为旨归。从这个意义上说，宪

① 顾敦鍒：《中国议会史》，《民国丛书》第三编（21），上海书店出版社 1991 年版，第 59—66 页。

政改革实是清廷政治体制改革的长远目标。(2)九年预备立宪时间是适当的。政治体制的改革不同于其他体制改革，每一次体制变动都牵涉不同集团的利益，各利益集团之间的整合往往需要一个漫长过程，尤其在中央权威已经严重受损的情况下更是如此。根据预备立宪清单，宪法制定，国会建立，新官制施行都在1916年完成，也就是说，在短短的8年时间内中国必须实行君主立宪，与日本20年的预备立宪时间相比并不算长。再从清单内容看，几乎每一项立宪事宜都是可行的，民众要做的事应该是督促政府完成清单规定的各项宪政内容。从严格意义上来说，清末宪政改革是革命运动、立宪运动和政府俯顺民意的主观努力相互作用的结果。

在各种力量作用下，清政府的立宪改革有条不紊地进行着。随着地方自治的推行、各省谘议局的开设和中央资政院的召开，清末宪政的制度架构初步形成。这些宪政制度吸纳了部分立宪派人士参与政权，取得了一定成效，初步显示了活力。也就是说，到武昌起义爆发前夕，中国宪政制度的发展已经取得了一定的经验和教训，具备了一定的制度基础。但清末的宪政改革是在不触及专制制度的条件下进行的，在某种程度上它并不是要取代专制制度，而是对专制制度本身无法克服的矛盾的一种弥补。从这个意义上讲，它只是腐朽制度的一种漂亮点缀，并不能改变专制制度必然灭亡的历史命运。

立宪政治首在法治，即任何行为必须在法律规范内进行。清政府宣布预备仿行宪政后两年颁布了《钦定宪法大纲》，开始筹备宪政事宜。自1908年起地方自治开始付诸实施。1909年各省谘议局几乎同时成立。1910年中央资政院开幕。武昌起义爆发前夕，在保持专制政体基本不受触动的情况下，清政府筹备的宪政体系粗具雏形，并且取得了一定成效。

近代中国的宪政改革是民族危机形势下国家寻求自卫、安全和发展的应然产物。通过思想启蒙运动及立宪之争，立宪政治已经成为清末政治体制改革的主流思潮，而实施立宪政治的主流方向是迅速召开国会，清末宪政改革具体表现为实现议会政治。革命运动和立宪运动的兴起与发展为立宪政治体制培养了大批受过新式西方教育的组织力量。在波涛汹涌的革命浪潮和规模宏大的国会请愿运动压力下，清朝统治阶层放弃旧有观念，着手政治体制改革，实行预备立宪。自下而上的推动和自上而下的改革构成了清末宪政运动独特的发展轨迹。到武昌起义爆发前夕，中国的立宪政治已粗具雏形。

第二章

各省代表会：南北对峙时期的代议政治

各省都督府代表联合会是武昌首义后独立各省组织的临时全国性代议机构。该联合会议决了独立各省临时中央政府的所在地，制定了《中华民国临时政府组织大纲》，选举了临时大总统，奠定了中华民国临时政府的基础，在南北和谈过程中发挥了积极作用。各省都督府代表联合会所取得的成就，是原立宪派和革命党人共同努力的结果，标志着共和立宪在中国大地生根发芽。

第一节　各省都督府代表联合会

一　各省都督府代表联合会的组织

武昌起义爆发后，各省纷纷响应。至1911年11月7日，宣布独立的省份已达14个，分据华中、西北、西南、华东等地。这样，在短短的一个月内，清中央政府的统治已经土崩瓦解。不过，独立各省互不统属，各自为战，各自为政，严重分散了战斗力量。形势发展表明，任何一个省份都无法独力完成推翻清政府的艰巨重任。只有协调独立各省统一行动，才有可能取得武装反抗清朝中央政府的最后胜利。

辛亥革命首义之地——湖北军政府率先向宣布独立的各省倡议建

立协调机关。11月7日，湖北都督黎元洪通电已经宣布独立的各省，就组织临时政府问题征求意见，“现在义军四应，大局略定，惟未建设政府，各国不能承认交战团体。敝处再四筹度，如已起义各省共同组织政府，势近于偏安，且尚多阻滞之处；若各省分建政府，外国断不能于一国之内，承认无数之交战团”①，要求起义各省发表意见。隔一日，黎元洪再次发出通电，正式要求各省派代表赴鄂组建临时中央政府。其电文称：“大局粗定，非组织临时政府，内政外交均无主体，极为可危。前电请委员，会议组织，谅达尊鉴。惟各省全体委员，一时未能全到。拟变通办法，先由各省电举各部政务长，择其得多数票者来鄂，以政府成立，照会各使领，请各本国承认，庶国基可以安定。”② 同时提出中央政府可分为内务、外交、教育、财政、交通、军政、司法七部，承认各省先期已推举伍廷芳、温宗尧为外交正副代表，并拟举张謇为财政首长。

几乎同时，江浙地区也采取了类似行动。11月11日，江苏都督程德全、浙江都督汤寿潜联名致电上海都督陈其美，提议在上海设立临时会议机关，称：“自武汉事起，各省响应，共和政治已为全国舆论所公认。……（美国独立战期间）所以苦战八年，收最后之成功者，赖十三州会议总机关有统一进行维持秩序之力也。……吾国上海一埠，为中外耳目所寄，又为交通便利、不受兵祸之地，急宜仿照美国第一次（大陆）会议方法，于上海设立临时会议机关，磋商对内对外妥善之方法，以期保疆土之统一，复人道之和平。务请各省举派代表，迅即莅沪集议。”③ 其集议方法是为：各省旧时谘议局各举代表一人，各省现时都督府各派代表一人，均常驻上海，两省以上代表到会即行开议，续到者随到随议。以江苏教育总会为招待所。集议大纲有：公认外交代表、军事进行的联络方法、对清室的处置。

湖北和江浙军政府的通电表明，协调独立各省统一行动已经成为形势发展的必然要求。不过，在协调机关的性质上，双方却有不同看

---

① 《民立报》，1911年11月25日。

② 《民立报》，1911年12月2日。

③ 《民立报》，1911年11月14日。

法。从电文内容看，江浙有意成立一个临时议会①，因此在通电中提出仿照美国大陆会议，设立临时会议机关。这一设想可以理解为是清末国会请愿思潮和运动的延续和进一步发展。湖北则强调迅速组建临时政府，统一内外行动，为此建议先由各省电举各部政务长，择其得多数票者组织临时政府。清末国会请愿运动中，湖北谘议局也发挥了重要作用。然而，南北开战后，军人当政，重效率而轻民意。因此湖北方面建议设立临时中央政府也是理所当然。不过，因通信线路中断，湖北的通电没有为独立各省获知，湖北、上海筹组协调机关的行动各自独立进行。

程、汤通电次日，也就是11月12日，江苏都督府代表雷奋、沈恩孚、浙江都督府代表姚桐豫、高尔登，即通电各省，商议结合办法，“鄂省起义，一月有余，各省响应，现在光复省份，已十有四，尚无结合办法。外交迫逼，对外举动，急须统一。……各省即设政府，应各派代表仿美国独立后第一、第二次会议，速筹结合。……现由江苏、浙江两省共同发起临时国会，……事机急迫，乞即日举员来会”②。11月15日，江苏都督府代表雷奋，沪军都督府代表袁希洛、俞寰澄、朱葆康，福建代表林长民、潘祖彝，在上海江苏教育总会举行第一次会议。经议决，“各省都督府代表联合会”（简称各省代表会）正式宣告成立。

各省代表会是一个民意机关。从代表产生办法看，一是由各省旧时谘议局各举代表一人，一是由各省现时都督府各派代表一人。旧时谘议局的代表，经由选举产生，时间不长，具有一定的民意基础；各省都督府的代表，代表了军政机关，又承认了独立各省的地位。各省代表会将民意与现实有机结合起来，是时人的一个创造。从各省代表会的职权看，无论公认外交代表、军事进行的联络方法，或对清室的处置，都有尊重民意的意味。不过，各省代表会的省份确认是有问题

---

① 上海光复不久，赵凤昌等原东南立宪派要人即酝酿临时国会的成立计划，并草拟了组织全国会议团通告书稿。这份书稿后以江浙都督联合通电形式于11月11日公布。

② 上海社会科学院历史研究所编：《辛亥革命在上海史料选辑》，上海人民出版社1966年版，第1063页。

的，当时上海是江苏的一个地区，何以与江苏一样，派遣同额代表？法理上难以成立。不过，军事对峙时期，效率优先，法理问题似未引起质疑。

武昌起义由革命党发动，各省影从，清朝统治土崩瓦解；各省代表会由立宪派倡议，各省赞同，开始了共和政治建设进程。革命党和立宪派的合作，推动了独立运动深入进行。各省代表会的成立，立宪派的重要人物发挥了积极作用，无论是程德全、汤寿潜的发起，还是雷奋、林长民等的参与，都与立宪派的名字紧紧地联系在一起。各省代表会的代表由各省军政府委派，以协调起义各省的行动为宗旨，类似美国独立战争时期的大陆会议，具有临时代议机关性质。它的成立，推动了独立形势的发展，悄然开启了中国的共和立宪试验。

二　各省代表会的代表构成及组织结构

各省代表会自1911年11月15日召开，到1912年1月28日终止，共经历四个时期。第一个时期，从1911年11月15日到28日，会议在上海召开，主要议定了三个问题：（1）确定了组织名称，即各省都督府代表联合会；（2）承认湖北军政府为民国中央军政府，并请以中央军政府名义委任伍廷芳、温宗尧为民国外交总、副长，驻沪办理外交事务；（3）议决各省代表赴鄂开会，讨论组织政府问题。第二个时期，从1911年11月30日到12月7日，会址移设武汉，主要议定了三个问题：（1）通过了《中华民国临时政府组织大纲》；（2）议决设临时政府于南京，并选举临时大总统；（3）“议决对北使开议条件”四项，并答复“清内阁电开停战条件”三项。第三个时期，即南京代表会时期，从1911年12月12日到31日，会议在南京召开，主要是选举孙中山为临时政府大总统。第四个时期，从1912年1月2日到28日，“代行参议院”职权，积极参与南北议和等重大政治活动。

各省都督府代表联合会成立后，各省代表陆续与会。代表人数流转不定。现根据开会时间及地点，将各省代表会的代表名单列表如下：

表 2－1　　各省都督府代表会的代表名单

（1911 年 11 月 15 日—1911 年 12 月 31 日）

<table>
<tr><td>时间</td><td>1911 年 11 月 15 日—1911 年 11 月 28 日</td><td colspan="2">1911 年 11 月 29 日—1911 年 12 月 10 日</td><td>1911 年 12 月 12 日—1911 年 12 月 31 日</td></tr>
<tr><td>都督府</td><td>来沪代表</td><td>赴鄂代表</td><td>留沪代表</td><td>至宁代表</td></tr>
<tr><td>江苏</td><td>雷奋（立）、沈恩孚（立）</td><td>雷奋、袁希洛、陈陶怡</td><td>沈恩孚</td><td rowspan="4">雷奋、陈陶怡、马良、袁希洛</td></tr>
<tr><td>镇江</td><td>马良（立）、陶逊</td><td></td><td></td></tr>
<tr><td>江北</td><td>王照、陈官彦、徐钟令</td><td></td><td>王照、陈官彦、徐钟令</td></tr>
<tr><td>上海</td><td>袁希洛、俞寰澄（立）、朱葆康（立）、马君武、陈陶怡</td><td>马君武</td><td>俞寰澄、朱葆康</td></tr>
<tr><td>浙江</td><td>汤尔和（立）、陈时夏</td><td>汤尔和、陈时夏、陈毅、黄群</td><td>朱福铣、屈映光</td><td>汤尔和、陈时夏、陈毅、黄群</td></tr>
<tr><td>福建</td><td>林长民（立）、潘祖彝（立）</td><td>潘祖彝</td><td>林长民</td><td>林长民、潘祖彝</td></tr>
<tr><td>江西</td><td></td><td></td><td>吴铁城、林森</td><td>吴铁城、林森、赵士北、王有兰、俞应麓、汤漪</td></tr>
<tr><td>安徽</td><td></td><td>王竹怀、许冠尧、赵斌</td><td></td><td>王竹怀、许冠尧、赵斌</td></tr>
<tr><td>湖北</td><td>居正、陶凤集</td><td>胡瑛、时象晋、孙发绪、王正廷</td><td>居正、陶凤集</td><td>居正、陶凤集、马伯援、杨时杰、时象晋、王正廷</td></tr>
<tr><td>湖南</td><td>宋教仁</td><td>谭人凤、邹代藩</td><td>廖名搢、刘揆一、欧阳振声</td><td>廖名搢、刘揆一、欧阳振声、谭人凤、邹代藩</td></tr>
<tr><td>广东</td><td></td><td></td><td></td><td>王宠惠、邓宪甫</td></tr>
<tr><td>广西</td><td></td><td>张其鍠</td><td></td><td>马君武、章勤士</td></tr>
<tr><td>云南</td><td></td><td></td><td></td><td>吕志伊、段宇清、张一鹏</td></tr>
<tr><td>贵州</td><td></td><td></td><td>席正铭、欧阳煜</td><td></td></tr>
<tr><td>四川</td><td></td><td>周代本（立）</td><td></td><td>周代本、萧湘</td></tr>
<tr><td>山西</td><td></td><td></td><td></td><td>仇亮、乔毅生、景耀月、李素、刘懋赏</td></tr>
<tr><td>陕西</td><td></td><td></td><td></td><td>赵世钰、马步云、张蔚森</td></tr>
<tr><td>山东</td><td>谢鸿焘（立）、雷光宇（立）</td><td>谢鸿焘、雷光宇</td><td></td><td>谢鸿焘、雷光宇</td></tr>
<tr><td>直隶</td><td>谷钟秀（立）、张铭勋（立）</td><td>谷钟秀</td><td>张铭勋</td><td>谷钟秀</td></tr>
</table>

续表

时间	1911 年 11 月 15 日—1911 年 11 月 28 日	1911 年 11 月 29 日—1911 年 12 月 10 日		1911 年 12 月 12 日—1911 年 12 月 31 日
河南	黄可权（立）	黄可权	李鎜	李鎜、黄可权
奉天	刘兴甲（立）		吴景濂	吴景濂
吉林			赵学臣	
不详				
合计	25	24	22	53

资料来源：刘星楠：《辛亥各省代表会议日志》，《辛亥革命回忆录》第 6 集，第 241—261 页；谷钟秀：《中华民国开国史》，第 49 页；张难先：《湖北革命知之录》，《辛亥革命》（八），第 12—13 页。“立”指原立宪派。

据以上资料统计：

1911 年 11 月 15 日—1911 年 11 月 28 日来沪代表共 25 人，代表 12 个都督府或省区。其中含江苏省的 4 个都督府（江苏、镇江、江北、沪军）。

1911 年 11 月 29 日—1911 年 12 月 10 日，赴鄂代表共 24 人，代表 12 个都督府或省区。其中含江苏省的 2 个都督府（江苏、沪军）。

留沪代表共 22 人，代表 13 个都督府或省区。其中含江苏省的 3 个都督府（江苏、江北、沪军）。

1911 年 12 月 12 日—1911 年 12 月 31 日，至宁代表共 53 人，代表 17 个都督府或省区。

从以上表格可以看出各省代表会的代表构成大致状况：第一，各省代表会的加入省份逐渐增多，从最初的几个省代表开会，到 12 月底临时大总统选举会时 17 省参加，表明南方政府的影响正在逐渐增强。第二，革命党人的比重逐渐上升。各省代表会发起时，原立宪派人员占有明显优势。随着参与省份增加，革命党人数量增加较快，原立宪派人数呈缩减趋势。这表明革命党人的势力在各省发展迅速。第三，在上述代表名单中，满、蒙、回、藏等少数民族似乎没有代表参加，且内外蒙古、西藏、新疆、青海等少数民族聚居的省份也没有代表（即使是汉族人）参加。这个现象足以表明辛亥革命在人们的心目中重在反满，至于其他说法倒还在其次。第四，一些没有宣布独立的省份，如直隶、河南、吉林、奉天等省也有代表参与其会，这个现象值得反思。这些没有独立省份的代表，有没有经过都督府或旧谘议局授权？各省代表会有没有代表的资格审查机制？这些代表，究竟是不是代表省份，抑或个人行为？因为资料所限，这些疑问无法得到解决。第五，省区确认问题。原江苏省有四个军政府，分别为江苏、镇江、江北、沪军。它们分别派遣代表，这种区域代表制是否符合发起宗旨？江苏只有一个谘议局，各省代表会为何能接受四个区域代表资格？对其他省份来说，是否公平？另外，根据发起办法，各省应有两名代表出席代表会，为什么有的地区有三个以上代表？

各省都督府代表联合会是一个复杂的政治团体，不能以发起者的设计评判其性质，也不能以西方的议会政治理论进行衡量，更多的是迁就现实，存在着诸多不合法理的地方。这种趋势是很危险的。然而，任何制度都有一个完善的过程，各省代表会也不例外。

各省代表会已初步建立起自己的组织机构。在南京代表会时期及代理参议院期间，它已设置了正副议长并下设各部。议长，或称主席，由各省代表会代表选举产生。当选议长一般是素有名望者。第一任议长是浙江代表汤尔和，副议长是广东代表王宠惠。议长任期没有明确规定。第一任正副议长因故不能在宁主持议事，于是另举山西代表景耀月代理议长。景病之后，各省代表会又举江西赵士北、广西马君武分任临时正、副议长。议长没有特权，一般只是负责主持会议、安排大会需要讨论问题的先后顺序。这与后来第一届国会召开期间各党派激烈争夺参众两院议长的局面形成鲜明对比。各省代表会下设各部，即类似于后来国会中的各股和专业委员会。南京代表会期间，曾选王正廷、汤漪、林森任庶务，马君武、时功玖、欧阳振声任会计，赵士北、王有兰、潘祖彝任验凭。不过，就总体而言，各省代表会组织机构并不算完善。

各省代表会也形成了自己的表决原则和议事规则。表决一般以省为单位，每省一票。未独立省份代表可以参与讨论，但没有表决权。不过这一规定实际上并没有执行。如 12 月 3 日公布临时政府组织大纲时，未独立省份代表——直隶的谷钟秀、河南的黄可权——也参加签字；选举临时大总统、副总统及代理参议院行使国务员任命批准权时，未独立省份代表均参加投票。1912 年 1 月 27 日，各省代表会议决：无论独立与否，各省代表均有表决权。但这时各省代表会已近结束。从形成目的、组织结构、议事规则及其采取的措施来看，各省代表会已经具备了西方代议制机构的某些基本特征。

第二节　组织临时政府

一　议决临时政府地点

各省都督府代表联合会第一个重要议题是确定临时政府所在地。临时政府地点分歧在各省代表会酝酿之时即已初见端倪。湖北军政府通电邀请各省代表到武昌会议，组织临时政府。江浙则以上海为交通便利、不受兵祸之地为辞，要求各省代表到沪集议。各省代表会开议后第三天，即 11 月 17 日，江浙方面才获悉武昌通电。当即，各省代表会议决致电武昌："本会各代表以上海交通便利，多主张在沪开会，倘蒙同意，请即派代表来沪"，坚持在沪开会①。各省代表会的主张与江浙意图完全一致（当日出席会议的代表亦即以江浙为主）。但 20 日，各省代表会又承认了武昌的政治中心地位，"承认武昌为民国中央军政府，以鄂军都督执行中央政务，并请以中央军政府名义委任各代表所推定之伍廷芳、温宗尧二君为民国外交总、副长"②。江浙方面提出的民意机关和行政机关两地分离原则，在某种程度上表现出妥协。

黎元洪对各省代表会的决议不以为然，反对民意机关和行政机关两地分离。他一面通电表示："……即认湖北为中央军政府，则代表会亦自应在政府所在，府会地隔数千里，办事实多迟滞，非常时期，

① 刘星楠：《辛亥各省代表会议日志》，《辛亥革命回忆录》第 6 集，中华书局 1963 年版，第 241—242 页。

② 同上书，第 242 页。

恐失机宜”[①]；一面致函张謇，要求政府驻鄂。黎在信中提出的理由有：湖北通电在先，“嗣得广州、桂林、长沙、南昌、九江等出复电，均已派遣代表首途，而湘、赣代表均已先后到鄂，……故复电催各省迅即派员赴鄂，以免两歧”；武昌首义后，“各国外交视线，已渐集于民国临时政府（指武昌），如组织成立，通告各国，当不难承认我为外交主体也”[②]。同时还派居正、陶凤集赴沪磋商。黎元洪力争临时政府地点在武汉，实际上也承认了江浙方面各省代表会的民意机构地位，甚至间接默认了各省代表会的优越地位。在湖北方面的强烈坚持下，11 月下旬，各省代表会提出了折中方案：“各省代表均赴湖北”，但“各省代表赴鄂，宜各有一人留沪，赴鄂者议组织临时政府事，留沪者联络声气，以为鄂会后援”[③]。

从湖北与江浙方面函电交驰情况看，他们在临时政府地点问题上存在争议。双方理由也各有千秋。在争执中，双方都表现出体谅和善意，以及同心协力推翻专制统治的决心。不管争议结果如何，各省代表会的民意机构性质得到了公认，临时政府没有民意机构支持不行。但事情并没有就此结束。随着形势发展，临时政府地点问题再生波澜。

11 月 27 日，汉阳陷落，民军战时总司令黄兴败走上海，湖北形势岌岌可危。12 月 2 日，江浙联军光复南京，东南形势为之一变。黄兴到达上海后，临时政府地点问题再次被提了出来。陈其美、宋教仁积极谋立黄兴，与在沪民军领袖黄兴、章太炎及江苏都督程德全、浙江汤寿潜等就临时政府地点问题进行磋商。会上，章太炎主武汉，黄兴主南京，宋教仁斟酌其间，程、汤唫口结舌。据章太炎言：“盖雪楼（程德全）处嫌疑之地，蛰仙（汤寿潜）则慎于发言，坐令议政府地点者，惟在一二革命党之口，此非国人之耻耶？蛰仙私言‘前已认武昌为政府，危而背之，于心有疚’。此诚长者之言，然不敢当众发表，而独与

---

① 《民立报》，1911 年 11 月 30 日。

② 张孝若：《南通张季直先生传记》，中华书局 1931 年版，第 168 页。

③ 刘星楠：《辛亥各省代表会议日志》，《辛亥革命回忆录》第 6 集，中华书局 1963 年版，第 243 页。

下私语，为之怏然。”[①] 这表明，在临时政府地点问题上，上海方面内部还是有分歧的。适值此时南京光复，4 日，各省代表会留沪人员一致议决：“暂定南京为临时政府所在地。”[②] 也就在当天，湖北方面代表也决定临时政府设于南京。临时政府地点问题遂告一段落。

临时政府地点问题，尤其上海方面的争议，值得玩味。黄兴等将领在武汉前线失利后，将目光转移到临时中央政府的组织上，表明革命党人从之前的军事斗争开始转向关注政权，以便在反清活动中发挥更大作用。另外，他们对各省代表会的临时政府地点设在武汉的议决似不够重视，法治意识不强。同时，留在上海的各省代表会代表是否有权议决临时政府地点，也值得讨论。默察上海局势，尤其驻留上海的各省代表会代表，已为革命党人所影响。各省代表会的构成开始发生明显变化。

二　制定《中华民国临时政府组织大纲》

各省代表会召开目的是统一起义各省行动、组建临时政府。各省代表齐集武汉后，即于 1911 年 12 月 2 日，议决制定临时政府组织大纲，并推举雷奋、马君武、王正廷起草。次日，大纲起草完毕。与会代表就大纲内容进行讨论。最后表决，全体代表 10 省 22 人一致通过（有学者[③]认为，代表总数 24 人，但因根据议事规则，未独立省份代表只有与会权、没有表决权，所以河南代表谷钟秀、直隶代表黄可权不能参加投票。故大纲上签名仅 22 人。这个说法基本没有问题，但这 22 人恰恰包括谷钟秀和黄可权。因为江苏代表袁希洛已经去了南京[④]，而四川代表周代本还没有到会[⑤]。谷钟秀记载的 22 人名单中也

---

① 章太炎：《章太炎年谱长编》，中华书局 1979 年版，第 365—366 页。

② 刘星楠：《辛亥各省代表会议日志》，《辛亥革命回忆录》第 6 集，中华书局 1963 年版，第 248 页。

③ 徐矛：《中华民国政治制度史》，上海人民出版社 1992 年版，第 26 页。

④ 袁希洛：《我在辛亥革命时的一些经历和见闻》，《辛亥革命回忆录》第 6 集，中华书局 1963 年版，第 287 页。

⑤ 刘星楠：《辛亥各省代表会议日志》，《辛亥革命回忆录》第 6 集，中华书局 1963 年版，第 246 页。

包括了自己和黄可权[①]。张玉法说“前表所列在鄂开会代表均签名”，包括袁希洛、周代本[②]，亦属不实）。

《临时政府组织大纲》共4章21条，对临时政府建制作了粗线条勾勒。内容主要有：（1）临时大总统。临时大总统由各省都督府代表选举产生，以得票满投票总数三分之二以上者当选，每省一票。临时大总统有统治全国、统率海陆军之权，经参议院同意，有宣战、媾和及缔结条约、任用各部部长及派遣外交专使、设立临时中央审判所等权力。（2）参议院。参议院以各省都督府所派之参议员组成，拥有包含宣战、媾和及缔约等内容的部分外交权，审查临时大总统提交的各部部长及外交专使之任命批准权，议决临时政府预算、检查临时政府出纳、议决全国统一税法、币制及发行公债事件等财权以及议决暂行法律权等等，参议员每省以三人为限，其派遣方法，由各省都督府自定。参议院议决事项，临时大总统如不以为然，可于10日内交参议院复议。复议时，如到会参议员三分之二以上同意，仍执前议，临时大总统应发交各部执行。（3）行政机关设外交、内务、财政、军务、交通五部，各部所属职员之编制及其权限，由部长规定，经临时大总统批准施行。

从形式看，《临时政府组织大纲》是一部典型的政府组织法。它规定了临时中央政权由大总统、参议院和行政各部构成[③]。大总统由参议院选举产生，参议员由各省都督府派遣，中央政权机构实行一种有限民主政治。从原则上看，大纲确立的是二权分立、彼此制衡的政治原则。临时参议院行使立法权，临时大总统负责行政，权限分明，行政、立法彼此制衡。大纲规定，参议院由各省都督府派遣代表组成，且派遣方法由各省自定，似乎也有地方分权意味。从政体组织形式看，国务员由大总统任命，辅佐大总统办理本部事务，意即其直接对大总统负责；参议院职权中也没有规定对国务员

---

① 谷钟秀：《中华民国开国史》，上海泰东书局1914年版，第34页。

② 张玉法：《民国初年的国会》，书目文献出版社1987年版，第3页。

③ 虽然大纲规定临时大总统有设立临时中央审判所权，但临时审判所的产生办法、组织机构、职能范围等大纲都没有明文规定，故不能作为法定机构看待。

不信任的处理方式；且总统和各部之间也没有设立一个类似总理的机构；原则上，大总统不需要对参议院负责（如没有规定弹劾权等之类的限制性条款）。这些情况表明，大纲确立的是类似美国总统制的政权组织形式。

《临时政府组织大纲》的缺陷是很明显的。如大纲中规定了参议院条款，这表明它具有临时宪法性质，但由于没有关于人民自由、基本权利及义务的规定，也没有列入中央审判所的条款，适用范围也不明确，因而不具备近代宪法所应有的基本特征，充其量是一部临时政府组织条例。又如大纲效力，各省代表会代表由各省都督委派，其权力范围应由各省都督指定，现在大纲中有关于参议员职权之规定，因此大纲应由各省都督批准才能有效，或者各省都督对其代表的授权证明与大纲中规定的内容完全一致，这种可能性极其微小。但大纲是由各省代表会自行公布，而不是由临时政府首脑，或法定机构公布，因此，其是否有效还是问题。尽管存在这样或那样的问题，不过就总体而言，大纲内容简洁明了、切实可行，不失为一部好的临时政府组织条例。

《临时政府组织大纲》在中国历史上第一次以法律形式确认了民主共和政体，宣告了君主专制世袭制度正式退出历史舞台，据此产生了以孙中山为临时大总统的中华民国南京临时政府，对推动辛亥革命的深入发展具有积极意义。

三　选举临时大总统

临时政府首脑问题在各省代表会召开之初就已酝酿。经各省代表会电举，黎元洪以中央军政府名义执行中央政务。南北议和开始后，又属意袁世凯。及至汉阳陷落，黄兴等人败走上海，上海革命党人又演出选举黄兴为大元帅、组织临时政府的闹剧。12 月底，孙中山从海外归来，被各省代表会选举为临时大总统，临时政府首脑问题才告结束。随着形势变化，整个过程飘忽不定，颇费周折。

武昌首义爆发后，孙中山一度成为民军方面共同拥戴的领袖。湖北军政府曾经假借孙中山名义发布《中华民国军政府大总统孙布告》[①]，虽然此称谓没有一直沿用，但显然属意孙中山为临时政府首脑。武昌发出组建临时政府通电不久，报纸上就传出武昌临时政府成员的名单，其中总统为“孙文”[②]。两相印证，不难发现，湖北方面起初希望孙中山组建临时政府。江浙义军有同样意图。各省代表会开议的第二天，11月16日，程德全即致电各省都督，要求孙中山速回国组织临时政府。电云：“大局粗定，军政民政亟须统一，拟联东南各军政府公电恳请孙中山先生迅速回国组织临时政府，以一事权。中山先生为首创革命之人，中外人民皆深信仰，组织临时政府舍伊莫属，我公力顾大局，想亦无不赞成。”[③] 革命初期，孙中山是组建临时政府的最佳人选。但因孙此时远在海外，一时无法回国，而组织临时政府又刻不容缓。此议不久遂寝。

为协调起义各省统一行动及对外交涉的需要，各省代表会召开后不久即议决武昌为民国中央军政府，以鄂军都督黎元洪摄理临时政府，执行中央政务。

10月下旬，袁世凯东山再起，奋力反击。11月2日，袁军攻占汉口，民军受到沉重打击。但袁却命令军队停止前进，并派人向民军议和。黎元洪代表湖北军政府表态，“若项城现率所部转取冀汴，……将来大功告成，公举总统时，以项城威望或可当选”[④]。远在海外的孙中山也表示：“总统自当推定黎君。闻黎有请推袁之说，合宜亦善。”[⑤] 换言之，当时民军基本态度是：如果袁反正，可以推举其为民国首任临时大总统。这是当时人们的共识。但袁的议和信号只是一个试探，真正的议和时机尚未成熟。民军方面虽然失去汉口，但仍然有据可守，主战气氛仍占优势，不会最大限度地满足袁的要求。

11月27日，袁军陷落汉阳，武昌岌岌可危。湖北战场形势陡转。

---

① 《中华民国公报》，《孙中山集外集》，上海人民出版社1990年版，第541页。

② 《神州日报》，1911年11月17日。

③ 《神州日报》，1911年11月16日。

④ 《民立报》，1911年11月20日。

⑤ 《孙中山全集》第1卷，中华书局1981年版，第546页。

袁再次命令停止进攻，通过英人，要求议和。至此，南北议和真正开始。南北议和的主题有三：一是清帝退位，一是举袁世凯为大总统，一是优待清帝和皇室。其中举袁为大总统最为重要。通过汪精卫，袁向南方透露："……约南北联合，要求清帝退位，拟举袁公为临时大总统。"① 在北方军事压力面前，民军已经没有选择余地。12 月 2 日，即起草临时政府组织大纲的当天，各省代表会议决，如袁世凯响应革命，赞同共和，"当共举为临时大总统"②。12 月 9 日，黄兴也致电汪精卫，表示如袁能赞成共和，迅速推倒清政府，则"中华民国大总统一位，断推举项城无疑"③。从一系列交涉过程看，到 12 月初，推举袁世凯为民国临时大总统几乎成为民军的不争之论，其前提是袁世凯必须赞成共和。其中唯一插曲就是留沪代表选举黄兴为大元帅的闹剧。

上海方面早有拥立黄兴之意。11 月底，得知黄兴将返回上海的消息后，陈其美表示："克强为革命军领袖，若果来，吾辈当竭诚欢迎之，并以全力拥护之。"④ 黄抵沪当天，宋教仁即通电各省代表到沪议组临时政府。电文称："各省代表早经多数赴鄂，鄂垣军务正紧，急难开会，现由留沪代表电请折回。组织临时政府之议，决不因汉阳之失而阻。"⑤

在陈其美、宋教仁等鼓动下，12 月 4 日，留沪各省代表就临时政府地点及首脑问题进行投票表决。沪军都督陈其美、江苏都督程德全、浙江都督汤寿潜以及著名革命党人章太炎、蔡元培等与会。经投票，黄兴以 16 票当选为大元帅，黎元洪以 15 票当选为副元帅。当天，留沪代表发出通电，称："临时政府前经议定武昌，现在南京光复，鄂军务适紧，援鄂之师、北伐之师待发，急需统一。今同人公议

① 《李国镛自述》，《辛亥革命史料》，中华书局 1961 年版，第 507 页。

② 张难先：《湖北革命知之录》，《近代中国史料丛刊》续编一（86），文海出版社 1986 年版，第 391 页。

③ 湖南社会科学院：《黄兴集》，中华书局 1981 年版，第 94 页。

④ 居正：《辛亥杂记》，《辛亥革命在湖北史料选辑》，湖北人民出版社 1981 年版，第 166 页。

⑤ 陈旭麓编：《宋教仁集》上册，中华书局 1981 年版，第 369 页。

不如暂定南京为临时政府所在地，举定黄兴为暂定大元帅，黎君元洪为暂定副元帅兼任鄂军都督，籍动摇而牵大局，俟赴鄂代表返沪同到南京再行发表，……事机紧急，不得不从权议决，务乞鉴原，并请转达到鄂各省代表，请即日来沪会议。”①

上海革命党的举动引起各方不满。苏浙军人曾以武力胁迫反对黄兴为大元帅②。武昌各省代表会代表得知消息后，也极为不满。他们要求黎元洪致电沪军都督，“查实如另有人在沪联合推举大元帅、副元帅等名目，请其宣告取消”③。

留沪代表选举大元帅之举显然属于越权行为。根据各省代表会11月25日决议，留沪代表只是一个通信机关，便于各省联络，并没有议决权力。之所以出现这种非分举动完全是同盟会少数人一厢情愿的想法。时人斥之为“滑稽”、“谬举”④。留沪代表此举严重影响了同盟会的声誉。

沪鄂各省代表会代表迁至南京时，南北议和正在进行，不过进展缓慢，袁世凯也没有公开表示赞同共和，而成立临时政府又迫在眉睫。虽然受到来自各方压力，但黄兴仍有意组织临时政府。如12月8日，他“电请胡汉民北上，商组临时政府事宜”⑤；同时还致电汪精卫，云：“现已有各省代表拟举兴为大统领，组织临时政府，兴正力辞尚未允许。万一辞不获已，兴只得从各省代表之请，暂充大元帅，专任北伐，以待项城举事后即行辞职。”⑥ 12月14日，各省代表会议决于16日选举临时大总统。但第二天，即15日，黎元洪致电各省代表会，要求缓举总统。同日，浙江代表陈毅由鄂到宁，对此要求进行了解释。他说：“袁内阁代表唐绍仪（11日）到汉时，黎大都督代表已与会晤，据唐代表称，袁内阁亦主张共和，但须由国民会议议决

---

① 《革命文献》第1辑，中央文物供应社1978年版，第6页。

② 章太炎：《章太炎自订年谱》，台湾商务印书馆1980年版，第16页。

③ 刘星楠：《辛亥各省代表会议日志》，《辛亥革命回忆录》第6集，中华书局1963年版，第247页。

④ 同上书，第248页。

⑤ 李云汉：《黄克强先生年谱》，中央文物出版社1973年版，第212—213页。

⑥ 湖南省社会科学院：《黄兴集》，中华书局1981年版，第94页。

后，袁内阁据以告清廷，即可实行逊位。”代表会当即议决：“缓举临时大总统”，但同时“承认上海所举大元帅、副元帅”，并在临时政府组织大纲追加一条：“大总统未举定以前，其职权由大元帅暂充任之。”① 显然，各省代表会倾向陈其美、宋教仁等意见，决意由黄兴组织临时政府。

在各方压力下，黄兴力辞大元帅之职，并举黎元洪为大元帅。12月17日，各省代表会改举黎元洪为大元帅，黄兴为副元帅。同时议决黎暂驻武昌，由副元帅代行职权，组织临时政府。黎元洪允之。就在黄兴准备到南京组织临时政府时，孙中山回到上海。黄于是要求各省代表会选举孙中山为临时大总统。12月25日，各省代表会派代表专程赴沪，欢迎孙中山，双方进行了会晤，就临时大总统问题达成一致意见：（1）选举大总统；（2）袁世凯真能拥护共和，就让位于袁。并决定于29日选举临时大总统。

29日，17省都督府代表45人在南京召开全体会议，正式选举临时大总统。根据临时政府组织大纲，每省以一票为限，满投票三分之二以上者当选。投票结果是：孙中山得16票，当选为临时大总统。31日，代表会决定自阴历十一月十三日起改用阳历，以中华民国纪元，称中华民国元年1月1日。至此，历时月余的临时政府首脑纷争暂告段落。

从临时政府首脑产生过程看，各省代表会依势苟且，胸无定见。起初是黎元洪，继之黄兴，后又授予孙中山，但真正属意于袁世凯，完全根据形势发展而定。透过临时总统候选人的变动，不难发现，军事实力在其中起了主导作用。各省代表会成立之初，黎元洪以武昌首义领袖资格摄理临时政府，理所当然。南京光复后，同盟会正统派势力大增，遂由起初单纯的军事斗争转入政治斗争，要求自己组建临时政府，各省代表会积极配合，在南京和武汉方面造成了不必要的麻烦。但在强大的袁军面前，他们又同意选举袁世凯为

① 刘星楠：《辛亥各省代表会议日志》，《辛亥革命回忆录》第6集，中华书局1963年版，第250页。

总统（条件是袁必须赞同共和）。各省代表会的依势苟且行为自然与民意代表身份不符，这对树立临时代议机关的权威是极其不利的。尽管如此，在一波三折的临时政府首脑的产生过程中，各省代表会俨然以国会身份选举临时政府首脑，由此也确立了议会选举产生行政首脑的惯例。

四 各省代表会与临时政府的关系

各省代表会适应形势的发展应运而生。它是由各省都督府派遣代表组建而成，以协调独立各省行动、组织临时政府为主要目标。因此有关起义的各项政策必须经过各省代表会议决方才有效。也就是说，各省代表会有指导监督临时政府的权力。具体来说，各省代表会在当时的职能有二：一是组建临时政府，一是指导南北议和。组建临时政府已见前述。临时政府组成后，指导南北议和成为各省代表会的主要职责所在。各省代表会与临时政府的关系专指指导监督政府，即表现为指导南北议和。各省代表会在指导南北议和方面的作用有二：一是授权临时政府与清政府谈判，一是为临时政府制定和谈原则。

南北议和始于湖北。各省代表会移至湖北后，正值汉阳陷落。11 月 30 日，各省代表会开议。湖北代表胡瑛简要介绍了当前形势：民军自汉阳失利，北方即有人来商量和平解决争端，驻汉英国领事也出面介绍，向双方商议停战事宜。停战问题，分为两层：一是长期停战，以全国为范围，应与清内阁电商；一是短期停战，只就武汉一隅而言，即与清军统冯国璋商议。现在英领事已交到冯军统所开停战条款，请诸君讨议。至长期停战，据英领事云，黎都督须能代表各省，方可议及。各省代表会重申了先前的议决，即黎元洪以鄂军都督，摄理临时政府，执行中央政务，有权和北方议和。为此，各省代表会通过了临时停战规约 5 则："一、停战时各守现据界限，彼此不得稍有侵犯窥探。二、停战之期限，订于 10 月 12 日早 8 点钟起至 15 日早 8 点钟止，计 3 日。两军不得在期内开战。三、军舰不得借停战之期泊近武汉南北岸，以占领优胜地位，须至青山以下停泊，至停战期满为止。四、停战期内两军不得添兵修垒及一切补助战力等事。五、停战之约须有领事官画押为中证人，庶免彼此违背条约，以重公法。”①

南北议和之始，北方以湖北方面（临时中央军政府）为谈判主体，具体事宜实由军政府内的革命党人操作。但议和关系全局，因此其相关条款须经过各省代表会讨论通过方才符合程序。各省代表会不仅为南北议和提供了授权，并且还以起义各省名义为南方谈判代表制定议和原则，客观上发挥了临时代议机关的职能。

12 月 5 日，第一次停战期满，经斡旋，延期 3 日。当天，各省代表会议决，密电伍廷芳来鄂，主持对北谈判事宜，并确定 4 点议和原则：“一、推倒满洲政府；二、主张共和政体；三、礼遇旧皇室；四、以人道主义待满人。”② 6 日，北方组建议和代表团，南方各省代表会议决各省停战条件。8 日，各省代表会通电各省，公布停战条件：“（一）停战 15 日，由西历 12 月 9 日早 8 点钟起至 24 日早 8 点钟止，期内除秦晋蜀 3 省另有专条外，两军于各省现在驻兵地方，一律按兵不动。（二）袁总理大臣派代表唐绍仪尚书，与黎大都督或其代表，二人讨论大局。（三）因秦晋蜀 3 省电报不通，恐难即时停战，期内两军于该 3 省，各不加增兵力，或军火。”③ 至此，长期停战得到实现，南北谈判进入全国议和阶段。12 月 9 日，唐绍仪南下，准备与南方议和代表伍廷芳在汉口开议。在伍廷芳强烈要求下，谈判地点由汉口改在上海。此后，谈判中心即由武汉转移到上海。

南北全面议和的酝酿完成于武昌。此间，主持议和实际工作的湖北军政府能够就停战议和问题及时征求各省代表会意见，寻求支持；同时，各省代表会积极配合湖北军政府的各方面工作，并从大局出发，希望全国早日实现和平。在双方协调一致、共同努力下，议和组织工作进展迅速，并为全国大部分地区的停战创造了良好条件。

议和中心转移到上海后，情况发生了变化。此时，南京临时政府已经成立，并随即接手南北议和事宜。但临时政府行事往往独断专

① 杨玉如编：《辛亥革命先著记》，科学出版社 1957 年版，第 191 页。

② 谷钟秀：《中华民国开国史》，上海泰东书局 1914 年版，第 41 页。

③ 郭孝成：《议和始末》，《辛亥革命》（八），上海人民出版社 1957 年版，第 67 页。

行，不能像湖北军政府那样遇事及时与各省代表会商量，寻求支持，代理参议院常常不能与闻议和内容。为此，代理参议院与临时政府就议和问题几次发生龃龉，督促行政机关依法办事。代议机关和行政机关失和。双方矛盾主要表现在代理参议院对临时政府的两次质问案上。

1912年1月14日，临时政府擅自批准延长停战时间14日（即自1月15日至29日）。1月19日，也就是5天之后，参议院才得知此事。议员们对此极为不满。根据《临时政府组织大纲》规定，大总统行使宣战、媾和及缔结条约之权须经参议院同意。政府同意袁世凯提出的继续停战14日请求，“不特未得参议院同意，且未通知参议院，实为违背临时政府组织大纲”。经议决，各省代表一致同意，就临时政府的擅作主张行为予以质问。其质问咨文称：临时政府“竟冒冒然将议和日期一再继续，殊不可解；……甚至继续停战之约，并不通告本院，尤为骇异”①。其不满情绪，可想而知。

临时政府并没有从这次质问中吸取教训，不久故伎重演，以致再次引起参议院抗议。事情经过是这样的。1月18日，临时政府与袁世凯秘密议定优待皇族条件和优待满蒙回藏人条件。22日，孙中山向报界公布清帝让位条件5项，并派胡汉民以口头报告形式紧急交参议院。23日才将优待皇室各条和清帝让位各项以咨文形式送交参议院（其中优待皇室各条还没有正式公文），请求追认。虽然对临时政府的各项条文予以追认，但参议院对政府的这种违规操作、无视临时政府组织大纲、无视参议院的不法举动表示了强烈愤慨。送交大总统的咨文中，代理参议院正告政府：“嗣后政府对于应由本院议决事件，无论如何紧急，得要求本院即时开会议决，不得要求追认。”② 其中蕴涵的愤怒意味，不言而喻。

代理参议院期间，各省代表会代表基本上为同盟会所控制，临时政府也完全在孙中山、黄兴等控制之下。因此，从理论上讲，临时政

① 刘星楠：《辛亥各省代表会议日志》，《辛亥革命回忆录》第6集，中华书局1963年版，第257页。

② 同上书，第259页。

府推行施政方针不应该有程序上的障碍。所谓需要各省代表会通过，只是形式问题。毕竟各省代表会代表各省都督府，多少也是一个民意机构，需要行政机关的基本尊重。但从各省代表会的两次质问来看，南京临时政府连起码的尊重民意机关的意识都没有。既然行政机关不尊重民意机关，也难怪各省代表会提起质问了。代理参议院和临时政府的龃龉行为，在一定程度上说明同盟会领导人对如何行使议会政治问题上还没有足够的认识，也不习惯。代议机关面临着行政机关的严峻挑战。

第三节　各省代表会时期的主要政党

一　同盟会的分化及派系之争

（一）同盟会的分化

1. 湖北军政势力的崛起

武昌起义爆发后，湖北立刻引起世人瞩目，地位迅速上升，一跃成为影响民初政治发展的三大中心之一。黎元洪因此也成为民军的领袖人物。武昌起义爆发后次日，即10月11日，武昌城内外遍贴湖北都督府黎元洪的布告，前往观看的人为之塞途。借助黎的影响，湖北形势逐渐稳定下来。湖北军政府开始运作。

湖北的全国政治中心地位在组建临时政府时得到初步确立。11月初，黎元洪通电起义各省，要求派人赴鄂组织临时中央政府。此后不久，湘、赣、粤代表先后到鄂。广州、桂林、长沙、南昌、九江等处复电，均已派遣代表首途。20日，在上海成立的各省代表会议决：承认武昌为民国中央军政府，以鄂军都督执行中央政务，并请以中央军政府名义委任各代表所推定的伍廷芳、温宗尧为民国外交总、副长。11月下旬，具有临时国会性质的各省代表会迁往武汉。中华民国中央军政府粗具规模。这样，湖北的政治中心地位有了法律效力，全国的革命斗争也有了中心力量。

湖北的政治地位得到了各方政治力量的认可。11月11日，袁世凯派刘承恩和蔡廷干到武昌议和，即以湖北政权为交涉对象。12月中旬，一方以清政府为代表，一方以湖北军政府为代表，南北和谈正式开始。湖北临时中央军政府地位得到巩固。在英国领事的斡旋下，12月初，清政府与湖北政权议定的第一次局部停战协定生效。此举表明在华外国势力也以湖北为民军的临时中央机关。10月14日，同盟会重要人物谭人凤来到武汉，对湖北涣散的局面极为不满，遂于16日在阅马场搭台授剑，以提高黎元洪威信①。黄兴到达武汉后，由黎元洪登台拜授其为民军战时总司令，同盟会主要领导也正式确认了湖北的领导地位。可以说，中华民国南京临时政府成立之前，湖北军政府一直是各方面公认的南方民军的政治领导中心。孙中山当选为临时大总统后，湖北的政治地位虽然有所下降，但湖北特殊的政治、军事地位却没有较大改变。黎元洪与袁世凯、孙中山和黄兴被舆论称为能够影响民初政局变化的四大人物。

湖北政治势力崛起的另一重要标志是民社的成立。湖北孙武、刘成禺等同盟会分子与张伯烈、饶汉祥等拥戴黎元洪为首领，以两湖人士为中心（其中多军官），组织民社。民社以卢梭的《民约论》为根本主义，注重民论，统一舆论，谋求国民联合以组织完全之共和国为目的，以对共和统一政治持进步主义和谋求国利民福为大纲。民社政纲有四项：（1）提倡军国民教育；（2）采用保护贸易政策；（3）扩张海陆军军备；（4）主张铁路国有。民社于1月16日在上海成立。其本部组织如下：总干事吴敬恒，秘书何雯，庶务汪彭年，会计张伯烈，招待宁调元，评议员有王正廷、张振武、张伯烈、孙发绪等7人。京、津、南京、武昌、黑龙江等地设有支部。民社的机关报为《民声日报》，在上海发行，何宇尘为该报总理，主持工作，宁调元任总编撰。民社多稳健分子，奉黎元洪为党魁。

如果说，武昌起义极大地提高了湖北的政治地位的话，则民社的成立从组织上为湖北势力的发展提供了可能。

---

① 《居正札记》，《辛亥革命在湖北史料选辑》，湖北人民出版社1981年版，第154页。

2. 中华民国联合会

武昌起义以前，同盟会大部分成员主要以排满为连接纽带。1911年12月中旬以后，南北和谈开始，满清覆灭指日可待。部分革命党成员认为排满目的已经达到，遂逐步从革命党中分化出来。章炳麟率先行动。章的光复会，原为同盟会骨干力量之一。江浙光复后，同盟会部分人士继续保持激进特色，而章炳麟等的原光复会派趋向温和。南京临时政府建立后，章炳麟脱离同盟会，于1月3日组建中华民国联合会。该会制定会则7章23条、支部规则，发表政纲10条，以联合全国，辅助确立完全之共和政府为主义，在江浙等地影响较大。会长为章炳麟，副会长程德全。《大共和日报》为其言论机关。

（二）同盟会内部的派系之争

各省代表会期间，特别在南京临时政府成立后，同盟会分化加剧，或以地域为中心，或以政见为中心，或两者兼而有之，大致可分为正统派、民社派和中华民国联合会派。所谓正统派，指以孙中山为首领，以黄兴、宋教仁、胡汉民、李烈钧等为核心的原同盟会华兴会和兴中会派成员的结合，主要影响范围为上海、南京、江西、湖南、广东等省。民社派以黎元洪为核心，在两湖地区势力较大。中华民国联合会派以章太炎等同盟会光复会派为中心，在江浙地区影响很大。

正统派与湖北方面的矛盾源于对革命领导权的争夺。武昌首义两个多星期后，即10月28日，黄兴到达武汉，先后负责汉口、汉阳的战事。不过这两处却分别于11月2日和27日被清军占领。武汉只剩武昌孤城一座，形势十分危急。11月28日，黄兴与汤化龙等湖北立宪派重要人物离开武昌前往上海，而汤化龙以湖北谘议局议长主持民政，与武昌诸将关系并不融洽，因此，“武昌诸将甚恨之（指黄兴）”①。

黄兴到上海不久，留沪各省代表及陈其美、程德全、汤寿潜、章太炎、蔡元培等即以各省代表会名义开会，选举黄兴为大元帅，黎元洪为副元帅。留沪代表此举引起各方面不满。武昌代表会得此消息

① 章太炎：《章太炎自定年谱》，台湾商务印书馆1980年版，第18页。

后，也要求黎元洪致电沪军都督，“查实如另有人在沪联合推举大元帅、副元帅等名目，请其宣告取消”①，直率地表达了不满情绪。正统派与湖北的矛盾进一步加深。

在组阁问题上，正统派和湖北革命党矛盾激化。孙中山回国后，即开始筹建临时政府。湖北参议员刘成禺、时功玖劝说孙应该多安排武昌首义之人，以免湖北方面多有怨言。但孙并没有采纳这一建议。孙武到达南京也没有被任用。此其一。其二，孙中山就任临时大总统后，黄兴担任陆军总长。应黄兴要求，汤化龙出任陆军部秘书长。但湖北方面屡次移书南京，称汤化龙湖北逃官，不当任用。汤不安于位，终于离宁赴沪。尽管如此，“（武汉与南京）两府之怨，自此起矣”②。

综上所述，武汉与南京的矛盾起之于黄兴败走上海，继之以南京组阁，成之以汤化龙任用。此后才有参议院内湖北参议员屡次与临时政府作对，进而引发参议院风波。民社成立后，武昌革命党人与同盟会正统派正式分道扬镳，走上政治上的对立面。

湖北革命党与正统派脱离只是同盟会分裂的一个方面。同盟会裂变的另一个重要方面是中华民国联合会的成立。如前所述，该会是以原同盟会骨干分子章炳麟为首领，以原光复会为班底组建而成，在江浙地区很有影响。该会与正统派关系一直比较隔阂，矛盾不断。

其矛盾之一为选举大元帅。12月4日，在陈其美、宋教仁等策动下，留沪各省代表会选举黄兴为临时政府大元帅，此举引起江浙军人强烈不满。当时江苏督部总务厅湖南人章驾时闻之，大怒：“南方倡议，可录者两大功耳：发难自武汉，下江宁者程公之力，黄兴何故得先之？若然，吾将举兵攻兴。”③ 因江浙军人反对，黄兴被迫放弃了

① 刘星楠：《辛亥各省代表会议日志》，《辛亥革命回忆录》第6集，中华书局1963年版，第247页。

② 章太炎：《章太炎自定年谱》，台湾商务印书馆1980年版，第18页；李书城：《辛亥前后黄克强先生的革命活动》，《辛亥革命回忆录》（一），中华书局1961年版，第197页。

③ 章太炎：《章太炎自定年谱》，台湾商务印书馆1980年版，第16页。

大元帅之职。各省代表到达南京后，有人重提选举黄兴为大元帅，诸军汹汹，浙江司令朱瑞尤其不满，此议只得作罢。诚然，作为联络各省的通信机关，留沪代表并没有权力议决事项。但作为军人，以武力威胁方式反对代表会的议决显然也不可取。中华民国联合会影响下的势力之大也由此可见一斑了。

其矛盾之二为组织民选参议院。12月底，各省代表会议决：各省都督府速派代表3人赴宁，于1月28日组织参议院。中华民国联合会对此决议不满。他们呈文大总统，称："今共和大业，即稍有端倪，自当注重立法。虽欧美之完全民选国会，不能骤及，而审情察势，则民选参议院之设，盖万不容已。"[①] 而现在各省代表会却要求各省都督派员组织参议院，当然不能称为民意机关，因此要求组织民选参议院。临时大总统孙中山以"理"和"势"不容为由予以拒绝。该会并未罢休，进而要求，"其有万不得已，一时急于施行者，但可取用章程、法令等名，不得以法律名义颁布，庶几权限划清，思无出位"，试图对临时政府行使权力作出限制[②]。双方不协由此可见。

中华民国联合会还对各省代表会的一些决议案不满。12月底，各省代表会议决自1912年1月1日起改用阳历。章太炎表示反对。他说，"历法为人民所公用，非官吏所独用。阳历诚便于从事，然改变人民所用之旧惯，非民选议员，不得有议决之权。今都督府代表擅议，故曰少数"，断难遵行[③]。

此外，对尊重都督权力、女子参政权等事，中华民国联合会都表达了自己不同的意见。

不少学者把中华民国联合会与南京临时政府的不同意见归结为该会有意与临时政府作对，这种看法有失偏颇。从联合会的批评内容看，正统派控制的南京政府和各省代表会确实存在着许多不如人意的地方。正是它们运作的失误，才使联合会有批评的可能。而且联合会的批评似乎并没有恶意，反而有助于改正正统派自身的缺陷。章太炎

---

① 《辛亥革命在上海史料选辑》，上海人民出版社1966年版，第774—775页。

② 同上书，第775—776页。

③ 《大共和日报》，1912年1月8日。

等或许与正统派领导人有矛盾，但他们的批评并不胡搅蛮缠。况且既然中华民国号称共和，舆论批评是也正常的，没有舆论批评的政府反倒是不正常的。

同盟会的分化，一方面反映了社会矛盾的巨大变化，民族矛盾不再是社会发展的主要矛盾；另一方面也表明民主主义的政治主张在同盟会内部并没有形成公识。正统派仓促掌握政权，没能在新形势下提出明确而有号召力的政治纲领，致使组织发生分裂。这对正统派来说不能不说是一大遗憾。

二 革命派和立宪派的分裂

武昌起义爆发后，在原立宪派积极配合下，起义各省的革命斗争势如破竹，义军在不到一个月内三分天下而有其二。但革命派和立宪派之间的合作并没有维持多久即告破裂。各省代表会期间，特别是代表会移至南京后，同盟会与立宪派逐渐由联合走向分裂。1911 年 12 月 12 日，各省代表会福建代表林长民前往南京任事，下车时遭枪击。虽然林没有受伤，但再也没有出席过代表会会议。林长民事件标志着同盟会对原立宪派的排挤打击已经拉开了帷幕。

事情是这样的。江西代表林森，是福建侯官人，与林长民同乡同姓同宗。但两人素有嫌隙。某日在同盟会本部开会，林森讦发林长民系福州著名宪政党员，现在他长期混迹代表会内，显然是宪政党一种作用。此语为陈其美所闻，遂派青帮打手，向林长民打了一枪，并不是要他的死命，而是催他赶快离开南京代表会。

是否宪政党作用，要看行动，要有证据。陈其美不问是非曲直，只是习惯性地采取暴力暗杀手段打击排挤立宪派，这种做法显然是不可取的。政治问题只能通过政治方式解决，武力打压只能激起更大的反抗。何况林长民是立宪派重要人物，在社会上影响极大，对他进行威胁会令许多立宪派感到心寒，进而增加人们对同盟会的厌恶之情，无形之中使同盟会在未来的政治斗争中更加孤立。

革命党人对立宪派进行打击的另一重要方式是把立宪派从革命党控制的政治机构中排除出去。汤化龙在革命初期一度与黄兴关系极为密切。黄兴在上海的许多对外电文都由汤参与草拟。黄任南京政府陆军总长后，汤化龙为秘书长。但武昌等人不断致电南京，对汤化龙进行指责。汤不安于位，弃职赴沪。作为湖北谘议局议长，汤化龙在清末国会请愿运动中声名远播，社会知名度极高。革命党对汤的连续打击，无疑增加了自身反对派力量。这对同盟会的政治发展是不利的。

革命党对立宪派打击的第三个重要方式是进行舆论攻击。如有某老同盟会员曾当面讥讽林长民“从前反对革命，现在又混进革命队伍来了”①，此举使林极为尴尬。此类现象在各省代表会时并不少见。如果说前两种打击方式还只是限于个别立宪派人士的话，舆论攻击则直指立宪派群体。这种大面积打击方式使立宪派难以容忍。此后不久，汤化龙、林长民等发起组织共和建设讨论会，在某种程度上就是对革命党打击的一种组织上的反应，即通过群体优势来捍卫立宪派的自身尊严。

革命派种种举措也令立宪派十分不满。梁启超曾言：“今激烈派中人，其一部分则谓吾即已为国家立大功、成大业矣，畴昔为我尽义务之时期，今日为我享权利之时期；前此所受窘逐戮辱于清政府者，今则欲取什佰倍之安富、尊容于民国以为偿。此种人自待太薄，既不复有责备之价值。”② 在革命党人种种打击下，立宪派普遍感到压抑、沮丧，“有疑于平昔所主张，与今日时势不相应，舍己从人，近于贬节，因嗫嚅而不敢尽言者”，梁启超把这种心理喻为“如斗败之鸡，垂头丧气，如新嫁之娘，扭扭捏捏”③。但压抑、沮丧是暂时的。他们逐步积累力量，等待时机，准备东山再起。

革命派和立宪派走向分裂的原因很复杂，部分由于革命党人在初步胜利前面变得骄傲起来，开始争权夺利，目空一切，对自己以前的竞争对手——立宪派——肆意打击，以抬高自己的地位。部分由于立

---

① 李书城：《辛亥前后黄克强先生的革命活动》，《辛亥革命回忆录》（一），中华书局1961年版，第197页。

② 梁启超：《鄙人对于言论界之过去及将来》，《梁启超选集》，上海人民出版社1984年版，第621页。

③ 同上书，第620、622页。

宪派也看不起革命党人，不愿与之为伍。在这种情况下，双方只有分道扬镳。革命党与立宪派的联合，加速了清朝的灭亡；它们的过早分裂，无疑延缓了中国的宪政发展历程。

武昌起义爆发后，共和政治一时成为独立各省的共同诉求。在此基础上，江浙立宪派迅速放弃君主立宪主张，仿照美国大陆会议形式，要求起义各省派员会商独立事宜，以收取革命统一之效。各省都督府代表联合会由此应运而生。各省代表会终止了预备立宪进程，在协调起义各省的军事、外交、政治等行动中发挥了积极作用，并在民主共和思想指导下开始了共和立宪的尝试。各省代表会之所以在很短时间内能够取得巨大成绩，与革命派奋勇向前的革命精神和立宪派丰富的政治斗争经验密不可分。他们的合作促成了专制主义的垮台，他们的分裂则影响了共和体制下的秩序重建。由于种种原因，革命派和立宪派在许多问题上存在分歧和冲突，但坚持共和立宪却是双方共同的政治诉求。不过，在民主革命运动风起云涌的年代，各省代表会的共和立宪尝试是有限的，甚至是扭曲的。尽管如此，它毕竟开创了一个新的时代，把共和立宪政制引进了中国的政治实践。就这点而言，其历史进步性是不容置疑的。

不可否认，各省都督府代表联合会时的代议政治又是残缺不全的。这一时期，南北处于对峙状态，军事对峙使南方独立各省目标较为一致，即，寻求自保和谋求推翻满清中央政权，因为目标一致，面临的危险相同，独立各省也容易统一。不过，这种统一是独立各省的统一，也就是至多 15 个省份的统一，而不是全国的统一。北方满清政权依然存在，并在北方地区保持强大的影响。所以，各省代表会的议会政治实践，是局部的实践，不是全民族的议会政治实践，因而又是残缺不全的。这种残缺不全，一则表现在省份结构上，二在则表现在民族构成上。军事压力的存在，又使议会政治的运作服从于和谈大局的发展，因而在法治意识和法制建设上，也难免存在不足，带有时代特征。这也是无可回避的。

第三章

南京参议院：同盟会的议会政治实践

南京参议院于1912年1月28日正式召开，结束于4月8日，历时2个多月。在此期间，南京参议院一方面促成了南北议和，维护了国家的统一；另一方面议决了大量法规，奠定了民国的政治基础，开创了中国共和立宪的先河。《临时约法》是南京参议院法制建设的一大成就。同盟会在参议院中占绝对多数席位，主导了这一时期议会政治的舞台。

第一节　政局的发展特点

一　地方制度的变革

制度变革首先从辛亥革命首义之区——湖北开始。1911年11月9日，湖北军政府通过了《鄂州约法》，标志着共和立宪率先从省级行政单位试行。《鄂州约法》主要有四部分组成：第一部分首先明确了该《约法》的适用范围、期限及人民主权原则，即“以已取得之鄂州土地为境域”、“中华民国完全成立后，此约法即取消”、“（鄂州人民自己）组织鄂州政府统治之”。第二部分确认了人民的基本权利和义务，如人民一律平等，享有言论、结社、通讯、信教、保全财产等自由；有任官、考试、选举及被选举等权利；同时也有纳税和服兵役等义务。第三部分规定了三权分立式的政治结构。鄂州政府由都督、政务委员、议会、法司等几部分构成，都督和议员分别由人民选举产生，其权限有明文规定，都督、政务委员、议会之间相互制约（如都督颁布紧急或特别法令时，须待全体政务委员联合署名，请议会同意，都督无动议法案权，政务委员有之；都督公布法律及行政命令时，必须经由有关主管政务委员副署等）。第四部分规定了《约法》的修改程序及实施日期①。

从法律条文看，《鄂州约法》已经具备了近代西方民主国宪法的基本特点：(1) 确定了主权在民的政治原则，人民享有广泛的自由与权利，并通过自己选出的代表来管理自己；(2) 确立了三权分立的组织原则，通过立法、行政等机关的分权和相互制衡来防止权力过分集中，以充分保障人民的自由和权利不受侵犯；(3) 规定了鄂州地方政府有宣战、媾和、缔结条约等权力，颇有通过地方分权来限制中央集权的意味。就总体而言，《鄂州约法》体现了西方民主政治的基本政治原则，以根本法的形式勾勒了湖北省政权机构的组织形式，是一部比较好的地方宪法，为其他独立省份的政治建制和《中华民国临时约法》的制定提供了范本。

1911 年 12 月中旬，江苏都督府公布了《江苏军政府暂行官制总纲》、《江苏暂行地方官制》、《江苏临时议会章程》等一系列条例，构建了江苏省级政治体制的基本框架。其主要内容有：都督统辖军政地方一切事宜；地方官制实行立法机关（议会）、司法机关（审判厅）和行政机关三权分立；行政机关分设二厅五司（参谋厅、总务厅、军政司、民政司、财政司、外交司、提法司），由都督直接统辖；地方州县民政长直属于都督府，受都督监督指挥，处理该州县各项民政事宜；州县民政长由州县议会公举，报请都督府核准委任，如其违法及不称职，除经议会纠举，都督可行文将其免职，由议会另行公举；立法机关为临时议会，有权议决本省根本法及其他一切法律，有议决本省官制官规、预算、税法、公债及以本省名义与外国缔结条约等权利；议员对本省行政事件，如有疑问，可向都督提出质问；议决

① 杨玉如：《辛亥革命先著记》，科学出版社 1957 年版，第 232—236 页。

本省根本法时，非有议员2/3以上到会，不得开议；非有到会议员2/3以上之同意，不得议决等。

与湖北等省相比，江苏省级制度变革很有特色。（1）从形式上看，其制度变革通过一系列条例来完成，而不是以省级根本法的方式加以规范。（2）从内容上看，江苏都督权力很大，直接统领一省的军政及地方事务，受议会制约较少，议会对政府基本处于辅助地位。（3）在省与州县关系上，赋予州县议会很大权力，颇能牵制都督，客观上体现了对民意的尊重。

《浙江军政府临时约法》是浙江临时省议会制定的一部比较完备的地方性宪法。1912年1月颁布施行。《浙江军政府临时约法》分为7章，主要内容有：军政府由都督及其任命的各部政务员与议会、法院三部分构成；人民享有财产、言论著作、集合结社、书信秘密、迁徙居住、信教等广泛的自由，有请愿、诉讼、考试任官、选举等权利，有纳税、服兵役等义务，人民身体和住宅等依法受到保护；都督由人民公举产生，总揽全省政务，对外为全省代表，都督有提案及依据法律制定文武官制、宣告戒严、任用全省各司政务员等权力，但任用各司长时，须得议会同意；政务员由都督依法委任，襄理都督，执行政务，发布命令；议会由人民选举议员组织，有议决法案、预算税法、募集公债、审理决算、受理人民请愿、制定议会内部规章制度等权，议会得以出席议员2/3以上之可决，对都督提出不信任案或弹劾政务员之失职及违法；法院独立审判，不受上级官厅干涉，除违法外，法官不得免职或任意更调。

《浙江军政府临时约法》有如下特点：（1）注重人民主权，规定人民享有广泛的自由和权利。（2）都督和议会议员均由人民选举产生，但都督必须对议会负责。（3）根据三权分立原则建立政治体制，议会有监督政府甚至控制政府的权力，地位优于政府，强调司法独立。在省级地方根本法中，浙江省的临时约法规定最完善，其中人民享有的权利和司法独立规定堪称各省表率。

此外，湖南、吉林等省也都颁布了类似的地方性根本法规。

从湖北、江苏、浙江等省颁布的地方性根本法规看，它们的共性主要有：（1）人民的基本权利和自由受法律保护，不受侵犯，并以人民主权作为政治架构的基本原则。（2）通过权力之间的相互制约和平衡不使任一权力过大，以至侵及人民的基本权利。（3）把这些地方性根本法规作为中华民国统一的中央政府建立之前的一个过渡性办法，虽然对中央集权有所限制，但它们并没有把自己设想为美国式的联邦州的相当地位。这些规定都是临时性的，没有成为永久定制之意。从这个意义上，当时各省还是主张单一制国家结构的。（4）各省都比较重视法制建设。上述各省根本法或许并不完善，甚或存在不少问题，但各省陆续颁布这些根本法，即表明他们重视法制建设。这对议会政治的运作来说极其必要。

各省地方性根本法规的陆续颁布，在中国宪政发展史上具有重要意义。首先，它表明法治意识在各省蓬勃兴起。这些约法本身就体现了人们对法律的一种尊重，而不是传统意义上对个人或少数人的尊重。这种转变无疑是个巨大进步。因为宪政国家的首要因素就是民众要有法律意识，服从法律规范，而不是服从个人，然后宪政效能才能够出现。其次，由地方发起的民权立宪，其效能比由中央推行的民权立宪要好，毕竟自下而上的立宪是以一种积极进取的心态进行的，自上而下的立宪体现的是上层的意志，民众处于消极被动状态，而民权立宪是民众自己的事，没有民众的积极支持、参与，其效能自然有限。再次，各省地方性根本法规，尤其是湖北、浙江、江苏等省临时约法的陆续颁布，为制定全国性的临时约法提供了蓝本。苏、浙等省历来人文荟萃，民主运动又得风气之先，在清末宪政改革中取得的成绩有目共睹，南京本身也是江苏的政治中心。因此这些省份的根本法对全国性临时约法的制定具有相当的参考价值。

二　权力中心的转移

南京参议院时期，中国的权力结构发生了巨大变化，呈现一种多元化趋势。就总体来看，满洲贵族的君主专制统治已被汉族的民主共和制度所取代。从辛亥革命爆发到中华民国临时政府成立，革命党起了先锋队作用，因而理所当然成为新政权的主力军。但不少省份的独立是在立宪派或开明官僚协助下，或主要通过立宪派或开明官僚的力量取得独立的，或者借助于立宪派或开明官僚的政治经验来维持稳定的政治局面，所以立宪派或开明官僚在新政权中也占有极其重要的地位。辛亥革命的对象是满洲贵族或旧制度的维护者，随着革命节节胜利，不断推进，这些人要么退出政治舞台（如清帝和皇族等），要么因对抗革命而被杀，要么摇身一变，站在共和旗帜之下，俟机卷土重来，不管如何，这一时期，他们的政治生命受到强烈抑制。不过，权力结构的变化从中央到地方、从南方到北方发展很不平衡，表现形式也不相同。

南京中央政权基本上由同盟会正统派所控制。就参议院来说，尽管议员人数变动不居，不过其变动总的趋势为：同盟会议员绝对数目增加较快，立宪派所占比重呈下降趋势。就总体而言，同盟会会员占临时参议院中议员 3/4 以上。这意味着满足了议案表决时绝对多数所需要的基本人数。就临时政府来说，9 名总长中，表面上看是同盟会、立宪派、官僚派三种势力的联合，但实业总长张謇、交通总长汤寿潜仅一度就职，随即往住上海租界。内务总长程德全一直病在租界，司法总长伍廷芳为南方议和代表，不管部务。财政总长陈锦涛长期在上海负责筹款事宜。总长中在京直接负责事务的只有同盟会的陆军总长黄兴、外交总长王宠惠和教育总长蔡元培 3 人。其余 6 部基本上由次长负责。而这 6 部次长，除海军次长汤芗铭外，全为同盟会正统派骨干分子（实业马君武、交通于右任、内务居正、司法吕志伊、财政王鸿猷）①。也就是说，临时政府也几乎完全控制在同盟会手中。因此，从党派结构看，南京政府构成较为纯正，同盟会正统派占绝对优势。这就为议会政治的推行创造了有利条件。不过，临时政府对武昌首义诸将安排较少，这给后来南京临时政府带来了许多麻烦。

南京参议院时期，地方政权（主要指省级）结构较为复杂。主要可分为三种类型：一类是同盟会势力占主导地位的省区，如广东、安

① 胡汉民：《胡汉民自传》，《近代史资料》1981 年第 2 号。

徽、江西、湖南等省以及中国最有影响的城市之一——上海。这些地区完全为同盟会正统派或亲正统派力量所控制，尽管原谘议局成员或许在临时省议会所占比重较大，但他们与都督关系往往比较融洽，能对南京临时政府表示效忠。湖北实际权力掌握在革命党人手中，但这些革命党人因种种原因对南京临时政府极为不满，成为当时公认的现政权反对派。一类是立宪派势力占主导地位的省份，如江苏、浙江等省。苏浙两省都督均为立宪派，苏省临时议会完全以谘议局议员为班底组建，浙省临时议会由革命党与谘议局议员共同构成，不过浙省革命党以光复会为主，向来对同盟会正统派不甚满意。这两省的共同特点是议会政治发展比较成熟，能够从自身利益出发，兼顾大局，又保持一定程度的独立，不盲从阿附。云南也可归为这种类型。另一类是革命派和立宪派势均力敌、竞争激烈的省份，如福建、四川及山西等省。这些地区一般政局不稳，政治秩序混乱，对中央政府的态度亦随权力中心不同而发生变化。临时政府也不易把握这些省份的政治发展。地方政权的复杂不利于政府效率的实现，严重影响了临时政府威信的树立。尽管省情复杂多变，但民主思潮在上述各省一般都较为流行，并对政治发展产生程度不同的影响。

南京参议院时期，权力结构的地区差异比较明显。上海、江苏、浙江等东南沿海地区，得风气之先，虽然存在不同的政治派别，但一般都能够按照程序行事，民主气氛浓厚；在一党控制的省份，如江西、广东等省，基本上也能按民主程序办事，但因为其他政治派别受到排挤，这种民主终究是表面现象，难如人意；党派竞争激烈地区，政治形势动荡不安，民主只是权力争夺者的口号，很难说有多少实践意义。以上主要就南方地区而言。袁世凯就任临时大总统后，北方诸省也宣布改旗易帜，中华民国形式上完成了统一。但很难说它们的政治结构和权力构成发生了多大变化，因为它们基本上处于袁世凯北洋势力或旧官僚控制之下，政治制度也大多只是名称作了变化，基本结构和权力中心一般来说没有多少改变，民主意识比较淡薄。尽管部分临时省议会力图按照民主原则推动政治运作，但效果甚微，不能从根本上改变北方的政治境况。

南京参议院时期政治体系的基本特征可以保证中央政权机关的高效率运转，但地方政权的复杂性使临时政府的政策无法得到有效推行，客观上降低了临时政府的应对能力，这对树立同盟会正统派在民众中的威信是极为不利的。

第二节　南京参议院的结构

一　南京参议院的成立

南京参议院的筹组起始于各省代表会时期。1911 年 12 月 29 日，各省代表会致电各省都督府，要求派员赴宁组织参议院，电云："临时政府依次成立，代表责任已毕，立须组织参议院。据临时政府组织大纲，参议院由每省都督府派遣参议员三人组织之，即请速派遣参议员三人，付于正式委任状，克日来宁。参议员到任以前，每省暂留代表一人以至三人，驻宁代理其职权。" 18 日，代表会再次电催各省："限 1 月 28 日以前，各省参议员须一律到院，参议院即于是日正式成立。"① 此后各省代表陆续到达南京。

根据《临时政府组织大纲》，南京临时参议院的职权主要有：(1) 议决宣战、媾和、缔结条约及议决设立中央审判所之权；(2) 对大总统任用各部长及派遣外交专使的同意权；(3) 议决临时政府的预算；(4) 检查临时政府的出纳；(5) 议决全国统一税法、币制及发行公债事件；(6) 议决暂行法律；(7) 议决临时大总统交议事件；(8) 答复临时大总统咨询事件。参议院议决事件由议长具报，经临时大总统盖印，发交行政部门执行。临时大总统对于参议院议决事件如不以为然，得于具报后 10 日内声明理由，交会复议；参议院对于复议事件如有到会议员 2/3 以上同意仍执行前议时，仍应照前条办理②。

---

① 刘星楠：《辛亥各省代表会议日志》，《辛亥革命回忆录》第 6 集，中华书局 1963 年版，第 256 页。

② 谷钟秀：《中华民国开国史》，上海泰东书局 1914 年版，第 37—38 页。

1912年1月28日，临时参议院正式开议。会议选举林森为议长、陈陶怡为副议长（后陈辞，由王正廷替补）、李肇甫为审议长。2月6日，选举各部审查员，分别如下：财政，审查长为潘祖彝，审查员为李肇甫、欧阳振声、文群、殷汝骊、杨廷栋、时功玖（此两人辞职后由席聘臣、黄树中替补）；法律，审查长为王正廷，审查员为王有兰、彭允彝、谷钟秀、赵士北、平刚、汤漪、熊成章、凌文渊（凌辞职后由张耀曾替补）；外交，刘彦、钱树芬、陈陶怡、张继、张伯烈（陈、张、张辞职后由吴景濂、刘星楠替补，审查长暂缺）；请愿，李磐、刘懋赏、邓家彦、刘成禺、赵世钰（刘成禺、赵世钰辞职后曾彦替补，审查长暂缺）。南京临时参议院组织机构的设立，一方面丰富了已有的组织结构，适应了新的形势下议会政治运作的需要，一方面又为议会制度自身的完善奠定了基础。南京参议院的召开，标志着民初议会政治的实践进入了一个新的历史阶段。

二　南京参议院的议员结构

南京参议院的参议员有各省新派、有仍以旧派为代表或新派未到而以旧派代理者等三种来源。其确切议员人数向来说法纷纭。当时报刊及著作即有42[①]、31[②]等不同说法。此后，还有学者提出39、45、43等不同种说法。这些说法反映的只是某个具体日期或短期内的议员人数，并不是南京参议院时期的议员总数。根据南京《参议院议事录》，结合《参议院议场席次图》，南京参议院议员的确切人数为17省49人（先后出席参议院的议员则分别来自18省，总数计达69人之多）。参议院议决将参议院迁至北京后，4月8日，唐绍仪致电袁世凯，要他先行指定议院场所，电文中也有“各省参议员现在已到院共四十九员，合将全院参议员人数开列清册注明省分”之语。电文中详细开列了议员姓名及省份[③]。现将各议员姓名、省份、党派结构制成表格，如表3－1所示。

① 《临时政府成立记》，《东方杂志》第8卷第12号。

② ［日］佐藤三郎：《民国之精华》，北京写真通讯社1916年，第8页。

③ 《南京唐总理致袁大总统电》，《临时公报》1912年4月11日。

表 3－1 **南京参议院的议员简历**

姓　名	省份	年龄（岁）	党派	教育及职业经历	备注
赵士北	广东	41	同盟会	留学美国、哲学博士	代表原为赵、钱、邱3人，后邱病，易以金章
钱树芬					
金章					
田桐	湖北	33	同盟会	留学日本	鄂代表原为时、张、刘3人，后因3人同时辞职，参议院要求鄂督黎元洪另举，故易此4人 田桐3月25日、刘道仁3月29日、胡秉柯4月1日、欧阳启勋4月4日到院
刘道仁			同盟会		
胡秉柯		29	同盟会	留学法国、习法律、法学博士	
欧阳启勋			同盟会		
刘彦	湖南	33	同盟会	留学日本、政治经济学专业	覃振3月27日到院
彭允彝		34	同盟会	留学日本、政治经济科	
欧阳振声		31	同盟会	前清附生、留学日本、政治经济科	
覃振		27	同盟会	留学日本	
殷汝骊	浙江	29	同盟会、立宪派	留学日本、政治经济科、教习	浙代表原为殷、王、陈毓川3人，后陈被除名，易以黄群 黄群3月25日到院
王正廷		30	同盟会	留学美国、文学士	
黄群		25	立宪派	留学日本	
陈陶怡	江苏		同盟会	职业革命家	苏代表原为陈陶怡、杨廷栋、凌文渊3人，后3人同时辞职，苏省未补，故缺
杨廷栋		51	立宪派	举人、留学日本、前清谘议局议员	
凌文渊		36	立宪派	庠生、前清谘议局议员	
凌毅	安徽	33	同盟会	留学日本	皖代表原为凌、常、范光启3人，后范未到院，易以胡
常恒芬					
胡绍斌		31	同盟会	前清生员、留学日本，法科专门部	
王有兰	江西	27		留学日本、法律本科	
文群		28	同盟会	留学日本、经济科	
汤漪		32		举人、留学日本、美国	
李素	山西		立宪派		晋代表原为李、刘、景耀月3人，因景任职行政，未到
刘懋赏		42	同盟会	孝廉、留学日本、教员、资政院议员	

续表

姓　名	省份	年龄（岁）	党派	教育及职业经历	备注
林森	福建	42	同盟会	前清海关职员	闽代表原为林、潘、陈承泽3人，因陈辞职，张继代，后又易以郑祖荫郑祖荫3月29日到院
潘祖彝		30	同盟会	留学日本、建设科	
郑祖荫		39	同盟会		
邓家彦	广西	29	同盟会	教员、留学美国	桂代表原为邓、曾、朱文劭3人，因朱辞职，易以刘
曾彦		26	同盟会	留学日本、法科	
刘崛			同盟会		
文崇高	贵州		同盟会		
平刚		34	同盟会	秀才	
席聘臣	云南	30	同盟会	留学日本、法科	
张耀曾		28	同盟会	留学日本、法学部	
段宇清			同盟会		
赵世钰	陕西	30	同盟会	留学日本	陕代表原为赵、马步云、张蔚森3人，马、张未到院，易以康宝忠，不久康亦辞职
黄树中	四川		同盟会		黄、李、熊分别替代原张懋隆、吴永珊、周代本
李肇甫		28	同盟会	留学日本、法科	
熊成章		27	同盟会	留学日本、法政科举人、地方检察官	
吴景濂	奉天	39	立宪派	举人、前奉天谘议局议长	
谷钟秀	直隶	38	立宪派、同盟会	优贡、留学日本、地方小官、前谘议局议员	
李磐	河南	35	立宪派	留学日本、法政学堂	陈景南、丁延謇、张善与、李载赓3月25到院
陈景南		31	同盟会	留学日本、法政大学	
丁延謇					
张善与		30		庠生、留学日本、政治经济科	
李载赓		29		留学日本、法律科、法政举人	
刘星楠	山东	31	同盟会	中国法政学堂毕业	史泽咸、陈命官3月26日到院
彭占元		42	同盟会	廪生、留学日本、法政学堂	
史泽咸					
于洪起		27	同盟会	留学日本、法科	
陈命官		29	同盟会	前清师范科举人、内阁中书、前清谘议局秘书	

根据表3－1，对南京参议院的议员结构分析如下：

1. 省份结构。南京参议院议员分别来自长城以南17个汉族省份，其中内蒙古、外蒙古、黑龙江、吉林、青海、甘肃、新疆、西藏等少数民族聚居省份无一名议员，更无少数民族代表。陈陶怡、杨廷栋、凌文渊1912年3月1日辞职后，参议院中亦无江苏议员。根据《临时约法》："中华民国领土，为22行省，内外蒙古，西藏，青海"，共26个行政区划。换言之，出席南京参议院省份不及全部行政区划的2/3之数。因此，在某种意义上，南京参议院民意机关之称谓难副其实。之所以出现这种情况，原因大致有二：（1）南京参议员大多由起义各省都督委派代表演变而来（直隶、河南、奉天等省除外），起义又发生在长城以南，因此其代表构成主要以南方起义省份为主，且多为军政府委派，直隶、河南、奉天等省议员虽属民选，但这些省份并没有独立，因此所谓民选也是徒有其名。（2）各省起义的领导力量为同盟会员，同盟会向以反满排满、光复汉族著称，革命目标直指异族统治，因此，北方少数民族势力强大的省份与南方汉族政府自然生成敌对情绪，当然不会有北方少数民族聚居区域之代表。江苏省退出南京参议院则主要因对临时政府的所作所为不满而致①。南京参议院的这种结构状况为3月份的改造参议院风波埋下了种子。

2. 党派结构。南京参议院议员人数一直变动不居。总的变动趋势是：同盟会员绝对、相对人数都呈上升趋势，立宪派人数则呈下降趋势。以江苏、湖北参议员辞职前议员总数为45人计算，其中同盟会会员36人，立宪派6人（两种身份兼有者2人），党籍不详者5人。换言之，同盟会员占全体议员的4/5以上，立宪派比重则在1/10上下。"在职的议员，大多数是同盟会员"②，不是虚言。从议员总数看，每省3人的参议员名额似乎偏少，与中国众多的人口、辽阔的面积和复杂的民族关系实在不成比例。

参议院中的党派优势可以确保同盟会任何议案的通过，提高议会

---

① 《苏都指陈借债事件电》，《民立报》1912年3月9日。

② 《南京参议院之近状》，《时报》1912年3月5日。

运作效率，有效地配合临时政府各项政策措施的推行，保证政局的稳定。重要的是，李肇甫、平刚、段宇清、文崇高、张耀曾、刘星楠等都是同盟会的重要分子，他们控制参议院可以更好地贯彻同盟会的政治意图。不过，这种优势地位能否发挥作用取决于组织对党员控制的紧疏程度及党内各派利益的调和程度。南京参议院期间，同盟会组织涣散，意见分歧，以致绝对优势并没有发挥应有的作用，反而因内部纷争引发改造参议院风波，这确是人们始料未及的。

3. 年龄结构。据上述资料统计，江苏、湖北参议员未辞职以前，议员平均年龄为32.7岁；改造后平均年龄为31.4岁。其中30岁以下者为16人，40岁以上有4人，多数年龄不超过34岁。就立法机关性质来说，这个年龄结构略微偏轻。现代政治学认为，年轻人血气方刚，一般缺乏政治经验，往往用革命手段处理政务，易于操之过急。有的学者认为议员最佳年龄在45岁左右，此时年富力强，心智都已成熟[①]。南京参议院议员的这种年龄结构可以说是立法机关的一个不利因素。

4. 教育、经历结构。苏、鄂议员辞职前，在可查证的议员中，有留学经历的共29人，其中留学日本的有24人，约占留学总数的83%，留学欧美其他国家仅5人；在已知的所学专业中，法政专业有19人，约占已知专业总数的83%，其中不乏博士学位获得者，其他专业的4人。有传统功名者12人，其中包括同时接受国外教育的8人。议员的经历既有职业革命家，也有前清谘议局议员；既有教员，也有前清地方官吏，经历较为复杂。

从教育、经历来看，南京参议院议员的特点大致如下：（1）高比例的法政专业教育。议员们具有共同的语言、了解议会政治的基本政治原则和共同的奋斗目标，亦即具备了民主政治运作的优良教育条件。（2）结构单一的西方政治影响。日本成为参议员获取民主知识的主要资料来源，这就减少了因受不同政治环境影响而带来的观点分

① 张朋园：《从民初选举看政治参与》，《中国现代史论集》第四辑，台湾联经出版事业公司1981年版，第103页。

歧，对政治发展易于取得认同。(3) 部分议员先前议会政治的经验积累为参议院的运作提供了实践基础，缩短了进入参议院的新近政治家的适应时间。(4) 适度的双重或多重文化教育使得议会政治的运作不易脱离国情太远。这些特点无疑是鼓舞人心的。不过，从总体上看，同盟会籍议员一般缺乏和平建设环境中的政治斗争经验，所受传统教育相对比较薄弱，而他们又在参议院中占绝对优势，因此教育、经历的有利因素在特定历史条件下可能变成不利因素。后来的参议院风波表明同盟会议员运用议会政治的能力确实有限。

综上所述，南京参议院议员结构特点对行使议会政治来说有利有弊。同盟会会员占绝对优势、相似的教育背景等是其有利因素，议员的民族结构单一、年龄结构较小、政治经验缺乏等是其不利因素。从总体上看，不利因素多于有利因素。不过有利与不利是相对的，在一定的条件下是可以互为转化的。如参议院中同盟会议员占绝对优势是有利因素，但因为这些议员年龄较轻、缺乏从政经验、对中国的政治传统又缺少足够的了解，在实际政治斗争中往往又变成了不利因素。历史发展也证明了这一点。

第三节 南京参议院的运作绩效

一 议事成效

南京参议院成立后，即着手完善自身组织，启动议事日程。为此，该院制定了《参议院议事细则案》和《参议院办事细则案》，作为参议院制定法律和议事的程序和规则。

根据参议院议事细则，南京参议院的议事程序主要由“会议”、“审议会”、“审查会”等几部分组成。关于“会议”，主要规定有：法律、财政及重大议案必须经过三读会才能议决；一读会应由提议人或其委任代表说明议案宗旨，并解释议员的提问；二读会由议员将议案逐条讨论公决；三读会议决全案之通过与否，除更正文字或发现其中前后矛盾及与他种法律相抵触外，不得提议修改，等等。关于“审议会”，主要规定有：审议会由全院议员组织之，非有议员 1/3 以上到会不得开议；审议会会议完毕，应由审议长请议长出席，把审议结果报告参议院；审议会有不能解决的问题，应请议长出席，把讨论情况报告参议院，等等。关于“审查会”，主要规定有：参议院常任审查会分财政、法律、外交、请愿 4 种；特别审查会由议长委任，人数根据事情之繁简而定；审查会不得于参议院开会时间内开会；审查会有过半数之审查员到会，即可开议；其表决以到会审查员之过半数为准，可否同意数则取决于审查长；审查会审查完毕，应具报告书，交议长通知议员，等等。

此外，参议院议事细则还对表决人数和议场秩序等方面也作了相应规定。

从 1912 年 1 月 28 日开幕至 4 月 6 日最后一次临时会议，南京参议院共开议 43 次，议决议案 59 件，具体如表 3－2 所示。

表 3－2　　南京参议院议决案一览

（1912 年 1 月 28 日至 4 月 6 日）

议案名称	提出者	议决结果	议决日期
优待清帝皇室与满蒙回藏各族待遇条例案	大总统	修正后可决	2 月 6 日
拟任宋教仁为驻日外交全权代表求同意案	大总统	可决	1 月 30 日
袁总统受职与重行组织统一政府办法案	大总统	另议可决	3 月 6 日
南京府官制案	大总统	修正后可决	3 月 7 日
咨请辞职荐贤自代及辞职办法案	大总统	可决	2 月 15 日
临时政府地点复议案	大总统	可决	2 月 13 日
拟任唐绍仪为国务总理求同意案	大总统	可决	3 月 11 日
拟任陆征祥等为国务员求同意案	大总统	议决咨请另提交议	3 月 15 日
追认大赦命令案	大总统	可决	3 月 29 日
中华民国临时组织法案	大总统	否决	2 月 1 日
各部官制通则案	大总统	修正后可决	3 月 12 日
外交部官制案	大总统	修正后可决	4 月 3 日
内务部官制案	大总统	修正后可决	4 月 3 日
交通部官制案	大总统	修正后可决	4 月 3 日
外交官及领事官考试委员官制案	大总统	修正后可决	4 月 4 日

续表

议案名称	提出者	议决结果	议决日期
外交官及领事官考试令案	大总统	修正后可决	4月4日
法制局官制案	大总统	修正后可决	4月4日
铨叙局官制案	大总统	修正后可决	4月4日
印铸局官制案	大总统	修正后可决	4月4日
临时稽勋局官制案	大总统	修正后可决	4月4日
国务院官制案	大总统	修正后可决	4月4日
教育部官制案	大总统	修正后可决	4月4日
重订教育部官制案	大总统	汇入原案	
司法部官制案	大总统	修正后可决	4月6日
财政部官制案	大总统	修正后可决	4月6日
陆军部官制案	大总统	修正后可决	4月6日
海军部官制案	大总统	修正后可决	4月6日
各部院局官制案	大总统	修正汇入各原案	
新法律未颁行以前暂适用旧有法律案	大总统	可决	4月3日
华俄道胜银行借款案	大总统	修正后可决	2月26日
华俄道胜银行复议案	大总统	可决	
四国银行借款案	大总统	可决	3月7日
华比银行借款案	大总统	修正后可决	3月19日
暂行印花税法案	大总统	修正后可决	4月2日
华洋义赈会向四国银行借款案	大总统	可决	3月7日
汉冶萍借款案	大总统	否决	3月27日
统一军政民政财政办法案	大总统	另议咨复	2月11日
限予清帝逊位日期案	大总统	另议咨复	2月12日
设立稽勋局及捐输调查科案	大总统	可决	3月13日
临时政府迁至北京案	大总统	可决	4月2日
答复抵押借款及发行军用钞票质问案	大总统	议决重新质问	
拟任施肇基为交通总长求同意案	国务总理	可决	4月6日
农林部官制案	国务总理	修正后可决	4月5日
国务院官制修正案	国务总理	汇入原案	
工商部官制案	国务总理	修正后可决	4月5日
拟任陆征祥等为国务员求同意案	国务总理	可决9人否决1人	3月29日

续表

议案名称	提出者	议决结果	议决日期
抵押借款及发行军用钞票再质问案	议员	可决	2 月 22 日
弹劾司法部次长吕志伊案	议员	可决	2 月 17 日
中华银行质问案	议员	可决	2 月 23 日
国务员延未交议质问案	议员	可决	3 月 28 日
中华民国接收北方各省统治权办法案	议员	修正后可决	2 月 26 日
中华民国临时约法案	起草员	修正后可决	3 月 8 日
参议院开办费预算案	起草员	修正后可决	2 月 17 日
参议院常费支给章程案	起草员	修正后可决	4 月 2 日
参议院法案	起草员	修正后可决	3 月 29 日
参议院议事细则案	起草员	修正后可决	2 月 2 日
参议院办事细则案	起草员	修正后可决	2 月 2 日
参议院旁听规则案	起草员	修正后可决	
女子参政请愿案	人民请愿	否决	

资料来源：张国福选编《参议院议事录参议院议决案汇编》甲部第一册。

分析以上提案，不难看出南京参议院议决案的构成特点：（1）就提案者看，大总统提案 41 件，约占议决案的 70%，国务总理和议员提案均为 5 件，约占议决案的 8%，起草员提案 7 件，约占议决案 12%，人民请愿案 1 件，占不到 2%。这表明行政事务繁多。（2）就提案通过率看，大总统约为 95%，国务总理、议员和起草员为全部通过。不过，需要注意的是，无论是大总统、国务总理或起草员，他们的提案绝大多数是经过修正后方才议决的。这也表明了参议院对行政机关的制约作用。（3）就提案内容看，法制案 27 件，约占议决案的 46%；财政案 6 件，约占 10%；庶政案 5 件，约占 8%；承诺案 7 件，约占 11%；质问案 4 件，约占 7%；否决案 4 件，约占 7%。这表明南京参议院的立法重点首在恢复被革命打乱的政治秩序，在民主共和原则指导下着手立宪政治的制度建设。其次，困扰南京临时政府的财政问题也一直是参议院的重要议题。而绝无仅有的社会性立法则从反面证明社会发展事业还没有真正开始。

以上只是议决案情况。另一方面，南京参议院还积累了众多提案没有议决。未经议决案为三种类型。（1）未议决案：大总统提出案，有有奖公债章程案、设立国史院案、各部院局三月份支出概算案、西蒙古增加议员案等4件；财政部提出案，有设立财政筹备处案、拟以蜀省盐课税厘抵押借款案2件；起草员提出国会之组织选举法大纲案及人民提出之华侨要求代议权案各1件。（2）未审查案：大总统提出案，有中央巡警厅官职令案、国旗统一案、捕获战利品裁判所章程案、检查战事违禁品简章案、实业部官职令案、文官考试委员官职令案、文官考试令案、商业注册章程案、陆军人员补官任职令案、陆军官佐免官职令案、商业银行暂行则例案、海外汇业银行则例案、法官考试委员官职令案、法官考试令案、暂行传染病预防法案、金库则例案、补助拓殖协会经费案、兴业银行则例案、农业银行则例案、殖边银行则例案、渔业法案、第二次答复抵押借款及发行军用钞票质问案、答复弹劾司法部次长吕志伊违法案、撤销陆军部概算卫戍费案等25件；实业部提出商标章程及细则案；议员提出一省只应设一都督案；民众提出区别任官报功请愿案。（3）未提议案：全由大总统提出，有陆军人员补官任职令修正案、会计法案、工厂法新发明特许专业法案、储蓄银行则例案、庶民银行则例案、惠工银行则例案等6件。未经议决案总数为42件。

上述议案给人的印象是：临时政府提案比较积极，共提85件。提案内容集中在法制建设方面，共58件；南京参议院慎重议案审议工作，多数提案经修正后方才通过；议员工作效率一般，累积议案有42件之多；南京参议院和临时政府关系不甚协调，在两个月时间内，参议院质问政府4次，否决提案4次，提出弹劾案1件，且质问和否决案大多影响重大①。如此频繁的不信任之举，足以表明双方关系不协。

南京参议院审议提案基本上能够遵循《参议院议事细则》、《中华

① 4件质问案为：抵押借款及发行军用钞票质问案；抵押借款及发行军用钞票再质问案；中华银行质问案；国务员延未交议案。4件否决案为：拟任陆征祥等为国务员求同意案；中华民国临时组织法案；女子参政请愿案；汉冶萍借款案。1件弹劾案为：弹劾司法部次长吕志伊违法案。

民国临时约法》等规章制度，但也不尽然。有学者研究指出，参议院共议决法律案29件，其中26件经过了三读会，但严格按照议事细则审议通过的法案只有3件；有2件法案[①]的审议通过严重违反了议事细则[②]。也就是说，在29件法案中，有且仅有3件是完全依照法规审议通过的。换言之，身为立法机关的参议院，带头不尊重法律规范。这种素质的议员如何能树立立法机关的威信呢？而南京参议院同盟会议员又占绝对优势地位。这组数据表明，同盟会议员法律素质和法律意识比较淡薄，很难说能胜任议会政治。

尽管有着这样或那样问题，南京参议院在60多天时间里，审议通过了59件议案，与后来的北京参议院和国会相比，议事效率显然高出许多，这是毋庸置疑的。况且北京参议院通过的议案中，不少只是对南京参议院通过议案的一种修正而已。也就是说，南京参议院开创了中华民国的立法建制，特别是《临时约法》的制定，奠定了国家发展的基本架构，在中国宪政发展史上具有重要意义。

二 关于《临时约法》的几个问题

（一）效力争议

《临时约法》公布后，其是否有效，一度成为讨论的焦点。主张无效的理由主要有二。

一是参议院的性质。约法公布次日，即1912年3月12日，湖北临时省议会通电各省省议会及谘议局，称："当今之世，无论何国立法机关，皆必须出自人民之选举。南京参议院由各省都督委派代表组成，不是人民代表，不可视为民意机关。"[③] 其言下之意，既然参议院不是民意机关，当然无权制定宪法。所以该省议会提出建立中央议会以代替参议院，制定宪法[④]，试图否认南京参议院的合法地位，另立国家民意机构。《大共和日报》也表示："国民为共和国主人有主

① 两件法案为：《中华民国临时约法案》和《各省选派参议员应由地方议会公举案》。

② 李学智：《南京临时参议院立法活动的若干考察》，《史学月刊》2000年第4期。

③ 《民立报》，1912年3月12日。

④ 《民立报》，1912年3月18日。

权者，参议员为都督府差官之无主权者，故国民对于参议院之《临时约法》有不承认之权，此最简明之理由也。”①

从议员产生办法看，南京参议院确非民意代表组成。1911 年 12 月 29 日，各省都督府代表联合会致电各省都督府②，要求派员赴宁组织参议院。电云：“据临时政府组织大纲，参议院由每省都督府派遣参议员三人组织之，即请速派遣参议员三人，付于正式委任状，克日来宁。”③ 次年 1 月 28 日，南京参议院正式宣告成立，《临时约法》即由该院表决通过。都督派遣代表的产生办法是南京参议院屡遭非议的缺陷之一。正如王世杰所言，“就其制定的机关而言，《临时约法》亦缺乏一个民主的形式；因为南京参议院只能代表多数省分，而未能代表全国。该院的代表，只是各省都督遣派的代表，而不是国民选举的代表。……（南京参议院）事实上却确确实实可以代表当时的一切革命势力”④。

参议院议员不是出于民选，是否在法律上即不能成为国民代表？这一观点在当时引起了很大争议。民初著名政论人士章士钊认为，议员虽非直接出于国民，不得谓为国民代表而代表国民之法意，但这是由种种事实造成的：参议院先后选举孙中山、袁世凯为临时大总统，事实上行使了国民议会的职权，国民两次借参议院代行此权。参议院既然有代表国民的事实，事后却加以指摘，因议员产生办法而议及机关不正当，岂不是视国事为儿戏吗？这是其一；其二，章士钊提出，“凡机关者，赋以何种性质即属何种机关。参议院在法律上既成为国民代表机关，则凡此机关所决定之法律（指《临时约法》）当然有效”。这里，章士钊关于议员法律地位的认识可称之为国家机关论。他进而警告：如果因议员不洽人意而另立中央议会，显然是不智之

① 行严：《论否认〈临时约法〉之无当》，《民立报》1912 年 3 月 29 日。

② 各省都督府代表联合会是武昌起义后，独立各省为协调一致共同行动的需要而在上海成立的一个具有临时民意机构性质的政治组织。它于 1911 年 11 月 15 日在上海宣布成立，是南京参议院的前身。

③ 刘星楠：《辛亥各省代表会议日志》，《辛亥革命回忆录》第 6 集，中华书局 1963 年版，第 256 页。

④ 王世杰、钱端升：《比较宪法》，商务印书馆 2004 年版，第 407 页。

举，有一波未平，一波又起之势，会重蹈法兰西革命的覆辙[①]。

应该说，章士钊为南京参议院合法性所作的辩护是有说服力的。第一，参议院确实如章士钊所言代行了国民议会职权。美国 1787 年制定联邦宪法也遇到了类似情形。制宪者讨论宪法批准方式时，有人因大部分邦宪法没有得到人民明确授权而提出联邦宪法应交由人民批准，反对者当即表示，“各邦政府和联邦政府长期以来已经得到默认，现在却会受到动摇”，势必无人承认[②]。同样，南京参议院虽非出自民选，得到人民明确授权，却行使了议会职权，其合法地位事实上得到了国民默认。事实论成为参议院合法地位的重要渊源。南京参议院通电驳斥湖北省议会，也主要以事实论为依据：“本院之成，根据于临时政府组织大纲，现公布之临时约法，亦载明十个月内由大总统召集国会，当此参议院既成立之后、国会成立之先，乃以一省议会名义，辄召集临时国会，不知何所依据。若不承认临时政府组织大纲及临时约法，则已公布之法律、已选出之总统、已组织之临时政府，皆将无效。民国基础，于以动摇。且今日以一省议会反对参议院，而召集临时国会，他日将又有一省议会，反对临时国会，而召集第二临时国会，起覆纷纭，事权不定，民国前途，将何利赖？”[③] 事实论在当时具有广泛影响。袁世凯也表示：《临时约法》既经议决公布，自然为今日办事之唯一依据。湖北省议会发起临时中央议会，各省纷纷赞成，未免歧视[④]。

第二，章士钊的议员国家机关论有法理依据。关于国会议员的性质，当时学者主要有国民代表论和国家机关论两种说法。国民代表论认为，民国以主权在民为原则，但国民不可能自行行使主权，遂由国会代替行使，所以国会是国民代表。国会议员的选任方法不

---

① 《民立报》，1912 年 3 月 20 日。

② ［美］麦迪逊：《辩论　美国制宪会议记录》，尹宣译，辽宁教育出版社 2003 年版，第 399—401 页。

③ 《致湖北临时省议会声明发起另行组织国会为无效电》，《参议院议事录参议院议决案汇编》，北京大学出版社 1989 年版。

④ 《民立报》，1912 年 3 月 28 日。

影响参议院作为国民代表的地位；国家机关论认为国会议员不是谁的代表，其权能不是由其权利主体赐予，而直接基于宪法。国会在其法定权限范围内完全独立，不受国民意见支配①。议会的国家机关论作为一种学说在德国和日本相当流行。章士钊所谓“凡机关者，赋以何种性质即属何种机关”，是一种典型的国家机关论，不是没有法理依据。

当然，章士钊的辩护并非完美无缺。首先，以事实论肯定参议院的合法地位固然未尝不可，但终究缺少法理支持，有强迫别人接受之嫌。南京参议院也意识到了其中瑕疵，通电全国，提出从选任角度改造参议院。此建议得到了包括临时大总统袁世凯在内的众多支持。其次，章士钊的国家机关论是有问题的。（1）临时政府组织大纲没有明确规定参议院是国民代表机关，而议会的国家机关论是以宪法的明确规定为前提。这与当时其他国家宪法的明确规定有所区别②；（2）选任问题只出现于两院制的议会结构中。在两院制议会中，一院必须民选，另一院则未必。如果议会是一院制，从法理上说，议员必须由选举产生，而不能仅为指派。虽然不很严密，但章士钊的辩护充分表明了民国元年国人对近代西方法理的认知已经处于一个较高水平。近代日本最著名的法学家之一美浓部达吉对议会性质的认识，在20世纪二三十年代时也仅限于此③。

二是参议院的议员人数。在1912年3月12日的电文中，湖北省议会同时表示，2月份道胜银行借款风波后④，苏、鄂、奉、陕等省

---

① 以上关于国会性质的争论可参见［日］美浓部达吉《议会制度论》，邹敬芳译，中国政法大学出版社2005年版，第64—80页。

② 可参见［日］美浓部达吉《议会制度论》，邹敬芳译，中国政法大学出版社2005年版，第67、74页。

③ ［日］美浓部达吉所著《宪法学原理》（1920年版）对此问题已有论述，但其理论主要体现在《议会制度论》中。该书出版于1930年。

④ 1912年2月27日，参议院开议临时政府与华俄道胜银行草签的150万镑借款合同。议长林森以17人到会，14人在场，8人赞成，宣布通过。次日，湖北参议员张伯烈等以表决不足法定人数，主张决议无效，遭到林森呵斥。张等人随即通电辞职。是为华俄道胜银行借款风波。该风波直接导致了参议院存在与否的大讨论，影响波及全国。相关内容见《民立报》1912年2月29日。

议员再相继辞职，核计现参议院议员不过23人，已不足法定人数，断难开会，所决议案当然无效（指《临时约法》）[①]。这一指责抓住了问题的实质：从程序要求看，根据参议院议事规则，“对一般法律、财政及重大议案，只须有半数以上之议员到会，即可开议”；表决时，“以多数为准，其可否同数时，议长得以己意决之”[②]。如果议员确实不到一半，当然不能开会，更不必说议决任何问题。这与参议院的地位没有任何关系。不过，湖北都督、副总统黎元洪断然否认了议员人数不足一半的说法，他的理由是：“据近由南京来鄂马君伯援之报告，谓南京参议院议员除辞职者外，确有39人，是该院议员已足法定之数。”[③] 黎以此为依据，肯定参议院可以开会。其实黎元洪的说法只解决了问题的一半。参议院能否开会和《临时约法》是否有效是两回事。关键在于《临时约法》全案表决时是否有一半以上议员出席和出席议员的一半以上投票赞成[④]。笔者对此问题进行了考证，发现当时实际议员人数为41人。3月8日开《临时约法》三读会。上午出席议员为31人，下午续开三读会，并进行全案表决，出席议员为26人。而当时额定议员人数至少为66人。因此，《临时约法》是否有效确实是个问题[⑤]。

《临时约法》的效力风波，一方面与制定程序和制定机关存有瑕疵有关，另一方面则为当时政潮汹涌的一种表现。湖北以首义之地，闻名全国。南京临时政府成立后，湖北地位急剧下降。在这种情形下，湖北方面部分人士不断掣肘南京临时政府，以期确立本省的中心

---

① 《民立报》，1912年3月12日。

② 张国福选编：《参议院议事录参议院议决案汇编》，北京大学出版社1989年版，第226页。

③ 《民立报》，1912年3月12日。

④ 根据参议院议事规则，这里的两个“一半”只适用于“一般法律、财政及重大议案”。至于是否适用于约法表决并不明确。不过，当时议员们一般认为，宪法性文件的表决，出席议员人数必须占全体议员总数的3/4以上（见张国福选编《参议院议事录参议院议决案汇编》，第102页）。既然议事规则没有区分约法与普通法案的表决规则，此处也不予讨论。

⑤ 关于参议院的议员人数，可参见刘劲松《南京参议院议员人数与临时约法的效力》，《近代史研究》2005年第1期。

地位[①]。也正基于此，湖北方面有设立中央议会之议。《临时约法》因其自身缺陷，于是成为当时湖北方面进行攻击的议题之一。尽管程序上不完善，《临时约法》对民国政治发展的深刻影响，却是实实在在的。

（二）文字缺陷

《临时约法》的文字缺陷在民初也广遭诟病。其问题主要出现在逻辑混乱和语意不清等方面。

先看逻辑方面。《临时约法》第十九条规定了参议院职权，其中前三目为："（一）议决一切法律案，（二）议决临时政府之预算、决算，（三）议决全国之税法、币制及度量衡之准则。"这种规定方式显然有欠严谨。各国宪法关于议会权力的规定主要有概括式和列举式两种方式。采用列举式时，各项列举权力应该是并列关系，而不应该是纲目关系。《临时约法》第十九条罗列了参议院的种种权力，采用的是列举式，但其子目却很芜杂，问题主要出现在前三目上。"议决一切法律案"意味着一切法律均由参议院议决，似属概括式，而其他二目又有具体内容，又属列举式。因此第一目与其他二目难以交杂并存。而且，参考欧美各国宪法惯例，尽管预算不关立法，但税法、币制等也不关立法吗？这一规定漏洞十分明显。章士钊一眼洞穿其中逻辑问题，讥之为"以此而骈载之（于约法），得不贻动物牛马羊之诮乎？"[②] 王宠惠与章士钊的看法一致，提出，《临时约法》第十九条第三款规定"议决全国之税法、币制及度量衡之准则"应该删除，因为第一款一切法律案已有包含无遗，毋庸重复规定[③]。

约法条文不严谨的地方还很多。《临时约法》第十九条第十款规定：参议院"得咨请政府查办官吏纳贿违法事件"。其中纳贿与违法并载，这种规定方式也不妥当，因为"纳贿"本身就在违法之中，不

① 关于湖北中心论的阐述，可参见王家俭《民元改造参议院风潮》，《中华民国初期历史研讨会1912—1927》上册，1985年版，第63页。

② 行严：《参议院之职权》，《民立报》1912年3月14日。

③ 王宠惠：《中华民国宪法刍议》，《民国经世文编》（法律二），文海出版社1970年版，第1594—1595页。

必特别声明。因此王宠惠提出，该目中的纳贿两字应该删除，且在“查办”之前应加上“按照法律”四字，以使政府不得任意惩办，达到条文完善的效果[①]。又如，约法第二条为中华民国之主权，属于国民全体。而第二章又标称“人民”。到底使用“国民”或“人民”？王宠惠认为相关条文应该整齐划一，不应含混不清[②]。再如，同样在第十九条，第六目为“答覆临时政府咨询事件”，第七目为“受理人民之请愿”。在章士钊看来，这些内容与“权力”无关。他指出，宪法讲求刚性，贵乎确定。但这两目与“权”字之义有联系吗？不仅如此，约法第二章第七条已经规定“人民有请愿于国会之权”。今复于议会一章作同一规定，难道不累赘吗？章士钊强调，大凡同一事件两方各自主张其权利，容易导致冲突。因此，约法的这种规定很不够严密[③]。关于司法独立，吴经熊指出，约法第五十一条规定“法官独立审判，不受上级官厅之干涉”，其中“仅云‘上级官厅’，为免过狭”[④]。

法律条文讲究明确、严密，但约法许多条文经不起推敲。《临时约法》第二十条规定：“参议院得自行集会、开会、闭会。”约法中关于开会闭会仅此一条。这种规定略显粗疏。（1）自行集会难道没有时间限制吗？如果这样，议会终年不开会，开或一二日即闭会，也将听任参议院自由吗？（2）法、美等国宪法直接间接地规定了开闭会时间或条件，参考它们的规定方式，参议院即使想保存议会开闭会的权力，约法中也应该规定开会日期与会期的长短，而不是只作此简单的规定。鉴于此，章士钊认为本条规定值得商榷[⑤]。约法关于国民资格的规定与此类似，相当笼统。约法第一条规定“中华民国由中华人民组织之”。所谓中华人民，究竟指何等人？约法全文并无规定。吴贯

① 王宠惠：《中华民国宪法刍议》，《民国经世文编》（法律二），文海出版社 1970 年版，第 1594—1595 页。

② 同上书，第 1579—1580 页。

③ 行严：《参议院之职权》，《民立报》1912 年 3 月 14 日。

④ 吴经熊、黄公觉：《中国制宪史》，《民国丛书》第四编（27），上海书店出版社 1992 年版，第 44 页。

⑤ 行严：《参议院之职权》，《民立报》1912 年 3 月 14 日。

因认为，一国居民必须具备一定资格才可以称之为本国人民。约法的笼统规定，不能不说是立法者的疏忽[①]。约法对于议员的保障规定，也不严密。《临时约法》第二十六条规定："除现行犯及关于内乱外患之犯罪外，会期中非得本院许可，不得逮捕。"吴经熊表示，这条规定缺点有二：（1）"内乱外患"之解释，漫无标准，可由行政方面随意解释，利用它去陷害议员。"内乱外患"之限制实可发生很大的危险；（2）议员保障仅限于逮捕，凡搜查、传问、起诉等事，是否可不经议会许可而进行？而且所谓保障，仅限于议会开会期间以内，开会期间以外，便毫无保障了[②]。所以本条规定问题不少。

《临时约法》中不少条文前后不一致，语义不清，容易引起混淆。临时大总统地位和权限的规定就是如此。约法第四十四条规定："国务员辅佐临时大总统负其责任。"这表明，在行政事务上国务员负责任，大总统不负责任。第四十五条对此作了进一步说明，条文曰："国务员于临时大总统提出法律案、公布法律案及发布命令时，须副署之。"副署之文，意味着大总统的责任由此而移之于国务员。此外，第十九条列举的参议院众多职权、第四十六条"国务员及其委员得于参议院出席及发言"等都表明大总统对行政事务不负责任。但第三十条却容易引起争议。其条文："临时大总统代表临时政府，总揽政务，公布法律。"总揽一词，从字面意思看，似可解释总统负责任。但第十九条所规定参议院质问、弹劾之权，仅行之于国务员；对于大总统，除有谋叛行为外，参议院没有质问权，也没有弹劾权，这表明大总统对立法机关又不负责任。大总统对立法机关既然不负责任，那么所谓大总统负责任，又对于何种机关呢？蓝公武洞悉约法在此方面的内在缺陷，并明确予以指出[③]。在政治实践中，约法关于大总统职权的含糊规定在民初舆论中确

① 吴贯因：《宪法问题之商榷》，《民国经世文编》（法律一），文海出版社 1970 年版，第 1222 页。

② 吴经熊、黄公觉：《中国制宪史》，《民国丛书》第四编（27），上海书店出版社 1992 年版，第 41—44 页。

③ 蓝公武：《大总统之地位及权限》，《民国经世文编》（法律一），文海出版社 1970 年版，第 1073—1074 页。

实也造成了混乱，形成了不同解释。1912 年 6 月，唐绍仪内阁辞职时[①]，南方报纸议论蜂起。非难大总统的观点，认为大总统在约法上既为不负责任的总统，则不应该侵越总理的施政权力。为大总统辩护的观点则表示：大总统只是行使约法上总揽政务的大权，以处理一切政务。总理为辅佐机关，有所施设，当然应该受命于总统，无所谓侵越。库伦事件发生后[②]，攻击大总统的观点，称今日内阁为总统所组织，总统不能不任其咎，应对库伦事件负责。为大总统辩护的观点，则声称大总统为约法所束缚，没有施政的全权，不能负政治责任[③]。关于大总统地位及其权限之争议，莫衷一是。吴经熊对此也有所批评，认为大总统职权的模糊规定造成了内阁制和总统制认识上的纷争[④]。不仅大总统的地位和权限不明确，内阁总理的职权也是如此。有学者研究指出，约法中没有规定内阁总理有何种权力，但副署又要求其对于政府行政负有绝大责任。那么，内阁总理及阁员到底对谁负责呢，对大总统，还是对国会？内阁职权的模糊规定直接导致了后来的府院权限之争，对民国政治发展有着极为消极的影响[⑤]。

宪法条文贵在明确，但约法使用了一些具有高度争议的专业术语，这也是其缺陷之一。典型事例是主权与统治权并列使用。约法第二条规定："中华民国之主权，属于国民全体。"第四条为："中华民国以参议院、临时大总统、国务员、法院行使其统治权。"统治权与主权有无区别，当时政论人士聚讼纷纭，莫衷一是。一种观点认为统治权即主权。章士钊认为，统治权从国外著作翻译而来，对应 Sovereignty 一词。根据美国学者的观点，该词义为"加之国内人民及各种

---

① 唐绍仪为民国第一任内阁总理，但在人事任免上与大总统袁世凯有所不合，后者遂不经其副署而径直任免官员，当时舆论普遍认为唐因此不久辞职。

② 1912 年下半年，俄国与外蒙古订立协约，策动外蒙古独立。外蒙古时为中国领土。是为库伦事件。

③ 参见蓝公武《大总统之地位及权限》，《民国经世文编》（法律一），文海出版社 1970 年版，第 1069—1070 页。

④ 吴经熊、黄公觉：《中国制宪史》，《民国丛书》第四编（27），上海书店出版社 1992 年版，第 43 页。

⑤ 鲍明钤：《中国民治论》，周馥昌译，商务印书馆 1925 年版，第 61—63 页。

机关最初绝对无限普及之权力"，即有不可分割之义。而 Sovereignty 在译为统治权时，也有不少人译为主权。按照章士钊的看法，当时不"善述卢梭之说者"，动辄把 Sovereignty 与人民并为一谈。约法第二条所谓主权，必为 Sovereignty 无疑。如果说统治权与主权异文同义，则在严肃法律文本中，不应该出现这类情况。又因第四条各机关平分统治权之说大悖于统治权不可分割说，也应该修改①。另一种观点认为主权非统治权。《时事新报》的主笔老圃、《民立报》的主笔重民等对主权即统治权的看法提出了异议。老圃强调："主权者，国家最高之权力，不受他力之羁束者也。统治权则不必尽为最高权。在统一之国，统治权之上，更无所谓统治权，则统治权即等于最高权。然如德美联邦国、奥匈双立君主国及往者瑞典挪威等国，则每州每邦，既有每州每邦之统治权，而每州每邦之上，更有中央政府之统治权，则各州各邦之统治权，即不得为最高权。故所谓最高云云，固非统治权之要素。易言之，即无主权之国，亦不妨有统治权。盖无主权之国，其国则一，特不能谓之独立国耳。此统治权与主权之区别也。"② 对于统治权是否即主权的争议，王宠惠提出折中方案，认为对这种含有歧义的名词，不应该见之于宪法，应该把第四条删除。对民国的立法、行政、司法三权如何行使，应另行规定③。

主权和统治权既有联系又有区别，这实际上是一种学说上的分歧④。学说分歧存在于学说上时，并无大碍。不过，学说上的分歧进入实际政治活动时，难免会造成理解差异，进而对政治发展产生不良影响。加之约法没有规定宪法解释制度，所以这种争议性词汇容易造成认识上的混乱，对实施约法极为不利。

《临时约法》在文字上的缺陷，究其原因，主要包括：（1）制定

---

① 章士钊：《约法与统治权》，《独立周报》1912 年 9 月 22 日。

② 同上书，1912 年 10 月 6 日。

③ 王宠惠：《中华民国宪法刍议》，《民国经世文编》（法律二），文海出版社 1970 年版，第 1579—1580 页。

④ 参见［日］美浓部达吉《宪法学原理》，欧宗祐、何作霖译，中国政法大学出版社 2003 年版，第 169—225 页。

者（即南京参议院议员）对制定约法不是很重视，没有贯注更多精力。从南京参议院议事录看，当时参议员对约法内容讨论不是很多，许多重要条文没有见到辩论记录。加之流会现象频繁，可推测议员对制定约法不是很重视。有些问题，如“纳贿违法”、参议院职权规定方式的混用等，稍经推敲即可避免。这种低级错误反复出现，恰好可以表明制定者当时漫不经心。参议员之所以对制定约法缺乏重视，可能原因是约法的“临时”性质，或议员认为还有其他比约法更重要的议案。（2）制定者的法律知识和法治经验有限。司法独立是近代宪政的基本原则之一。《临时约法》宣告法官独立审判，却限之以“不受上级官厅之干涉”，显然属画蛇添足。其他如议员保障等条文，均表明约法制定者法治知识和经验有限。其佐证是，南京参议院共议决法律案 29 件，但严格按照参议院议事细则审议通过的法案只有 3 件，有 2 件法案（《中华民国临时约法案》和《各省选派参议员应由地方议会公举案》）的审议通过严重违反了议事细则[①]。上述情况足以说明参议员的立法经验有限。

（三）权力配置和人民自由权的保障问题

除了文字外，《临时约法》在内容上遭到的批评更为激烈，焦点集中在立法机关和行政机关如何分权制衡以及人民自由权如何保障等问题上。

权力的合理配置是制定宪法的一项主要内容。美、法成文宪法制定以后，分权与制衡成为各国制定宪法的基本原则。无论内阁制或总统制均讲求分权与制衡。中国人民长期处于专制政治之下，深受其害，对专制政治极为敏感，期待合理的分权与制衡。但《临时约法》在权力配置上，恰恰没有做到合理的分权与制衡，引发了激烈批评。约法的不合理分权，主要体现在参议院同时拥有国务员同意权和弹劾权。从字面上看，《临时约法》按照责任内阁制的精神，设计政权组织形式：规定大总统任命国务员，必须得到参议院同意；参议院同时拥有弹劾大总统和

① 参见李学智《南京临时参议院立法活动的若干考察》，《史学月刊》2004 年第 4 期。

国务员的权力。这种权力设置激起了广泛争议。一种观点认为参议院同时拥有同意权和弹劾权，与责任内阁制精神相抵触，其中以梁启超批评最为深刻。梁启超表示，就法理而言，同意权和弹劾权相对而不相容。因为，假设国会没有同意权，政府官员由元首自由任命，国会则监督于旁，以观其后效。一旦有违法失政之事，则行使弹劾权。此制较符合法理。假设参议院有同意权，元首不能以单独意思任命官员，必须取得其他机关赞助。既然得到其他机关赞助以行使任命权，其人则为双方所信任，而不容再有弹劾紧随其后。这也是符合法理的。弹劾权和同意权，一则严督于后，一则审择于先，都以达到促使政府的人为目的。如果同意于先，又弹劾于后，则前后自相矛盾。因为，如后来的弹劾合理，则前此同意何以免滥比之讥？如果前面的同意合理，则后此何以逃被埋怨之诮？因此，参议院同时拥有同意权和弹劾权，不足以重政府之职责，而只会损害国会的威信；就政治而言，同意权和弹劾权不能起到防范总统的作用。梁启超说，那些坚持同意权的人，顾虑总统所用非人，而设此权以为之阻碍。但如果阻碍有效，则必假定国会多数党与总统为异党。如若不然，支持总统的党派既在国会中占据多数，则其所提出的内阁成员名单，哪有不过之理？国会握有此权，形同虚设。假设总统非国会多数党的党员，那么，他们拦阻总统的办法将会很多，而同意权之有无，又无足轻重。如对总统提出的议案，一概不予通过，所编预算，务必使之不能成立。则总统如何能够安于其位？如果仍然恋栈，则以弹劾权随之。如此一来，即使再厚颜无耻，总统也必然退位。如果说一定要有同意权，然后国会才可以以此作为凭借，阻挠总统，这是不明政治作用。假设总统能够遵循政治常轨以遇国会，即使没有同意权，多数党操纵也绰绰有余；假设总统不以常轨对待国会，即使和克伦威尔一样，以铁骑封锁国会也无济于事。以区区条文上的同意权就可以阻挠，不如同梦呓吗？总而言之，同意权在法理上与责任内阁的含义相抵牾，在政治上更有百害而无一利，宪法决不容许这种陋制的存在①。

① 梁启超：《同意权与解散权》，《民国经世文编》（法律一），文海出版社 1970 年版，第 1166—1169 页。

梁启超的批评意见集中在参议院的权限上，基本观点是参议院不应该同时拥有同意权和弹劾权。换言之，约法在分权的设计上有缺陷。梁启超的观点代表了时人对参议院同时拥有同意权和弹劾权的基本看法。蓝公武、张东荪等民初政论名流都有类似观点。1913 年 10 月 16 日，袁世凯提出增修约法案，称："国务员同意权，不容于内阁制之国。" 美国采行总统制，才有此规定，但美国历史上从来没有不同意的事实。既然成为一种习惯，这一规定早已名存实亡。他说，同意权的弊端有二：一是国会既有弹劾权于后，自可不必有同意权于先。假如同时拥有，则反而降低了国务总理的责任；二是一国的上流人物，为保持名誉，多不愿投身政界。因为假设一旦国会不同意，于其个人身份不无影响。实践表明，1912 年以来内阁更迭，均缘于党见，致使一切政务不能正常进行，使国家常常陷于无政府的境地。阁员进退为一党势力把持，这一现象不能说和国会拥有同意权没有关系。总之，同意权不废除，"贤智者裹足，躁妄者兢进，非国家前途之福也"。① 由此不难看出，袁世凯虽侧重政治便利，但与梁启超在同意权的认识上，有异曲同工之处。袁、梁等都抓住了《临时约法》在分权设计上的缺陷，进行大肆攻击。需要注意的是，他们都主张取消参议院的同意权，以加强行政权力。这种建议已经超过了法理批评范围，成为一种政见宣示，与约法完善与否无关，因此不在本书讨论范围。但他们对参议院同时拥有同意权和弹劾权的批评，具有一定的合理成分，这是毋庸讳言的。

《临时约法》关于立法机关和行政机关的权力制衡关系上，同样也遭到了批评。约法规定参议院拥有同意权，不过没有规定大总统或国务总理可以解散参议院，这一规定与内阁制精神不符。很多人认为这种权力设计破坏了立法机关和行政机关之间的平衡。陈茹玄表示，纯粹的内阁制中有两种权力：一个是国会对行政机关的不信任案通过权，一个是行政机关对国会的解散国会权。前者为国会借以监督行政的利器，后者为内阁抵抗国会、诉诸人民以求公判的唯一途径。这两

① 《增修约法草案》，《东方杂志》第 10 卷第 6 号。

种权力的设置，是为了保持行政与立法两机关合作的精神，也是内阁制的基本精神。但《临时约法》却没有此规定，这不能不说是约法的一大缺憾。他指出，从国务院与参议院的关系看，“约法虽具有责任内阁制之精神，而实未备责任内阁制之体用。……至如参议院之弹劾权，提出质问权，同意权，在议院出席发言权，虽经约法详细规定，然此等特权，即在行元首制之国家，其议会往往有之，固不能视为内阁制精神之所寄托也”。① 吴经熊等也表示：“约法虽采责任内阁制，但未给予行政机关以解散会议之权，这也可以证明当时造法者不大明了责任内阁制的意义。”②

以上关于分权与制衡的批评不无道理，暴露了约法在权力配置上的设计缺陷。这些批评意见表明约法制定者对法理的认知具有一定的局限性。从参议院拥有国务员同意权、弹劾权和未给予行政部门以解散权看，约法意在加强参议院的权力，甚至置法理上之瑕疵于不顾。之所以如此，与当时的政治变动有很大关系。此时袁世凯已经取代孙中山为临时大总统，掌握了行政权力；同盟会让出行政部门后在立法部门依然保有优势。多数同盟会会员对袁世凯行政缺乏信任。在这种背景下，同盟会利用在参议院中多数党的优势地位，通过《临时约法》作为束缚袁世凯的一种手段。这就是所谓“因人立法”。因为政治考量多于法理认知，所以约法在权力配置上出现了明显的设计缺陷。

约法在内容上遭到批评的另一个焦点是人民自由权的保障问题。时人普遍认为，根据《临时约法》，人民的自由权无法得到保障。第一，约法关于人民自由权的规定不完整，缺乏救济。一般而言，宪法关于人民自由权的规定应该包含三方面内容：一是划定自由范围，二是保证自由，三是遇紧急情况时限制自由。《临时约法》第二章规定了人民享有的自由权，但仅有第一和第三方面内容，至于如何保证所

① 陈茹玄：《增订中国宪法史》，《近代中国史料丛刊》续编（433），文海出版社1977年版，第32页。

② 吴经熊、黄公觉：《中国制宪史》，《民国丛书》第四编（27），上海书店出版社1992年版，第41—44页。

划定的自由则没有予以明确。因此，章士钊指出，尽管约法规定“人民之身体，非依法律不得逮捕拘禁审问处罚”，但倘若有人侵犯他人自由权，又如何救济呢？《临时约法》并没有规定。因缺失相应的保障条款，所以《临时约法》关于人民自由权的规定只能流于虚文①。王世杰也有同感，认为约法“对于救济非法逮捕监禁之事实，未设何等救济”，显然是一个缺陷②。吴经熊也表达了类似观点：“人民之身体，非依法律，不得逮捕、拘禁、审问、处罚”，但《临时约法》“对于非法逮捕监禁的事体，并未设置救济的方法”。③ 客观地说，以上批评切中要害，约法对自由权的规定确实有所疏漏。

第二，人民自由权的限制条文不够明确。约法第十五条规定：“本章所载之人民权利，有认为增进公益、维持公安，或非常紧急必要时，得依法律限制之。”批评者认为本条限制缺点有二：（1）约法此条对人民自由权限制过于狭窄。王宠惠认为，“依法律限制之”，则必有限制的法律规定于前，才能依此法律限制于后。既有法律规定，则凡本章所载之权利无所往而不为法律所限制，又岂仅于“增进公益维持公安或非常紧急必要时”为然④？（2）此限制条款没有把立法机关包含在内，隐含议会专横的危险。吴经熊说：“本章所载人民之权利，有认为增进公益、维持公安，或非常紧急必要时，得以法律限制之。”所谓“公益”，所谓“公安”，所谓“非常紧急”等，“都是一些极其空泛的名词，没有确定的名词，所以立法方面以法律限制人民各种自由，实际上仍属无限”。⑤ 陈茹玄则指出：“至若关于人权各条，虽列举颇详尽，然为‘增进公益、维持公安，或非常紧急必要时，得以法律限制之。’是明明参议院有立法限制，或竟剥夺人民权

① 行严：《〈临时约法〉与人民自由权》，《民立报》1912 年 3 月 12 日。

② 王世杰、钱端升：《比较宪法》，商务印书馆 2004 年版，第 86 页。

③ 吴经熊、黄公觉：《中国制宪史》，《民国丛书》第四编（27），上海书店出版社 1992 年版，第 41—44 页。

④ 王宠惠：《中华民国宪法刍议》，《民国经世文编》（法律二），文海出版社 1970 年版，第 1580—1581 页。

⑤ 吴经熊、黄公觉：《中国制宪史》，《民国丛书》第四编（27），上海书店出版社 1992 年版，第 41—44 页。

利之大权，故民权苟无‘最高司法’为之保护，势必为专横之议院所侵犯，约法于此亦似未曾注意及之。”①

人民自由权的保障问题比较复杂。就法理而言，无论约法直接保护或法律限制，均无不可，无可厚非。至于采取何种规定方式，取决于制宪者的立法意图。约法第十五条规定引发的批评意见，显然属立法疏忽，与法理无关。也就是说，约法在人民自由权的救济和限制方面的规定确实不严密，结果招致批评。即使在现代人看来，这些批评意见也是合情合理的，并无偏颇之处。

《临时约法》受到的批评不止上述内容，其他重要者，如没有规定省制、参议院对国务员的监督缺乏层次等，都足以引起混乱，动摇国家根本。限于篇幅，本书不再一一列举。

约法公布后引发的批评意见，概括起来，大致有两类：一是法理缺陷，如《临时约法》的效力、参议院的权限、人民自由权的保障等；二是立法疏忽，如参议院权限概括式和列举式的混用、大总统的性质和地位以及某些简单的逻辑问题等。严格意义上，约法受到的批评还包括政见不同一大类。如约法关于人民自由权的规定表现为一种民权主义特征，绝大部分自由权没有明确限制；但吴贯因大力倡议国权主义，建议对人民自由权加以明确限制②。这是一种政治理念的差异。梁启超、蓝公武等人批评约法时，也大多抱持国权主义。国权主义与民权主义之争实际上是政见不同所致，与约法缺陷无直接关系。政治见解，仁者见仁，智者见智，无可厚非。这类批评意见不在本书讨论范围，本书讨论的重点是《临时约法》的法理缺陷和立法疏忽。这两类问题属于约法的“硬伤”，无可讳言。

《临时约法》公布后遭到广泛批评，一方面反映了当时复杂的政治斗争形势，如湖北临时省议会否认《临时约法》的效力，实为湖北中心论在政治上的一种反映。约法此时成为进行政治攻击的对象。再

---

① 陈茹玄：《增订中国宪法史》，《近代中国史料丛刊》续编（433），文海出版社1977年版，第33—34页。

② 吴贯因：《宪法问题之商榷》，《民国经世文编》（法律一），文海出版社1970年版，第1217—1219页。

如梁启超、袁世凯等人批评约法，其意在宣示政见，约法缺陷只是宣示政见的手段而已；另一方面也与约法“硬伤”过多有关，授人以柄。这才是问题的根本所在。如果约法本身不是“伤痕累累”，也不至于饱受批评。约法条文体现出的诸多问题，应该说与南京参议院议员的整体法治认知水平偏低不无关系。

不过，任何法治建设都是一个渐进的发展过程，都有一个从不完善到完善、从不成熟到成熟的过程。近代中国的法治建设，从清末到民初，不到十年时间。要想在这短短的几年时间内，把法治水平提高到一个较精细的层次，势必为苛求。况且法治社会不一定要求法律条文精准，而在于法治意识的形成。所以，从长远时段看，《临时约法》存在的缺陷可以理解。

《临时约法》对中华民国政治发展产生了深远影响。因为缺点甚多，1913 年 4 月正式国会召开之际，不少党派和个人都提出了宪法草案，形成了民国第一次私拟宪法草案的高潮。国民党方面也推出了王宠惠、汪精卫等草拟的三部草案，但这三部草案并不是以《临时约法》为蓝本。这表明即使由同盟会演变而来的国民党对《临时约法》的缺陷也有所认识。也正因为存在着这样或那样的问题，约法文本在当时很难得到社会认同。天坛宪草公布后，张东荪表示，“统观全文，尚为周密，要之与约法，不啻天壤之判也”。①《临时约法》在民初人们心中的地位，由此可见一斑。

（四）指导思想问题

《临时政府组织大纲》公布不久，即因规定过于粗陋而不断修正。南京参议院成立后，各议员以其过于简略，没有规定人民的基本权利和义务；第 20 条规定临时政府成立后 6 个月内召集国会，期限太急，事实上难以实行。因此主张废弃组织大纲、先行颁布临时约法的意见渐占上风。2 月 7 日，由参议院自行组织起草的《中华民国临时约法草案》交付院议。3 月 8 日审议通过。11 日颁布实施。

《临时约法》规定：“国务员辅佐临时大总统，负其责任”；“国

① 张东荪：《中华民国宪法草案略评》，《庸言》第 1 卷第 20 号。

务员于临时大总统提出法律案，公布法律，及发布命令时，须副署之”①。这些规定一改《临时政府组织大纲》中的总统制为内阁制。在《临时约法》之下，临时大总统只是一个不负实际政治责任的国家元首。《临时约法》之所以出现这种巨大变化，与当时政治形势的发展密切相关。2月12日，清帝宣布退位。遵照南北议和协议，南京临时政府选举袁世凯为临时大总统。但同盟会领导层对袁世凯并不放心。2月13日，孙中山提出辞职咨文，荐袁自代。但在咨文末尾附加了3个条件，其中之一为：“临时政府约法，为参议院所制定，新总统必须遵守。颁布之一切法律及章程，非经参议院改定，仍继续有效。”② 企图通过法律制度来约束袁世凯。在讨论辞职咨文时，一位湖南参议员对同盟会领导层的内在用意说得很清楚：“现在满清的君主专制，虽然已经推翻，但是我们把建设的事业，委托他们官僚，他们能够厉行我们党的主义，替人民谋福利吗？这种期望，我不免有些怀疑。尤其是就袁世凯的历史上说，他的政治人格，有好多令人难以信任的地方。他从小站练兵，戊戌政变，以至于今日南下作战与进行和议的过程，所有的行动，都是骑着两头马的行动。一旦大权在握，其野心可想而知。本席的意见，原是反对议和，主张革命彻底。只因民军的组织，太不强健，……不能不迁就议和。今天改选总统，把革命大业，让渡于一个老奸巨猾的官僚，这是我很痛心的事，也是我很不放心的事。……临时约法，这时还在讨论中，我们要防止总统的独裁，必须赶紧将约法完成，并且照法国宪章，规定责任内阁制，要他于就职之时，立誓遵守约法。”③ 尽管有人一直极力辩称同盟会无意用法律制度来约束袁世凯，但《临时约法》中的政体变更却是一个不争事实。《临时约法》的草率通过与此也不无关系。法律是调整人们关系的行为规则。过分强调法律的政治斗争效果，无疑降低了法律的严肃性质，为后来的政客所效仿，对中国法制现代化产生了极为不利的影响。从这个意义上讲，同盟会“因人立法”的指导思想显然不

① 中国史学会主编：《辛亥革命》（八），上海人民出版社1957年版，第35页。

② 《临时政府公报》第17号。

③ 蔡寄鸥：《鄂州血史》，龙门联合书局1958年版，第186页。

可取。

三 南京参议院的存废风波

武昌起义后，各省纷纷响应。民主共和一时成为时代发展的潮流。但清帝退位刚满一个月、统一的全国临时政府还未成立，南京参议院——中华民国民意机关的地位却受到了严峻挑战。这是怎么回事？

事情由华俄道胜银行借款的表决通过引发。1912 年 2 月 27 日，参议院开议临时政府与华俄道胜银行草签的 150 万镑借款合同（合同主要内容为：道胜银行借给民国政府 150 万金镑，以 1 年为期，年息 5 厘，银行付款以 9 折扣计算，此款以民国政府所得赋税备为付息及偿本之用①）。议长林森以 17 人到会，14 人在场，8 人赞成，宣布通过。次日，湖北参议员张伯烈等以表决不足法定人数，主张议决无效，遭到林森呵斥。张等人随即通电辞职。3 月 12 日，湖北省议会通电各省省议会及谘议局，提出组织中央议会以取代临时参议院，得到了数省份响应。作为代议机关，南京临时参议院的地位一时岌岌可危。

南京参议院受到非议，其理由主要有如下几点：（1）当今之世，无论何国立法机关，皆必须出自人民之选举。南京参议院由各省都督委派代表组成，不是人民代表，不可视为民意机关。（2）现行参议院径以少数议员表决，遂将全国赋税抵借华俄道胜银行 150 万镑借款，尤属侵权违法。（3）苏、鄂、奉、陕等省议员在道胜银行借款事件后相继辞职，核计现参议院议员不过 23 人，已不足法定人数，断难开会，所决议案当然无效（主要指《临时约法》）。（4）湖北省议会发起之临时中央议会，已经奉天、湖南、江苏等数省响应，足见南京参议院已经失去民意支持②。

对现行参议院的何去何从，各方意见分歧较大，大致可分为两种

① 《民立报》，1912 年 2 月 29 日。

② 《民立报》，1912 年 3 月 12 日。

类型。

一种是抛弃现有参议院，另设中央议会。湖北省议会持此主张最力。早在1912年2月21日，湖北临时省议会就议决发起民国议会，要求各省省议会或谘议局选派议员10人以上、20人以下，于20日内齐集汉口，筹划组织民国议会，期以早日制定宪法，以定国本①。3月15日，湖北临时省议会再次通电各省省议会及咨议局，主张组织中央议会以取代临时参议院。在致江苏省议会电报中，湖北省议会提出筹组中央临时议会的四大理由：（1）就政体而言，宪法选举法为立国之根本，无宪法，则国本难定；无选举法则正式议会及总统无从产生。（2）就国体而言，大局初定，各省各自为政，将来国体采用联邦制或统一制关系极大，必须早日解决。（3）就法律而言，民国成立，满清法律多不适用，必须早日修订。（4）就财政而言，用兵数月，财政困难倍于以往。中央与地方财政如何分别、人民负担应否增加、现状之恐慌如何维持等都须早日解决②。所有这些都要求中央议会早日成立。据称，湖北省议会组建临时中央议会的主张得到了安徽、广东、湖南、福建、吉林、奉天、江苏、直隶、河南、山西等十余省省议会的赞成。可见此说影响盛极一时。

一种主张改造现行参议院。《民立报》主笔章士钊坚持现行参议院只能改造、不能取消。他首先批驳了湖北、江苏等省议会倡议的组织中央议会的做法。他认为，参议院议员虽非直接出于国民，不得谓为国民代表而代表国民之法意，但这是由种种事实造成的。选举总统固然为国民议会之职权，而国民两次借参议院代行此权。参议院既然有代表国民之事实，事后却加以指摘，因议员之不洽人意而议及机关之不正当，岂不是视国事为儿戏、同立制如弈棋吗？因此，章士钊提出，“凡机关者，赋以何种性质即属何种机关。参议院在法律上既成为国民代表机关，则凡此机关所决定之法律（主要指《临时约法》）当然有效”。如果因议员不洽人意而独立中央议会，则过此以往国人

① 《民立报》，1912年3月18日。

② 同上。

将全不审所以立国之道，一波未平，一波又起，举法兰西革命之恶潮，一一流泻于亚东大陆。此果可漠然视之者乎？进而他强调，机关自机关，议员自议员，不可混为一谈。参议院的法定地位不可动摇，但可以适当地加以改造。章士钊提出两种改造方式：（一）参议员全体自行解职，由各省临时省议会或谘议局重选。但选举资格以无限制为妙。（二）或由参议员电其本省都督，恳其咨问本省临时省议会或谘议局，是否追认在院议员视同临时议会或谘议局所选；如果得到确认，则某省参议员则为某省人民代表；如果得到否认，则某省参议员应解职，电促本省重选。这种办法的优点在于参议院改组迅速，且议事活动不致中断①。

湖北省议会发起的组建临时中央议会的活动遭到南京参议院的坚决反对。南京参议院首先通电驳斥了湖北省议会的不法之举，“本院之成，根据于临时政府组织大纲，现公布之临时约法，亦载明十个月内由大总统召集国会，当此参议院既成立之后、国会成立之先，乃以一省议会名义，辄召集临时国会，不知何所依据。若不承认临时政府组织大纲及临时约法，则已公布之法律、已选出之总统、已组织之临时政府，皆将无效。民国基础，予以动摇。且今日以一省议会反对参议院，而召集临时国会，他日将又有一省议会，反对临时国会，而召集第二临时国会，起覆纷纭，事权不定，民国前途，将何利赖”②，湖北省议会发起临时国会，实为法外举动，当然无效。

其次，为平息不满情绪，南京参议院还就参议院改组问题通电各省议会或谘议局，征求意见：“参议员能否完全代表人民之意，乃参议员之选派方法问题，非参议院可否消灭问题，若谓都督选派之议员，不足代表人民，仅可按照临时约法第 18 条规定，选派 5 人之数，尽由民选，选定后即可陆续来院，与各该省前派之参议员实行更替。临时约法规定选派方法，由各省自定之，已将临时政府组织大纲规定都督选派一节删去，是各省如何选派，其权皆在各省。主张民选，应

① 《民立报》，1912 年 3 月 20 日。

② 《致湖北临时省议会声明发起另行组织国会为无效电》，《参议院议事录参议院议决案汇编》，北京大学出版社 1989 年版。

依约法选举参议院之参议员方不失为正常。参议院为行使立法之机关，既经约法规定，若漫不承认，则根本法破坏，中华民国前途不堪设想，恐非真正爱国者所宜出此。……总之，参议员可全体改选，参议院为立法机关，断不能改。"[①] 通电表明，尽管驳斥了湖北省议会不正当之举动，但南京参议院还是在一定程度上作出了让步，同意对自身进行改组。

南京参议院的驳电和改造计划立刻得到袁世凯、黎元洪及许多省份参议员的积极响应。袁世凯通电表示：《临时约法》既经议决公布，自然为今日办事之唯一依据。湖北省议会发起临时中央议会，各省纷纷赞成，未免歧视。业经通电，嘱其仍按约法第16条规定，迅议选派议员方法，如额选足，组织约法上之参议院，定期集会，庶民国基础不致动摇，而各省意见也获融洽[②]。黎元洪批驳了湖北省议会提出的参议院人数不足一半、断难开会的说法，称："据近由南京来鄂马君伯援之报告，谓南京参议院议员除辞职者外，确有39人，是该院议员已足法定之数，……本军政府为大局起见，决不能不承认该院之为临时立法机关。"[③] 湖南、直隶、河南、浙江、江西、四川、广东等省参议院议员纷纷致电本省都督、议会，反对成立临时中央议会。在各方面压力下，湖北省议会发起的独立临时中央议会的活动终于烟消云散，参议院的地位得到初步巩固。

湖北省议会发起的参议院风波，固然与鄂人所持的湖北中心主义有关，但更为重要的是南京参议院本身确实存在着许多问题，才授人以把柄。具体来说，表现在以下几方面：（1）参议员素质良莠不齐。南京参议院议员民选官派，各有其人，成分十分复杂，往往私心重于公德，不足以代表民意。《民立报》曾批评其为"拥国民机关之名而行私人机关之事"[④]。（2）参议员行使权力不当，难以取得民意认可。

---

① 《通告各省再声明湖北临时省议会发起另行组织临时国会为无效电》，《参议院议事录参议院议决案汇编》，北京大学出版社1989年版。

② 《民立报》，1912年3月28日。

③ 《民立报》，1912年3月12日。

④ 《民立报》，1912年3月18日。

主要表现在建都问题上，时而北京，时而南京，受政府胁迫而改其前议。如此议员，令人难以信服[①]。（3）参议员存在越权行为。参议员由各省都督委派，不可视为人民代表。以少数人操纵，擅自选举临时总统、议决建都地点，事实不谬，但从法理上看显系逾越权限。尤其在华俄道胜银行借款问题上，以少数议员表决，将全国赋税抵借道胜银行150万镑，更是侵权违法。议员的这种损害主权和人民利益的做法激起了民众的群起反对[②]。外因是变化的条件，内因才是变化的基础。正因为参议院存在着这样或那样的问题才导致了参议院风波的出现。

南京参议院的所作所为在当时产生了极为消极的影响。以报纸为中心的社会舆论对此进行了猛烈的批评。《民立报》——民初被公认为同盟会的总机关报、参议院改造论的积极支持者——率先发难，多次刊文讥讽参议员。如1912年3月21日就曾发表题为《代表民意者如斯乎》的短评，表达了强烈的不满。文云："今日各省人民多苦于专制跋扈之军政，生命不可保，财产不可保，惴惴恐惧，朝夕望良善统一之政府出现，以救吾民于涂炭。而号为代表民意之少数政客，乃故稽延之，若不知其困苦者。然无论其为公为私，为吾人所反对也。"此外，《申报》、《大共和日报》、《神州日报》等报纸都不同程度地对参议院进行了批评。《民立报》甚至把参议院议员列为民初"三不祥"之首[③]。参议院风波也潜在地对同盟会的执政能力提出了质疑。如前所述，参议院中同盟会议员拥有绝对多数席位。在同盟会员占绝对多数情况下出现了如此多的问题，甚至连同盟会的机关报都大唱反调，这只能表明同盟会组织本身出现了问题。作为民初的第一大政党，同盟会的种种舛谬之举无疑削弱了自身的政治影响力，为此后行使议会政治埋下了祸根。

综上所述，参议院风波极大地削弱了民众对议会政治的社会认同意识，对同盟会的执政能力提出了强烈质疑，给还处于萌芽状态的共

---

① 《申报》，1912年3月15日。

② 《申报》，1912年3月12日。

③ 《民立报》，1912年3月19日。

和政治蒙上了一层阴影。

第四节　南京参议院时期的议会政治

一　主要议会政党

（一）中国同盟会

民国成立后，中国政党结社，如雨后春笋，盛极一时。为适应形势发展的需要，中国同盟会把本部从上海迁移到南京，并于1912年3月3日正式改组为公开政党，公布党章和政纲。中国同盟会以巩固中华民国、实行民生主义为宗旨，其政纲有9项：（1）完成行政统一，促进地方自治；（2）实行种族同化；（3）采用国家社会政策；（4）普及义务教育；（5）主张男女平权；（6）厉行征兵制度；（7）整理财政，厘定税制；（8）力谋国际平等；（9）注重移民开垦事业。从政纲看，同盟会的采用国家社会政策和主张男女平权比其他政党显得激进。

同盟会采用理事制。设总理1人，协理2人，由全体会员选举产生；干事部分设总务、交际、政事、理财、文事5部，每部设主任干事1人；评议部评议员由本部会员选出，每省以1人以上4人以下为限。干部人物，总理为孙文，协理为黄兴、黎元洪（不久辞职），干事有宋教仁、胡汉民、马君武、刘揆一、平刚、张继、李肇甫、汪兆铭、居正、田桐等10人。机关报有《民立报》、《民权报》等。从主要机构的人员结构看，同盟会的核心领导行政经历简单，从政时间有限，尤其缺乏在清末预备立宪过程中的历练。这是其运作议会政治的不足之处，但他们大多年富力强，富有朝气，有政治理想，有实干精神，在一定程度上弥补了行政经验不足的缺陷。

南京参议院前期，同盟会势力发展到顶峰。内阁成员、临时大总统、参议院几乎全为同盟会员所占据，各省都督也有不少挂名同盟会籍。袁世凯继任孙中山为临时大总统、唐绍仪就任内阁总理后，同盟会发展势头一度趋缓，直到第一届国会选举国民党大获全胜为止。同盟会的主要人物一般接受过西式教育，略通世界大势，有进取心，但大多数年少气盛，缺乏政治经验，与国内其他政团的沟通能力较差，尤不满于前清政界从政经验丰富者。他们的激进纲领和行事方式容易成为攻击的目标。

（二）统一党

因地理相同、宗旨相近，章太炎领导的中华民国联合会和张謇等领导的预备立宪公会于1912年3月1日合并为统一党，并宣布其宗旨为巩固全国之统一，建设中央政府，促进共和政治。统一党的政纲有11条：（1）团结全国领土，厘正行政区域；（2）完成责任内阁制度；（3）融和民族，齐一文化；（4）注重民生，采用社会政策；（5）整理财政，平均人民负担；（6）整顿金融机关，发达国民经济；（7）整理海陆军备，提倡征兵制度；（8）普及义务教育，振兴专门学术；（9）速设铁路干线，谋便全国交通；（10）厉行移民开垦事业；（11）维持国际平和，保全国家权利。

从政纲看，统一党比较温和，采取渐进主义。张謇在解释政纲时也强调："凡国民之进步，必须以稳健进行为第一要义，方能办到国利民福的地位。如我国现已由专制地位一跃而进于共和矣，可谓猛进矣。然此后必须厚集国力，使国基稳固，以谋秩序之进行，决不可漫采世界新奇之理，妄为主张。"① 统一党具有明显的时代特色和针对性。袁世凯接受清帝授权组织临时政府和被南京参议院选举为临时大总统后，国家形式上实现了统一，然而，全国依然混乱不堪，无论制度建设、社会秩序、实业发展、军备整顿等，都没有进入正轨。统一党的政纲，某种程度上适应了这一形势的发展需要，反映了当时政治精英的思考方向。

统一党采用理事制。成立时理事4人，参事12人；干事分总务、书记、会计、交际、庶务5科，每科人数不等；各省设评议员。干部人物，理事章太炎、程德全、张謇和熊希龄。参事为唐文治、汤寿潜、蒋尊簋、唐绍仪、汤化龙、庄蕴宽、赵凤昌、应德闳、叶景葵、王清穆、温宗尧、邓实和、陈荣昌。干事有黄云鹏、孟森、张弧、王

① 《联合会改党纪事》（续），《大共和日报》1912年3月4日。

印川、林长民等。统一党的主要人员，行政经验丰富，大多是清末预备立宪时期的活跃分子和骨干，原立宪派的主要成员。他们在社会上具有广泛的影响，威望极高。

统一党宣称："本党本集革命、宪政、中立诸党而成，无故无新，惟善是与。只求主义不涉危险，立论不近偏枯，行事不趋犯暴，在官不闻贪佞者。"① 从其干部人员看，统一党确实达到了这个目标，在当时社会上势力盛极一时。

从政党构成看，南京参议院中同盟会占绝对优势，不存在党争问题。但同盟会本身组织涣散，派系之争相当严重，而且同盟会政府领袖与参议院议员之间缺乏必要的、有效的沟通，因此议院和政府之间步调并不一致。其他政团则利用同盟会的分化，通过各种方式对临时政府施加压力，从中获利。这也是正常的现象。

二　参议院与政府的关系

南京参议院时期，参议院与临时政府大体上持合作态度。这从参议院通过的议案数量上可见一斑。从 1912 年 1 月 28 日开幕至 4 月 6 日最后一次临时会议，参议院共开议 43 次，议决议案 59 件。其中政府（包括大总统和国务总理）所提议案为 46 件，约占议决议案总数的 78%，政府议案的可决率几乎为 100%。这表明，参议院对临时政府还是采取合作态度的。可以说，南京临时政府的立法建制，无论从其前期临时政府组织制度的建立健全，还是后期通过立法程序、运用法律形式、把资产阶级共和国的国体和政体确立起来的努力都是与参议院的积极配合密不可分的。

在一些重要议案上参议院与政府的合作态度也有充分体现。以华俄道胜银行借款为例，2 月 27 日，参议院开议临时政府与华俄道胜银行草签的 150 万镑借款合同，议长林森以 17 人到会，14 人在场，8 人赞成，宣布通过。这个议案的表决通过显然极为勉强。作为参议院议长，林森不可能没有意识到参议员人数过少。他之所以急于宣布通

① 《统一党宣言书》，《章太炎政论选集》，中华书局 1977 年版，第 588 页。

过，完全为形势所迫。南京临时政府成立后，财政形势极其严峻。清政府原有的税收体系已经崩溃，新的税收体系尚未建立。从国内筹集款项的尝试已告失败，维持临时政府生存的切实可行途径就是举借外债。作为二权之一的参议院，除了支持政府的借款行动外，也别无他法。从这个意义上看，华俄道胜银行借款的草率通过客观上有利于缓解临时政府的财政困难，起到了积极配合政府的效能。

参议院对临时政府采取的合作态度有效地保证了后者的运作效率，对稳定南方的形势起到了积极作用。但这种配合有时呈现出一种从属倾向，甚至表现出屈从政府的意志，这是非常不正常的。建都问题就是其重要表现之一。

1912年2月12日，清帝宣布退位，13日，孙中山提出辞职咨文，但作为荐袁自代的条件，孙在咨文中附加了三项要求，其中规定："（一）临时政府地点设于南京，为各省代表所议定，不能更改；（二）辞职后，俟参议院举定新总统亲到南京就任之时，大总统及国务员乃行解职；（三）临时政府约法，为参议院所制定，新总统必须遵守。颁布之一切法律及章程，非经参议院改定，仍继续有效。"①显然，同盟会领导层对袁世凯赞成共和并不十分相信，企图借此附加条件将其调出北京，置于南方同盟会势力控制之下。

参议院同盟会议员自然领会临时政府的良苦用意，但在建都问题上，议员们意见极不一致。14日，参议院讨论临时政府地点。先后发言者大多主张北京，间有主南京者，争辩多时。最后用记名投票法表决。其结果为，在28名投票议员中，20票主北京，5票主南京，2票主武昌，1票主天津。多数赞成建都北京。在给临时大总统的咨文中，参议院强调："临时政府地点，为全国人心所系，应在可以统驭全国之地，使中国能成完土，庶足以维系全国人心，并达我民国合五大民族为一国之旨。前经各省代表指定临时政府地点于南京者，因当时大江以北尚在清军范围内，不得不暂定临时政府适宜之地。今情势既异，自应因时制宜，定政府地点于北京。"为缓解政府可能的不满

① 《临时政府公报》第17号。

情绪，该咨文特地强调：“新举总统，无论何人，应在南京接受事权。”①

孙中山、黄兴等得此决议后，极为不满，立即召集黄树中、李肇甫、邓家彦等部分同盟会籍参议员，开会讨论参议院对临时政府地点问题的议决案，并限次日中午12时以前必须改正过来。与会成员一致主张推翻此议。不过在实行方式上却有所区别。邓家彦、黄树中等提出，可以通过总统退回咨文方式要求参议院重新表决临时政府地点问题，因为，“依参议院法，（参议院议决）须政府再交议院，始能推翻原案”；但黄兴态度强硬，他把双手插入军服口袋中踱来踱去，蛮横地表示：“政府决不为此委曲之手续，议院自动的翻案，尽于今日；否则吾将以宪兵入院，缚所有同盟会会员去。”②

在孙中山、黄兴等压力下，议院内同盟会会员的态度急转直下。15日，参议院开大总统选举会，议场内，“忽有广东、广西议员起言，临时政府地点须重议，非改在南京，吾辈愿以身殉会场”③；另一方面，吴玉章等同盟会政府工作人员为总统复议咨文紧张忙碌。就在参议院重申复议程序时，政府咨文送到，要求就临时政府地点问题重新表决。其结果19票主南京、6票主北京、2票主武昌推翻了原案，仍以南京为临时政府所在地。同盟会领导层定都南京的目的初步实现。

就临时政府地点的议决过程看，参议院对原议案的更改完全是政府胁迫所致。黄兴甚至要参议院自动翻案，直视参议院为无物，在他的眼里哪里还有立法机关？参议院只是通过政府议案的工具而已。而参议院某些议员竟然顺从政府的意志，自动要求重新讨论临时政府的地点问题，视参议院的决议为儿戏。参议院如此依势苟且草率国事，怎能树立民众的信仰之情？同盟会如此行使议会政治，如何能赢得国人支持？难怪当时舆论感慨：“参议院毫无独立不挠之态度，为政府

① 林长民：《参议院一年史》，《辛亥革命》（八），上海人民出版社1957年版，第558页。

② 胡汉民：《胡汉民自传》，《近代史资料》1981年第2号，第58页。

③ 《大公报》，1912年3月7日。

之佞臣，不足以为政府之严师。一建都地点也，忽以被人迫胁之故而改其初议，……若之何辱高位以代表国民负监督政府之重任乎哉！”①从理论上讲，参议院与临时政府相互独立，彼此制约，但在这里却演变了前者屈从于后者的意志。这不能不说是参议院的悲哀。如此政党政治，不要也罢。

南京参议院对临时政府大体上取合作态度，但这种合作并非一味盲从，在原则问题上，参议院还是能够坚持立场，发挥民意机关监督政府的职能。具体来说，这种监督表现在以下几方面：

1. 督促政府依法办事。参议院督促政府依法办事早在代理参议院就已有之。就临时政府未经参议院批准擅自延长停战时期及秘密议定优待皇族条件和优待满蒙回藏人条件等问题，参议院表示强烈不满，分别于1月19日和22日咨告政府，要求后者依法办事。其中22日咨文明确要求：“嗣后政府对于应由本院议决事件，无论如何紧急，得要求本院即时开会议决，不得要求追认。”②

2. 运用合法手段制止政府不法行为。民国成立后，需费浩繁，各省税收，大部分被地方留用，海关收入又被外人截留。政府财政困窘不堪。据说某次某省派人到南京索饷。孙中山当即批拨20万元。但到财政部一看，库存仅剩10元。其拮据状况可见一斑③。除了借债，政府已无计可施。

南京临时政府的借债主要有发行汉冶萍借款、招商局借款、军需公债、道胜银行借款等几笔。（1）招商局借款。1912年1月底，南京中央政府通过沪军都督致函轮船招商局，称民国建立，军需孔繁，欲借招商局抵押借债1000万两，由中央政府分年担保本息。招商局召开股东临时大会，一致同意了政府的请求。随后临时政府开始与外人商议借款。（2）汉冶萍借款。1月底2月初，临时政府通过盛宣怀控股的汉冶萍公司出面，以大冶铁矿作抵押、允中日合办为条件，向

① 《论今日急宜组织正式国会》，《申报》1912年3月15日。

② 刘星楠：《辛亥各省代表会议日志》，《辛亥革命回忆录》（六），中华书局1963年版，第259页。

③ 《胡汉民自传》，《近代史资料》1981年第1号，第58页。

日本三井洋行借款500万元，然后以公债名义转借给临时政府。合同草签后，日方先交付了200万日元，待合同正式成立，再全部交清。（3）军需公债。1月8日，临时政府发行军需公债，以开支军费。此次军需公债定发行1亿元，十足发行，年息8厘，以各省田赋钱粮担保。这几笔借款中，前2笔政府根本就没有提交参议院同意，汉冶萍借款明显有损国家利益。军需公债虽经参议院通过，但政府也没有把发行实数报告参议院。

参议院对政府借债政策并不十分反对，只是强调要慎重行事。但临时政府未经同意，擅借外债，自然引起参议院的强烈不满。由此，借款问题成为引发参议院与政府冲突的导火线。2月12日，参议院以"财政部以招商局抵押借债，及以汉冶萍煤铁公司押借外债两层，未能遵照中华民国临时政府组织大纲第一条第五项办理，即为违背宪法"提出质问，同时要求政府将发行军用钞票的实数一并报告①。

面对参议院质问，政府极力辩解，称："政府据院议通过之国债1亿元，因仓猝零星征集，颇难应急。遂向汉冶萍及招商局管产之人商请，将私产抵借巨款，由彼等得款，复以国民名义转借于政府，作为1亿元国债之一部分。嗣又因政府批准以汉冶萍由私人与外人合股得钱，难保无意外枝节。旋令取消500万元合股之议，仍用私人押借之法借到200万元，转借于政府。是政府原依院议而行。因火急借入200万元，以应军需，手续未及分明，致贵院有违法之防。至现行于江宁之军用手票，系借自上海地方之中华银行。当时军用万急，兵士索饷，据称即空票亦愿领受。查上海政府已通行有此手票，遂向借发。"②从复文看，孙中山强调两点：（1）汉冶萍及招商局抵押借款根据参议院已经通过的国债案，因此并不违法；（2）承认汉冶萍借款手续不全。

大总统复文就汉冶萍借款措辞含糊，军用钞票的辩解也与事实不符，究其实质，复文并没有从正面答复参议院的质问。政府的敷衍态

---

① 孙曜：《中华民国史料》，《近代中国史料丛刊》第二辑，文海出版社1973年版，第75页。

② 同上。

度激起了参议院更强烈的反对。13 日，参议院就总统咨复中提到的中华银行问题再次提出质问 7 条："一、上海所设中华银行，究有中央国家银行性质与否，抑系上海县之地方银行。二、如有中央国家银行之性质，财政部有无管辖之权，管辖之范围若何，一切责任是否皆有财政部担任。三、报载前大清银行广告，有改设中华民国银行等语，与上海已设之中华银行，如何区别。四、如无中央国家银行之性质，一切情事是否由江苏省政府担负，抑仅由沪军都督府担负，财政部究取干涉主义，抑取放任主义。五、上海中华银行办事规章，财政部曾否检查其是否合法，并曾否经省会或县会等正式法团之通过。六、已发之钞票若干，准备金若干，财政部曾否稽查，并有无限制监督之法。七、军用钞票系不换纸币，专用于前敌屯军之地。今上海中华银行之钞票，曾标军用字样，而仍凭票换给银元，又在苏沪各地行用，皆与军用二字之义相背，财政部曾否注意。"① 22 日，参议院就抵押借款及发行军用钞票再度提出质问，其要点有："汉冶萍是否皆可用私人押借，所谓私人，究系何人，政府既取消五百万元合股之议，又转借 200 万元，系用何种手续，其条件究系如何。至南京军用钞票，来咨谓系借自上海地方政府之中华银行，然按之南京军用钞票内载明南京通用银元，中央财政部担保，何以上海地方能发行此种军用钞票？而政府又何以随意借用他地方钞票发行？"② 否决了政府咨复，并要求政府即日派专员到院切实答复，并将有关汉冶萍借款各种文件携代交于议院，以便讨论。在参议院强烈要求下，孙中山委派秘书长胡汉民出席参议院会议，回答质问。经过讨论，参议院认为："总统两次答复，均无理由之可言，此事既未先交院议，无论股东会能否通过，该院绝不承认。"当时舆论也承认，在反对汉冶萍借款问题上，"参议院持之尤烈"③。

汉冶萍借款质问案固然因政府违法操作而引发，但更重要的是，

① 孙曜：《中华民国史料》，《近代中国史料丛刊》第二辑，文海出版社 1973 年版，第 79 页。

② 同上书，第 76—77 页。

③ 高劳：《临时政府借债汇记》，《东方杂志》第 8 卷第 11 号。

这个议案明显具有丧权辱国色彩。清末民初国人对维护民族权益十分敏感。临时政府成立后，财政极端困难，饥不择食，竟向盛宣怀募款。盛也想借此向临时政府输诚，以保全自己的部分产业。而日本对汉冶萍垂涎已久，苦于没有机会。现在中国方面既然送上门来，于是压低价码，企图通过与民国政府合办形式据有汉冶萍。政府在这场交易中收益甚少，同时因盛宣怀与日本公司的介入又使借款带有卖国色彩。从这个角度看，参议院质问并否决汉冶萍抵押借款无疑具有维护民族利益的意义。

3. 坚决捍卫立法机关独立。立宪政治精髓之一是权力分立、彼此平衡。国家机关只有职能不同，没有地位高下之分。南京参议院在维护立法机关独立性方面也毫不含糊。突出表现就是弹劾司法部次长吕志伊违法案。在参议院一次会议上，湖北籍参议员刘成禺出言不慎，谓明朝如何如何，本朝如何如何。此事为吕志伊得知，遂致函湖北军政府军务部长孙武，并请转呈副总统、都督黎元洪，指控刘成禺违背国宪，请示处理办法。参议院闻知此事极为震惊，认为吕志伊身为司法部次长，既不明议院法，也不知司法部是否有逮捕权，实属违法，公议提出弹劾。在咨文中，参议院列出吕志伊违法要点者四，指出："此案关系行政官逮捕议员，苟非有违背国宪之确据，而欲施行其逮捕，实为各国宪法所不容。"并强调："倘置不纠绳，则立法机关可以随时横遭蹂躏，民国前途何堪设想。"[①] 弹劾案本身的是非曲直不在本书讨论范围，但参议院维护立法机关的努力显然可见。

南京期间，参议院在坚持原则的前提下，对政府在最大程度上表现出合作态度。但临时政府对参议院却大异其趣，任意所为，在一些重要问题上往往擅作主张，置参议院于不顾，颇有蔑视意味。"凡所议决仅等虚文，汉冶萍、招商局之擅抵外款，财政部之滥发军用钞票，经议员正言质问，乃迁延时日，答非其指。前闻苏路公司以巨款借于政府，合同有须得参议院承认之条，迄无只自到院，甚至摭拾议

① 《弹劾司法部次长吕志伊案》，《参议院议事录参议院议决案汇编》，北京大学出版社 1989 年版。

员之言论执为罪案，是临时政府对于参议院蹂躏辱蔑亦云至矣。顷言议决临时政府地点前北后南，在议员或昨今见解各殊，而悠悠之口佥谓劫于政府之威迫。”① 江苏籍参议员的抱怨无疑有助于认识临时政府对参议院的态度。

南京参议院时期，中国的政治形势发生了巨大变化：一方面，共和立宪制度已经在中央和省级范围普遍展开；另一方面，国家的权力中心由满清贵族专制过渡到汉族人手中，具体表现为革命派、立宪派和旧官僚派联合执掌政权。南京临时政府是在《临时政府组织大纲》确定的政治体制下运作的。根据大纲精神，临时政府实行总统制政权组织形式，临时总统拥有很大权力，阁员直接对大总统负责，参议院行使立法权，监督政府行政行为。南京临时中央政权，包括参议院和临时政府，基本上由同盟会控制，明显体现了一党制的典型特征。但从中央政权的运作情况看，同盟会显然不太适应共和体制下议会政治运作：（1）同盟会主要领导人控制了行政机关，但他们法律意识淡薄，对立法机关缺乏应有的重视，这对确立立法机关的权威地位极为不利；（2）同盟会参议员立法能力有限，在处理与行政部门的关系上表现出不良倾向；（3）作为执政党，同盟会行政机关人员和立法机关人员似乎缺乏必要的沟通，以致双方产生龃龉，影响了同盟会的执政能力。同盟会的上述缺陷，一则表明他们对议会政治准备不足，一则表明他们行使议会政治的能力有限。不过从总体上看，南京临时政府的运作成效还是巨大的。南京参议院的政治实践表明中国的议会政治正在处于起步阶段，其产生的种种问题是不可避免的。

① 《神州日报》，1912 年 3 月 1 日。

第四章

北京参议院：过渡时期的议会政治

北京参议院于1912年4月28日开幕，次年4月8日结束，完成了其历史使命。此间，民国形势发生了巨大变化：袁世凯就任临时大总统，内阁因党争而经常瘫痪；参议院内政党纷纷扰扰，党争过于激烈；同盟会改组为国民党，在参议院内占据优势地位；因行使权力不当，参议院屡遭批评，议会政治模式受到质疑，建设强固政府的思潮涌动。北京参议院是第一届国会召开前的民意机构，具有明显的过渡性质。

第一节　北京参议院的成立及议员结构

一　北京参议院的成立

北京参议院是在南京参议院基础上组建而成。1912年3月下旬，南京参议院通电各省都督、临时议会、谘议局，提出改选参议院主张："按照《中华民国临时约法》第十八条所载，参议院参议员每行省、内蒙古、外蒙古、西藏各选派5人、青海派1人。其选派方法，由各地方自定之。"[①] 3月29日，参议院通过《参议院法案》，规定了

---

① 《通电各省请照临时约法第十八条选派议员电》，《参议院议决案汇编》，北京大学出版社1989年版。

参议员的选举资格：中华民国之男子，年满25岁以上者，得为参议员。较之南京参议院，北京参议院的议员人数增加较快，议员资格要求也有所提高。民初议会制度逐步完善。

3月底，北京临时政府明确规定，参议院议员由各省临时省议会选举产生；未设立临时省议会的省份，将原谘议局改组为临时省议会，然后制定简易选举方法，即行选举议员①。从《临时公报》1912年3月24日至4月30日的各省都督或临时省议会的通电看，北京参议院议员产生方法大致有四种：（1）由临时省议会选举产生，浙江、江苏、湖北、安徽等大部分省份都是通过这种形式产生议员。（2）由谘议局选举产生，如盛京。（3）省议会未能及时成立，暂由军政府选派，然后交省议会批准追认。广西都督陆荣廷就是通过这种方法补行选派黄宏宪、郭椿森为议员的②。（4）内外蒙古、青海议员11人，3人选自本土，其余8人由北京蒙古联合会选举产生③。从参议员产生办法看，北京参议院基本上摆脱了都督指派议员的做法，实现了由民意机关选举产生议员。较之南京参议院时期，这是一大进步，也大体符合现代民治的精神。尤其值得一提的是，内外蒙古、青海也通过适当方式产生了议员，这也是前所未有的。当然，也有遗憾——议员中没有西藏的代表。

4月28日，北京参议院行开幕典礼。5月1日，出席议员75人，正式开议。是日选举正副议长，吴景濂以46票当选正议长，汤化龙以44票当选为副议长。随即讨论各组审查员名额，汪荣宝提议法制21名、财政23名，谷钟秀提议请愿、惩罚各9名，庶政11名，多数通过。次日，各委员会选举。谷钟秀当选为全院委员长。各常任委员名单如下：法制委员：秦瑞玠、汪荣宝、汤化龙、阮庆澜、张耀曾、陈鸿钧、刘兴甲、彭允彝、王振垚、周树标、顾视高、籍忠寅、谷钟秀、刘星楠、张伯烈、平刚、陈时夏、时功玖、那彦图（7月8日辞

① 《通电各省以临时省议会为选举参议院议员之机关》，《临时公报》1912年3月31日。

② 《广西都督陆荣廷呈议会未成暂由军政府补选议员情形电》，《政府公报》第5号。

③ 林长民：《参议院一年史》，《辛亥革命》（八），中华书局1957年版，第555页。

职)、陈承泽（5月初辞职)、熊成章（1913年3月24日辞职)、(王庆云辞职)；财政委员：陈景南、李矩、席聘臣、金鼎勋、杨策、殷汝骊、卢信、刘积学、杜潜、赵世钰、王树声、欧阳振声、孙钟、周珏、郭同、李国珍、李肇甫、林森（5月初辞职)、阿穆尔灵圭(1913年2月3日辞职)、杨廷栋（1913年1月27日辞职)、黄树中(7月中旬落选退院)、卢士模（12月初去世）潘祖彝（5月初辞职)；庶政委员：丁世峄、李素、宋汝梅、刘彦、李秉恕、郑万瞻、曾有翼、谷芝瑞、贡桑诺尔布、何裕康、刘盥训；请愿委员：高家骥、王文庆、孙孝宗、曾彦、曾有澜、王鑫润、吴钧、棍楚克苏隆(10月中旬辞职)、刘懋赏（6月初辞职)、张华澜（12月11日辞职)；惩罚委员：彭占元、王赤卿、景志傅、博迪苏、祺诚武、段宇清、李述膺、薛珠（6月12日辞职)、田骏丰（10月30日辞职)。从各委员会看，原立宪派和近新附同盟会者占有重要地位。

根据《临时约法》，北京临时参议院具有的职权列举如下：(1）立法权。中华民国立法权，以参议院行使之；参议院有权议决一切法律。(2）财政权。议决临时政府之预算、决算，调查临时政府之出纳，议决全国之税法币制、度量衡之准则、公债之募集及国库有负担之契约。(3）选举及同意权。选举临时大总统及副总统；临时大总统行使以下权力时须经参议院同意：①任命国务员及外交大使公使；②宣战媾和及缔结条约；③宣告大赦、特赦、减刑、复权；④设立临时中央审判所。(4）弹劾权。参议院对于临时大总统，认为有谋叛行为时，得以参议员20人以上之连署，可提出弹劾案。但须以总员4/5以上之出席，出席员3/4以上之可决，方能成立。对于国务员认为失职或违法时，得经参议员10人以上之连署，提出弹劾案。但须以总员3/4以上之出席，出席员2/3以上之可决，方能成立。(5）质问权。参议院得提出质问书于国务员，并要求其答复，但此项质问书之提出，须有参议员10人以上之连署。(6）建议权。参议院得以关于法律及其他事件之意见，建议于政府，但建议案非有参议员5人以上之连署，不得提出。(7）查办官吏权。参议院得咨请政府查办官吏纳贿违法事件。(8）受理请愿权。参议院受理人民之请愿，但请愿书非有参议员 3 人以上之介绍，不得受理。(9) 顾问权。参议院答复临时政府咨询事件。

5 月 3 日上午，各委员会开会选举委员长，张耀曾当选为法制委员长，殷汝骊当选为财政委员长，郑万瞻当选为庶政委员长，曾彦当选为请愿委员长，彭占元当选为惩罚委员长。5 月 5 日，北京参议院正式开始运转。

二 北京参议院的议员结构

理论上计算，北京参议院应有议员 126 人（22 行省、内蒙古、外蒙古、西藏各 5 人，青海 1 人），但西藏没有选派代表、新疆只有 2 人，因此北京参议院实际的议员总数为 119 人，其中受辞职、死亡等因素影响，参议员人数一直变化不定。现根据《政府公报》及附录《参议院速记录》，将北京参议院议员名录、省份、年龄、党籍、教育及简要经历等情况列表，如表 4－1 所示。

表 4－1 北京参议院议员简况

议员姓名	省份	年龄（岁）	党籍	教育及简要经历	备注
吴景濂	奉天	39	共、统、国	举人、议长	
曾有翼			统、国		
李秉恕		42	统、国	优贡、议员	
孙孝宗		36	统、国	生员、留日、教育管理	
刘兴甲		33	统、国	附生、留日、法政大学、议员	
王树声	吉林		统、国		
金鼎勋		34	统、国	留日	
杨策		31	统、国	留日、法政大学、地方警察官员	
何裕康			统、国		
李芳			统、国		
高家骥	黑龙江	34	统、国、共	法政学校法律科	喜山接替辞职之薛珠
王赤卿			统、国		
战云霁		40	统、国	副议长、地方官吏	
关文铎		32	统、国、共	贡生、议员	
喜山					

续表

议员姓名	省份	年龄（岁）	党籍	教育及简要经历	备注
王振尧	直隶	39	共	举人、留日、议员、地方官吏	谷钟秀为全院委员会委员长
籍忠寅		36	共	举人、留日、议员、资政院议员	
李榘			共		
谷芝瑞		45	共	进士、留日、法政大学、议员	
谷钟秀		38	统、国	优贡、地方官吏、议员	
刘星楠	山东	35	同、国	法政大学	彭为惩罚委员会委员长
丁世铎		35	共	廪生、留日、政治科、议员	
周树标		37	共	留日、法政大学、议员	
侯延爽		41	共	进士、留日	
彭占元		46	同、国	廪生、留日、法政大学	
李素	山西		统、国		苗接替辞职之刘懋赏
宋汝梅			同、国		
刘盥训		37	同、国	内阁中书、学部主事	
张联魁		31	统、国	附生、留日、农业大学、举人、学部主事	
苗雨润		34		廪生、留日、师范科	
赵世钰	陕西	30	同、统、国	留日	
李述膺		25	同、国	留日、记者	
景志傅			同、统、国		
茹欲立		29	同、国	留日	
陈同熙		31			
王鑫润	甘肃	35	同、统、国		魏接替辞职之吴钧
田骏丰			共		
吴钧			共		
宋振声			共		
魏承耀					
秦望澜		40	共	进士、地方官吏	
刘熺	新疆				
蒋举清		35		举人、法律科	
阮庆澜	河南		同、国		
陈景南		31	同、统、国	留日、法政大学、记者	
刘积学		32	同、国	举人、留日、法政大学	
杜潜		30	同、国	留日	
孙钟		31	国	留日、经济科、举人、财政部主事	

续表

议员姓名	省份	年龄（岁）	党籍	教育及简要经历	备注
汤化龙	湖北	38	共	进士、刑部主事、留日、习法律、议长	郑万瞻庶政委员会委员长
张伯烈		46	共	廪生、留日、法科肄业、教育管理者	
时功玖		28	共	留日	
刘成禺		36	共	留日、留美	
郑万瞻		30	共	举人、议员	
覃振	湖南	27	同、国	职业革命家	
彭允彝		34	同、统、国	留日、政治经济科	
刘彦		33	同、统、国	留日、政治经济系	
陈家鼎		37	同、国	留日、法学学士	
欧阳振声		35	同、统、国	附生、留日、政治经济科	
李肇甫	四川	32	同、国	留日、法科	黄树中中途落选、熊成章辞职
邓熔		40		优贡、留日、法律科、内阁中书	
刘声元		36		毕业于水师学堂	
杨芬		33		留日	
熊成章		31	同、国	留日、举人、地方检查官	
郭同	江西				卢士模中途死亡
李国珍		28	共	留日、政治经济科、举人、小京官	
曾有澜			共		
陈鸿均		31	共	廪生、留日、法律本科、副议长	
吴保田			同、国		
王庆云	安徽			举人、谘议局秘书长	
胡壁成		27	共、统、国		
江辛			同、国		
俞道暄			同、国		
曹玉德		32	同、国	法政学堂	
汪荣宝	江苏	34	共	贡生、留日、资政院议员、协纂宪法大臣	杨廷栋、王嘉宾辞职（由王立廷替补）
秦瑞阶		38	共	优贡、留日、法政大学、议员	
张鹤第		40	共	举人、议员	
王立廷		43		举人、留日、法政大学、议员	
张家镇					
殷汝骊	浙江	29	统、国	留日、政治经济科、教习	
陈时夏			共		
周珏		31	统、国	留日、陆军专业	
王文庆		30	共	习法律、留日、警察专科、议员、地方官吏	
王家襄		40	共		

续表

议员姓名	省份	年龄（岁）	党籍	教育及简要经历	备注
李兆年	福建	34		优贡、法政学堂、地方官吏	郑祖荫、陈承泽、林森、潘祖彝辞职
周翰			无党籍		
连贤基		32		举人	
刘崇佑		32	无党籍	举人、留日、副议长	
林翰			无党籍		
卢信	广东	27	同、国	留日	
杨永泰		32	国	秀才、法政学校、议员	
梁孝肃					
徐傅霖		33	同、国	贡生、法政学校、留日、法学士、议员	
司徒颖		33	同、国	举人	
黄宏宪	广西	37		副议长	
蒙启勋					
曾彦		26	同、国	留日、法科	
陈太龙		34		议员	
张耀曾	云南	28	同、国	留日、法学部	
顾视高		35	同、国	进士、资政院议员、留日习法律、政治、经济	
席聘臣		30	同、国	留日、法科	
段宇清			同、国		
张华澜		33		举人、留日、师范科、教员	
姚华	贵州	36		进士、留日、习法政、小京官	
陈廷策		41	共	举人、留日、法政大学、内阁中书	
陈国祥		37	共	进士、留日、法政大学、翰林院编修、地方官吏	
刘显治		35	共		
阿穆尔灵圭	蒙古	30	共		那彦图、阿穆尔灵圭辞职、桑诺尔布、棍楚克苏隆分别由张树桐、永昌替补
博迪苏					
祺诚武		59	共		
熙凌阿		49	共		
鄂多台		48	共		
叶显扬		41	共		
张树桐		30	共	法政学堂	
永昌					
达赉					
唐古色	青海		共		

说明：本表以北京参议院最终议员为对象，对辞职较早者，未计算在内；这里的“同”、“共”、“统”分别指同盟会、共和党、统一共和党，至于从共和党中分裂出去的民主党，因其态度接近共和党，所以一起并入共和党计算；表格中的议员，未经说明的均指谘议局议员。

资料来源：《临时公报》、《政府公报》附录《参议院速记录》、《民国初年的政党》（张玉法著）第268—272页、《民国人物大辞典》（徐友春主编）等资料编辑而成。

北京参议院的议员结构，具有以下几个特点：

1. 议员的产生办法逐渐改善，从形式上看，议员具有民意代表的性质。南京参议院时期的议员由各省都督指派，随意性比较大，体现的是各地军政长官的意志；北京参议院议员由各省民意机构——临时省议会或谘议局选举产生，或许原谘议局议员当选时间过早，不一定能代表民初民意，但毕竟曾经选举产生，在程序上符合现代民治精神，一定程度上体现了民意，较南京参议院是一种进步。

2. 议员人数多、代表区域广。南京参议院由17省代表、49人组成，这对拥有26个省级行政区划、面积超过千万平方公里、人口达4亿的泱泱大国来说，不能不是一种缺憾。而北京参议院时期，除西藏外，其他所有25个省区都有代表列席参议院，包括少数民族代表，且议员达百数人，虽然还是不甚理想，但较之南京参议院，不能不说是一大进步。

3. 党籍结构复杂。（1）议员的数量对比。国民党组建之前，同盟会议员有29名，统一共和党有22名，共和党32名[①]，跨党者11名（跨统一共和党与共和党者4名，跨统一共和党与同盟会者7名，后来两者合并，跨党人数大为减少，不见跨同盟会与共和党者），党籍不详者29名，无党籍者3名。也就是说，这时参议院内共和党占优势，同盟会其次，统一共和党占据举足轻重之地位。国民党组建后，议院形势大变，共和党议员继续保持30多名不变，国民党议员人数则一下增至54名，执参议院之牛耳。这样，参议院形势由初期的三党角逐就演变为中后期的二党对峙。（2）议员的区域分布。从表4-1可以看出：同盟会在湖南、陕西、广东、云南、安徽占有优势。但也有意外情况，一是同盟会的基地之一——江西，同盟会代表过少，二是袁世凯的家乡河南，同盟会议员反而五名有其四；统一共和党在东三省影响很大，占参议院该党议员一半以上；共和党势力主要集中在湖北、甘肃、江苏、贵州、浙江、山东、直隶等地。值得注意的是，蒙古、青海议员除党籍不详者外，其余全是共和党员，同盟会

① 《申报》，1912年5月18日。

和共和党在四川平分秋色。从表面上来看，共和党前期拥有 9—10 省的支持率，同盟会只有 5 个省；国民党成立后，也拥有 10 个省的支持率，双方旗鼓相当。

4. 年龄段分布渐趋合理。同盟会：30 岁以下 6 人，30—35 岁有 19 人，36—40 岁有 2 人，40 岁以上有 1 人，平均年龄为 32 岁；统一共和党：30 岁以下 1 人，30—35 岁有 8 人，36—40 岁有 4 人，40 岁以上 1 人，平均年龄为 34 岁；共和党：30 岁以下 2 人，30—35 岁有 6 人，36—40 岁有 9 人，40 以上 8 人，平均年龄为 38.4 岁。也就是说，国民党的平均年龄要比共和党小 5 岁半左右（为计算方便且能说明问题，跨同盟会与统一共和党者并入同盟会计算，跨共和党与统一共和党者均不予计算）。这一年龄结构，对国民党来说，优点是年轻，缺点是心智尚未完全成熟。

5. 教育及简历状况。统一共和党：有传统功名的有 7 人，其中举人或享受举人待遇的 2 人，举人以下 6 人，7 人有留学日本经历，5 人为谘议局议员，5 人有做地方官吏的经历；同盟会：有传统功名的有 7 人，其中进士 1 人，举人或享受举人待遇的 3 人，举人以下 3 人，18 人有留学日本经历，接受过法政教育的有 17 人，3 人为谘议局议员；共和党：有传统功名的有 16 人，其中进士 5 人，举人或享受举人待遇的 7 人，举人以下 2 人，17 人有留学日本经历，接受过法政教育有 9 人，10 人为谘议局议员，8 人有过中央或地方官吏经历。通过比较，不难发现，共和党议员大部分具有良好的传统功名，并接受了新式教育；他们大部分在中央或地方有任职经历，有着丰富的政治经验；同盟会议员大部分接受了新式文化，对西方法政教育比较重视，所获传统功名较少，缺乏中国的政治经验。

从整体上看，北京参议院的议员产生办法较为合理，分布地域广，人数较之南京参议院为多，但相对全国人口则显得单薄，所受到的教育程度较高，具有丰富的从政经验，大多年富力强，心智成熟，对推行议会政治来说，这些因素无疑是有利的。不过，有利的因素能否发生作用，则需要具体问题具体分析。从实际效果来看，并不能令人满意。

第二节 北京参议院的议事成绩

一 议决事项

北京参议院制定了多少件法律？学术界一般认定为54件。*The China Year Book 1914* 统计为54件。1984年中国台湾学者张玉法在《近代史研究所集刊》第13期上发表的《民国初年的国会》一文也认为是54件。1937年出版的《中华民国立法史》（谢振民编著，张知本校订）记载也为54件。54件似乎成了公论。那么，这个数字是否准确呢？根据《政府公报》第1-339号"法律门"所载，参照《中华民国临时政府新法令》（共60册），笔者发现，无论当时官方公布的法律文件，还是民间收录的政府法令，其数目都远不止54件，确切地说，应该是72件。现将北京参议院通过的法案名称及公布时间，制表如下：

表4-2 北京参议院通过的法案及公布时间一览

法律名称	公布时间
修正国务院官制	1912年6月26日
法典编撰会官制	1912年7月16日
修正印铸局官制	1912年7月16日
改东三省都督为奉天都督毋庸兼辖吉黑案	1912年7月17日
修正国务院秘书厅官制	1912年7月18日
修正法制局官制	1912年7月18日
修正各部官制通则	1912年7月18日
修正铨叙局官制	1912年7月20日
修正临时稽勋局官制	1912年7月22日
修正司法部官制	1912年7月24日
蒙藏事务局官制	1912年7月24日
修正教育部官制	1912年8月2日
修正内务部官制	1912年8月8日
修正农林部官制	1912年8月8日

续表

法律名称	公布时间
修正工商部官制	1912 年 8 月 8 日
中华民国国会组织法	1912 年 8 月 10 日
参议院议员选举法	1912 年 8 月 10 日
众议院议员选举法	1912 年 8 月 10 日
筹备国会事务局官制	1912 年 8 月 10 日
众议院议员各省复选区表	1912 年 8 月 13 日
礼制	1912 年 8 月 17 日
陆军官制表	1912 年 8 月 19 日
更正众议院议员各省复选区表	1912 年 8 月 19 日
交通部官制	1912 年 8 月 19 日
蒙古待遇条例	1912 年 8 月 19 日
陆军部官制	1912 年 8 月 31 日
海军部官制	1912 年 8 月 31 日
省议会议员选举法	1912 年 9 月 4 日
筹备国会事务局官制追加官制	1912 年 9 月 10 日
更正众议院议员各省复选区表	1912 年 9 月 16 日
各省第一届省议会议员名额表	1912 年 9 月 25 日
更正众议院议员各省复选区表	1912 年 9 月 27 日
国庆日纪念日	1912 年 9 月 28 日
更正众议院议员各省复选区表	1912 年 9 月 28 日
省议会议员各省复选区表	1912 年 10 月 2 日
省议会议员各省复选区表施行法	1912 年 10 月 2 日
服制	1912 年 10 月 3 日
外交部官制	1912 年 10 月 8 日
更正众议院议员各省复选区表	1912 年 10 月 9 日
更正众议院议员各省复选区表	1912 年 10 月 13 日
中央行政官官等法	1912 年 10 月 16 日
中央行政官官俸法	1912 年 10 月 16 日
海军官佐士兵等级表	1912 年 10 月 20 日
印花税法	1912 年 10 月 21 日
陆军官佐礼服制	1912 年 10 月 23 日

续表

法律名称	公布时间
陆军官佐服制	1912年10月23日
更正众议院议员各省复选区表	1912年10月25日
参议院法第31条修正案	1912年10月25日
国史馆官制	1912年10月28日
更正中央行政官官等表	1912年10月28日
参谋本部官制	1912年10月30日
更正众议院议员河南省复选区表	1912年10月30日
财政部官制	1912年11月2日
技术官官俸法	1912年11月2日
更正中央行政官官等法	1912年11月5日
更正众议院议员甘肃省复选区表	1912年11月11日
更正众议院议员新疆省复选区表	1912年11月14日
参议院议员选举华侨选举会施行法	1912年11月15日
兴华汇业银行则例	1912年11月26日
国籍法	1912年11月18日
陆军测量官官制	1912年11月25日
陆军测量官官俸法	1912年11月25日
陆军测量官服制图说	1912年11月25日
中央观象台官制	1912年11月29日
中央学会法	1912年11月29日
戒严法	1912年12月15日
民国元年六厘公债条例	1913年2月19日
中央铁路总公司条例	1913年3月31日
行政执行法	1913年4月1日
省议会暂行法	1913年4月2日
西藏第一届国会议员选举法	1913年4月10日
中国银行则例	1913年4月15日

资料来源：根据《中华民国临时政府新法令》第1至60册和《政府公报》第1－339号整理而成。

这些议决事项，从时间上看，1912年6月1件，7月10件，8月16件，9月7件，10月18件，11月13件，12月1件，1913年2、3

月各1件，4月2件。数据表明：1912年7—11月是议决高峰期，其他时间数量过少，尤其1912年12月中旬至1913年2月中旬，一件议决案都没有，殊难理解。即使中间有春节和竞选活动，也不应该如此之少。

从内容上看，修正案为12件，均为各种官制；更正案12件，显示之前的议决案存在问题；有关国会、选举等议决事项24件，特别集中在1912年8、9、10月三个月。征诸历史，当时正为国会选举前夜；官制或与官制有关的议决案为34件，占全部议决案将近一半，亦即中央政府运作渐趋稳定。至少其他社会民生、教育等方面，少有相关议决案。北京参议院通过的议决案，表明秩序重建是其首要任务，发展还没有提上议事日程。

表4－2反映的只是北京参议院的立法成绩所在。此外，根据当时报刊的公布内容，参议院的议决成绩还应包括：《参议院议事细则修正案》、《参议院会议日时规则案》、《国会组织法及选举法解释权限案》、《国会议员选举监督解释案》、《众议员选举法第四条一二款解释案》、《众议员选举法六条五款解释案》、《众议员选举法七条二三款解释案》、《众议员选举法关于蒙藏青海选举解释案》、《参议院议员选举法施行细则更正案》、《更正众议院议员贵州省复选区表》、《国会议员无庸设旗人专额案》、《奉黑两省省议员第一届变通选举案》、《福建省议员无庸特设旅闽专额案》、《云南省议员无庸特设侨缅及土司专额案》、《中学校以上肄业学生第一届选举期间办法案》、《各省兼辖蒙旗之处办理选举不得稍有遗漏案》、《陆军官佐士兵等级表》、《陆军服制案》、《中华民国元年八月份概算案又概算追加案》、《英金一千万镑借款合同案》、《汉口建筑市场借款案》、《广东以地税抵借外债案》、《浙江裁免漕南兵米改征抵押金办法大纲案》、《咨请政府速编临时预算交议案》、《国旗统一案》、《国旗统一复议案》、《广西省城暂定为南宁案》、《西藏选举国会议员变通办法案》、《西藏第一届国会议员选举施行法》等27件①。两者相加，北京参议院议决

① 《民立报》，1913年4月12日。

事项为99件。

就绝对数量看，北京参议院议决案为99件，不可谓少。但相对其长达11个月的会期而言，99件显然过少。殊不知当时百废待兴，各行各业对法律规范的需求十分强烈，区区99件议决事项无法满足社会发展的需要。客观地说，北京参议院的议事效率相当低下。造成北京参议院议事效能低下的原因主要有：一是其机关的临时性质。北京参议院是个过渡性的临时代议机关，其职能是组建中华民国正式国会。这种五日京兆心理直接影响了参议院的议事效率。二是与当时激烈的党争密切相关。北京参议院时期，党争极为激烈，且党争以倒阁为主，频繁的内阁更迭自然影响了政府提案，而政府提案又是参议院议案的主要来源，因此，政府与议会的对抗严重削弱了参议院的议事成效。三是议员缺乏敬业精神。北京参议院时期，不少议员漠视本职工作。他们或忙于党事，或忙于报馆事，或忙于个人私事，或忙于竞选国会议员，暮气深沉者甚至贪图一时安逸不出席议会，这样的议员当然难以指望他们能有什么强烈的敬业精神。

二 未决事项

北京参议院的议事效率经常遭到舆论抨击。1913年3月14日，《申报》特意将政府已经提交而参议院尚未议决的54件法案刊录出来，以示警诫。具体议案名称及政府提交时间如下：

表4－3 政府提交而北京参议院尚未议决的提案名录

议案名称	提交时间
顾问院官制草案	1912年8月1日（9月3日再交）
农林试验场官制草案	1912年10月18日
矿务监督署官制草案	1912年10月18日
商品陈列所官制草案	1912年10月18日
临时稽勋局各省调查官制草案	1912年8月20日
监狱官制草案	1912年11月25日
民国图书馆官制草案	1912年11月11日
盐务署及盐务司官制草案	1912年11月7日

续表

议案名称	提交时间
税关监督官制草案	1912 年 11 月 7 日
国税厅官制草案	1912 年 12 月 20 日
国税分厅官制草案	1912 年 12 月 20 日
税务处官制草案	1912 年 12 月 7 日
刑法草案	1912 年 5 月 25 日
文官考试法草案	1912 年 7 月 16 日
典试委员会编制法修正草案	1912 年 7 月 16 日
暂行传染病预防法修正草案	1912 年 6 月 26 日
文官保障法草案	1912 年 7 月 16 日
文官惩戒法草案	1912 年 7 月 16 日
文官惩戒委员会编制法草案	1912 年 7 月 16 日
奖励工艺品暂行章程草案	1912 年 9 月 17 日
文官任用法草案	1912 年 7 月 16 日
秘书官任用法草案	1912 年 7 月 16 日
验契法草案	1912 年 7 月 24 日
警械使用法草案	1912 年 8 月 1 日
治安警察法草案	1912 年 8 月 1 日
行政执行法草案	1912 年 8 月 1 日
预戒法草案	1912 年 8 月 1 日
法院编制法草案	1912 年 9 月 30 日（10 月 7 日再交）
法院编制法施行法草案	1912 年 9 月 30 日（10 月 7 日再交）
律师法草案	1912 年 10 月 7 日
吗啡治罪法草案	1912 年 10 月 3 日
司法官及书记官官等官俸法草案	1912 年 10 月 8 日
旧法官特别考试法草案	1912 年 11 月 21 日
商会法草案	1912 年 11 月 7 日
海军俸给法草案	1912 年 11 月 20 日
中国红十字会条例草案	1912 年 11 月 11 日
陆军俸给法草案	1912 年 11 月 20 日
文官任用法施行法草案	1912 年 11 月 23 日
文官甄别法草案	1912 年 11 月 23 日

续表

议案名称	提交时间
中央模范工厂官制	1912 年 11 月 2 日
度量衡制造所官制	1912 年 11 月 2 日
厘定国家税地方税法	1912 年 12 月 23 日
造币长官制	1912 年 12 月 23 日
中国银行则例	1913 年 1 月 10 日
道官制	1913 年 1 月 15 日
地方行政编制法	1913 年 1 月 15 日
道自治制	1913 年 1 月 15 日
省总监官制	1913 年 1 月 15 日
地方行政编制法施行法	1913 年 1 月 15 日
县官制	1913 年 1 月 15 日
待质所官制	1913 年 1 月 17 日
印刷局官制附造纸厂官制	1913 年 1 月 21 日
司法官考试法及施行法	1913 年 3 月 5 日
律师考试法	1913 年 3 月 5 日

资料来源：此表据《申报》1913 年 3 月 14 日的“参议院未议决之案”编制而成，其中《行政执行法》、《中国银行则例》分别于 4 月 1 日、4 月 15 日公布。

以上 54 件未决案，官制方面，29 件；司法方面，8 件；财税方面，11 件。对照议决案，证实官制实为北京参议院讨论的主要内容，无论在议决案，或未决案方面，都占主要地位。这一结果显示秩序重建是一个漫长的过程。

议决案 99 件，未决案 54 件，未决案超过议决案一半，意味着大量提案积压。舆论将此现象归结于参议员没有能够很好地履行职务。为了警醒参议员，《申报》配发了按语：“正式国会将开，去岁之参议院即当更替。乃至上年 8 月以后，经政府提出交院议决之案，竟积至数十起，则议员诸君不能辞放弃职守之咎矣。夫参议院为立法机关，所有法令非经参议院议决者，政府无从执行。今观其压积如此之多，且其中关系重要者，实居多数，则去岁一年之中，政治进行之濡滞，皆议员诸君所贻误矣。今将各案提交日期，调查登录，俾国民共见之。虽往者不可谏，然或可望今岁正式国会之议员，知舆论所关，不再效尤，亦于民国前途不无少补也。”①

尽管议决案的数量不多，但北京参议院在推动民初法制建设方面还是发挥了一定的积极作用。临时参议院议长吴景濂总结这段历史时，称：“本院自南京移设北京，迄将一载；而更溯元年一月二十八日，本院正式开幕于南京之期，则已阅十有四月矣。此十有四月中，本院先后开会，综二百二十次，经议决者凡二百三十余案。立国纲要，未始不于此稍稍植基础也。”② 除去涂饰成分，应该说，吴的评价还是比较客观的。后世学者也认为，“所有重要的开国法制，可以说都是临时参议院完成的”③。

第三节 北京参议院时期的议会政治

一 北京参议院的政党概况

（一）政党发展特点

民国成立，宣统逊位，代议制度初步建立，民主共和思想广泛传播，中国历史上出现少有的政党勃兴现象。这一时期政党发展的特点主要有：（1）数量众多。北京参议院时期，“集会结社，犹如疯狂，而政党之名，如春草怒生”④。有学者初步进行了统计，结果发现，武昌起义后至1912年底，新兴的公开党会超过了300之数⑤，这还不包括此前已经成立的各种政治性团体。（2）分布地点较为集中。总体上说，南方多于北方，沿海沿江地区多于内地。据调查，上海99个，苏州9个，南京23个，广州28个，武汉33个，天津30个，北京51个。仅这七

---

① 《申报》，1913年3月14日。

② 《政府公报》，1912年4月11日。

③ 张玉法：《民国初年的国会》，书目文献出版社1987年版，第25页。

④ 善哉：《民国一年来之政党》，《国是》第1期。

⑤ 张玉法：《民初政党的调查与分析》，《中国近代现代史论集》第19编，台湾商务印书馆1986年版，第176页。

地具有政治色彩的党社就有273个[①]。京津代表北方有81个，占30%左右；其他南方5个城市有192个，占70%。而这7个城市全部分布在沿海沿江地区。（3）党纲相似点较多，区分度不大。有学者把公开时代的同盟会、统一党和统一共和党的政纲列表进行了比较，结果发现，同盟会除了“主张男女平权”一条为其他政党所无外，其余绝少有与其他政党彼此不能相容的地方；统一党和统一共和党标举的条款，相同之点更多[②]。（4）跨党现象比较普遍。1913年国会众议院议员选举揭晓后，有人统计出，在总计596名议员中，跨党者竟达147人[③]，据折算，占议员总数25%。即使整个国会，跨党比例也在20%以上。比例之高，令人咋舌。民初重要的政治人物，如黄兴、黎元洪、伍廷芳、熊希龄、汤化龙等，一般都挂名好几个党籍，甚至十多个党籍。

如何认识民初政党这些显著的外在特征呢？民初政党勃兴，就其外在因素而言，得益于民国成立和民主共和思想的广泛传播；就其内在因素而言，较为复杂，大致可分为三种类型：一则笃信政党政治是民国政治发展的必然趋势，一则把组党或入党作为个人营私的一种必要手段，还有一种是碍于情面而入党的。政党数量之多，足以表明民初政治活动之活跃，尤其在沿江沿海地区，得风气之先，组党入党，开展活动，更趋积极。许多学者对政党政纲雷同或相似进行了批评。政纲雷同或相似固然表明民初政党发展之幼稚，但同时也表明，这些雷同或相似政纲所涉及的问题，是任何一个统治政权都无法回避而且必须要解决的，问题在于通过何种方式解决这些问题。而且民初政党活动主要在政治活跃分子中进行，与广大民众联系不大；政党之间的竞争也以政治手腕的灵活程度为前提，并不是把诉诸选民作为终极手段，因此，对这种政纲的优劣加以评判，其意义显然不是太大。

尽管纷繁复杂，北京参议院时期政党竞争还是比较明显，主要在国民党（合并之前为公开的同盟会）和共和党之间进行。民国成立后，同盟会携辛亥革命胜利之威力，势力日盛，南京参议院和临时政

① 杨立强：《论民国初年的政党、党争与社会》，《复旦学报》1993年第2期。

② 李剑农：《最近三十年中国政治史》，上海太平书店1931年版，第259—260页。

③ 谢振民：《中华民国立法史》上册，中国政法大学出版社2000年版，第79页。

府几乎全为同盟会所控制。但此后不久即分裂为正统派、民社和中华民国联合会等派别。章太炎等组织中华民国联合会不久演变为统一党，并于1912年5月与民社合并为共和党。北京参议院时期，共和党在参议院内的议员总数一度超过正统派，但内阁成员却只有1人，正统派却拥有5人。议会议员与内阁成员比例的不协调客观上决定了共和党和同盟会正统派处于敌对政党的位置。同盟会与统一共和党合并为国民党后，参议院内也只有共和党与之抗衡。国民党与共和党的对抗一直持续到参议院结束。因此，整个北京参议院期间基本上以国民党和共和党之间的对峙为党争特征。

（二）议会主要政党

北京临时参议院时期，各主要政党逐渐形成，并围绕着参议院的重要议题而不断进行分化组合。中国政党政治粗具雏形。这一时期的政党情况简介如下。

共和党。1912年5月9日在上海成立，后在北京设立本部机构。主要由一些不满意于同盟会和主张西方政党政治的政团联合而成。它们分别是统一党、民社、国民协进会、民国公会和立宪派人士潘鸿鼎组织的国民党，其中以民社和统一党为中心。其政纲为：（1）保持全国统一，采国家主义；（2）以国家权力扶持国民进步；（3）应世界大势，以平和实力立国。黎元洪为理事长，张謇等4人为理事，林长民、汤化龙、杨廷栋、籍忠寅、刘成禺、张伯烈、时功玖等54人为干事，熊希龄、胡景伊、唐文治等为支部负责人。实际领导权掌握在本部干事、临时参议员以及支部负责人手中。

共和党的组织机构主要有：（1）参议员讨论会。5月18日成立，由该党临时参议员组成，讨论院内重要问题。汤化龙为会长，杨廷栋、籍忠寅为内部干事，李国珍、丁世峄、汪荣宝等为交际干事。（2）政谈会。6月成立，由共和党与他党的临时参议员、院内干事、国务员、新闻记者组成，专门交换意见，各党出一人为干事，共同经理会务。（3）政务研究部。7月14日成立，以研究各种政治问题，为共和党发表政见作准备为目的；设部长和调查研究委员；研究事项分为法政、财政、行政三科；各科设主任一人，科员若干人。法政科专门研究宪法、议员法、民法、选举法、刑法、诉讼法、商法、官制、官规；财政科专门研究预算、决算。租税、公债、币制、银行、会计制度；行政科专门研究内政、外交、军事、教育、实业、交通等。（4）交通事务所。共和党成立后，陆续分设于北京、上海、天津、汉口等城市，作为本部与支部分部联络的机构，各所设主任干事一人，由本部干事中选举产生。此外，共和党还在各省、县、乡镇设立支部、分部和分事务所。这样，共和党全国性的组织网络基本形成，并对其今后发展产生了重要影响。

共和党成立后，势力发展迅速。据初步统计，共和党支部共34个，其中国内27个，国外7个①，党员数目也没有精确的统计，据《共和党第一次报告》称，截至1912年8月，共有党员4617人。但这个数字远远低于实际数字。张謇在同年9月的调查中说，中部和南部的支部分部除自制党证者外，仅上海交通事务所代办的党证就达6万左右②。梁启超在1913年4月总结共和党的成绩时称："一年以来，居然能成立千余处之支分部，能结集千数百万之党员，能出将近三百名之议员于国会"③，实在了得。梁启超的说法虽然有所夸张，但基本上还是反映了共和党势力发展迅速。

共和党的宣传机关，除了地方性刊物外，还有一些足以转移社会视听、影响中央政策的全国性刊物，主要分布在上海、北京、天津。上海有《时报》、《时事新报》、《民生日报》、《神州日报》、《大共和日报》等，北京有《国民公报》、《北京日报》、《京津时报》、《亚细亚报》等，天津有《庸言》杂志、《大公报》等，这些报刊成为共和党与当时持不同政见者论战、鼓吹自己政治主张的主要阵地，影响较大。

国民党。共和党成立后，在临时参议院内势力一时独大。为议会斗争之需要及正式国会的选举做准备，同盟会联合统一共和党、国民

---

① 程为坤：《民初共和党的形成、组织及其派系》，《近代史研究》1983年第3期。

② 转引自程为坤《民初共和党的形成、组织及其派系》，《近代史研究》1983年第3期。

③ 梁启超：《共和党之地位与其态度》，《梁启超年谱长编》，上海人民出版社1983年版，第667页。

共进会、共和实进会和国民公党等政团，改组合并为国民党，于1912年8月25日宣布在北京成立。国民党明确主张政党政治和责任内阁。其政纲为："一、保持政治统一；二、发展地方自治；三、厉行种族同化；四、采用民生政策；五、维持国际和平。"[①] 孙中山、宋教仁等9人为理事（后举孙为理事长，未就，由宋代理），胡汉民等29人为参事。实际领导权掌握在宋教仁等国民党稳健派手中。

国民党的主要组织结构如下：（1）总务部。负责国民党机要及属于他部事项，下设机要、文牍、地方、党籍、庶务5科。主任为魏宸组、殷汝骊，干事46人。（2）交际部，负责联络党员及对外交际事项，下设联络、视察2科。主任为李肇甫、恒钧，干事256人。（3）政事部，负责政治运动事项，下设考察、选举、讲演3科。主任为谷钟秀、汤漪，干事148人。（4）文事部，负责编辑、出版及其他政治教育事项，下设编辑、出版、教育3科。主任为彭允彝、杨光湛，干事151人。（5）会计部，负责国民党的收支及财产经理事项，下设收入、支出、管理3科。主任为仇亮、陆定，干事26人。（6）政务研究会，研究各项政务，决定政见，筹划政略，下设法制、外交、财政、教育、实业、交通、军事、社会、民政、边事10科。主任张耀曾、刘彦，干事330人。此外，各地遍设支部分部，上海、芜湖、保定、汉口、九江设交通部，直隶本部，负责管理本党交通事宜[②]。

国民党成立后，迅速扩张党势。在参议院内，由先前的与共和党平分秋色一跃而取得多数派地位。据统计，此前，同盟会与共和党的比例为29/38，国民党的组建成功，双方的比例为54/38。（见表4－4）因此，宋教仁自豪地宣称："自斯而后，民国政党，唯我独大；共和党虽横，其能与我争乎？"[③] 在组织发展上，据不完全统计，国民党的支部分部计51个，其中海外6个[④]。党员数量没有确切的统

① 邹鲁：《中国国民党史稿》（组党）第1册，中华书局1960年版，第136—137页。

② 《革命文献》第41辑，1973年，第73—82页。

③ 宋教仁：《宋教仁集》下册，中华书局1981年版，第419页。

④ 张玉法：《民国初年的政党》，台湾中研院近代史研究所专刊（49），1985年，第65—73页。

计，仅就江苏省而言，原为共和党的势力范围，国民党成立后，入党者旬月之间即达七八千人①。

国民党的宣传机关，在北京有《国风日报》、《国光新闻》和《亚东新闻》等，天津主要有《民意报》和《国风报》，上海有《民立报》、《天铎报》、《大陆报》（英文）等。这些报刊对宣传同盟会—国民党的政治主张，并与当时的反对党、反对势力作斗争起到了积极的作用。不过，总体上比较而言，社会影响不及共和党。

统一共和党。1912 年 2 月，景耀月等的共和统一会、殷汝骊的国民共进会和刘彦的政治谈话会在上海初步达成联合意向。云南都督蔡锷起了直接的推动作用。他们拟定的政纲为：（1）厘定行政区域，以谋中央统一；（2）厘定税则，以期负担公平；（3）注重民生，采用社会政策；（4）发达国民商业，采用保护贸易政策；（5）划一币制，采用虚金本位；（6）整顿金融机关，采用国家银行制度；（7）建设铁路干线及其他交通机关；（8）实行军国民教育，促进专门学术；（9）振新海陆军备，采用征兵制度；（10）保护海外移民，励行实边开垦；（11）普及文化，融合国内民族；（12）注重邦交，保持国家对等权利。简言之，其宗旨为“巩固全国统一，建设完美共和政治，循世界之势，发展国力，力图进步”②。

4 月，统一共和党在南京正式组建而成。蔡锷等 5 人当选为总干事，殷汝骊等 5 人任常务干事，景耀月等 20 人任参议，褚辅成等 25 人任交际员。从成员构成看，总务干事均为当时都督一级的地方要员，常务干事、参议和交际员，多为临时参议员、各省都督府重要人物，还有部分同盟会员。这表明，统一共和党较为重视争取地方实力派和中央立法机关的势力，这对扩张党势显然有利。统一共和党在本部之下，于南京、上海、汉口设立交通处，于各省会设立支部，于各府、州、县设立分部，其组织结构呈现“三级制”特征。该党先后在云南等十几个省建立分支部，以云南省势力最强，据报载，“（云南）

① 《民立报》，1912 年 10 月 7 日。

② 《民立报》，1912 年 3 月 10、12 日。

全省入党者已有数千人，势甚发达”[①]。8 月，与同盟会合并为国民党。

民主党。由国民协会、共和统一会、共和促进会（北京）、共和俱进会、共和建设讨论会、民国新政社、政群社和民主政党 8 个政团组合而成。1912 年 10 月 27 日在上海成立[②]。其核心力量是共和建设讨论会和国民协会。其政纲为：（1）普及政治教育；（2）拥护法赋自由；（3）建设强固政府；（4）综核行政改革；（5）调和社会利益。民主党以清末谘议局联合会的成员为班底构成，其领导人物为汤化龙、孙洪伊、林长民等原各省谘议局的骨干力量。

民主党本部设于北京，各省会设有支部，各府、厅、州、县设分部，全国重要地点分设交通处。本部领导机关取理事制，设理事长 1 人，理事若干人，内分财政、交际、文书、会计、庶务等 5 部，并附设政务研究会和临时政务调查会[③]。

（三）政党势力的分布状况

为简明起见，现将各党在参议院和各省都督中的力量对比制表如下：

表 4－4　　各党在参议院和各省都督中的力量对比统计

各党派	1912 年 8 月初		1913 年 2 月初	
	参议院	各省都督	参议院	各省都督
国民党（8 月 25 日前称同盟会）	29 名	阎锡山（晋） 张凤翔（陕） 柏文蔚（皖） 李烈钧（赣） 尹昌衡（川） 孙道仁（闽） 胡汉民（粤） 陈其美（沪） 唐继尧（贵） 谭延闿（湘） 朱瑞（浙）	54 名	阎锡山（晋） 张凤翔（陕） 柏文蔚（皖） 李烈钧（赣） 谭延闿（湘） 尹昌衡（川） 胡汉民（粤） 陆荣廷（桂）

① 《民立报》，1912 年 6 月 3 日。

② 曾业英：《民国初年的民主党》，《历史研究》1991 年第 5 期。

③ 《时报》，1912 年 10 月 6、7、8 日。

续表

各党派	1912年8月初		1913年2月初	
	参议院	各省都督	参议院	各省都督
共和党	38名	赵尔巽（奉） 赵维熙（甘） 杨增新（新） 程德全（苏） 黎元洪（鄂） 蒋尊簋（浙）	38名	周自齐（鲁） 张镇芳（豫） 赵维熙（甘） 杨增新（新） 黎元洪（鄂） 唐继尧（贵） 张锡銮（奉） 陈昭常（吉）
统一共和党	16名	蔡锷（滇）		
民主党			10名	陈昭常（吉） 蔡锷（滇）
袁世凯势力		张锡銮（直） 周自齐（鲁） 张镇芳（豫）		冯国璋（直） 周自齐（鲁） 张镇芳（豫） 赵维熙（甘） 张锡銮（奉）
跨党或无所属	25名	陈昭常（吉） 宋小濂（黑） 陆荣廷（桂）	5名	程德全（苏） 朱瑞（浙） 宋小濂（黑）

资料来源：1912年8月初参议院政党结构系根据《中国之政党结社》第154—158页编制；各省都督党籍根据《申报》1912年8月5日编制；1913年2月初各省都督党籍根据《民国政党史》第45—46页编制；参议院政党结构根据《世界年鉴》（1913）第339页编制。

表4－4给人总的印象是：1912年8月前，参议院中呈三党鼎立局面，共和党议员人数最多，同盟会次之，但没有一个政党超过半数议席；8月后，同盟会和统一共和党合并为国民党，在参议院中势力大增，一跃成为第一大党，约占半数议席，基本可以操纵议案表决；在省级地方行政机构中，1912年8月前，列名同盟会的都督有11人之多，接近全国都督总数的一半，8月后，虽有所下降，但仍有8名，共和党籍都督人数则稍有增加，上升至8人，与国民党并驾齐驱。袁世凯势力也明显有所扩张。党派的地方分布，在竞选中作用很大。

二　北京参议院与政府的关系

就总体而言，北京参议院与临时政府之间的关系并不融洽。这从两个方面可以看出端倪：一是内阁更迭状况。北京参议院存在约11个月，其中内阁更迭三次，代理内阁一次，无政府时期二次①，即内阁平均不到2个月就变动1次。二是质问案数量。据不完全统计，仅6月，参议院议员提出的质问案就达12件之多②。众所周知，在议会政治较为成熟的国家，质问案是仅次于不信任投票的一种严厉的监督政府的权力，如没有特殊问题，一般不轻易行使。而参议院在短短的1个月里就质问政府12次。如果以每星期5天工作日计算，则平均不到2天参议院就有1次对政府的质问案。参议院与政府的对抗关系由此可见。以上数据表明，议会和内阁关系极不融洽，议会以推倒内阁为能事。

议会与政府的紧张关系实根源于参议院内各政党的力量对比。如前所述，北京参议院初期，同盟会、共和党和统一共和党三足鼎立。同盟会和共和党互为对手，统一共和党出入于这两党之间，自成第三党，地位举足轻重，不过，其领导人取闭关自守主义，并未积极介入两党之争。所以，这一时期参议院内的政党斗争呈两党对峙局面。国民党成立后，在参议院内议席跃升至60席左右，俨然成为议会第一大政党，共和党实力相对下降，但仍然拥有40个左右的席位，参议院内依然是两党对峙。因此，从总体上看，共和党与同盟会—国民党

① 内阁更迭情况为：唐绍仪内阁1912年3月11日到6月15日、陆征祥内阁1912年6月29日到7月19日、赵秉钧内阁1912年9月30日到1913年5月1日；赵秉钧代理内阁时间为1912年8月20日到9月30日；无政府时间为1912年6月15日到6月29日和1912年7月20日到8月20日。

② 根据《申报》1912年6月1—30日统计。12件质问案名称分别为：6月3日参议院正式会议借款事，唐总理因被丁世铎质问派员到院答复；参议院议员郑万赡等以大总统任命王正廷署理工商总长未提经参议院同意提出质问；参议院质问政府沪都督所部军队何以迁延日久尚未归并苏都督；汤化龙以唐总理、熊总长预算报告不敷6千万，其中多不确实，非但不致不敷，并可多余4千万，特向政府质问；参议院议员刘景宪等质问某总长延不到京，玩视要政，辜负民望，是何居心；参议院议员田骏丰等质问政府，谓国民捐扰害天下，究竟有法防止否；田骏丰等质问唐绍仪赴津事；参议员质问工商总长陈其美延不到任；汤化龙就本年财政现状质问政府；直隶议员谷钟秀质问政府何以不任命王芝祥为直隶都督；参议院议员丁世铎、张耀曾等就赵秉钧违法逮捕中央新闻社社员事向政府提出质问；参议院因赵秉钧拘豫代表凌钺及曾广为要求出席质问。从提案者看，前9件质问案全为共和党或与共和党政策保持一致的参议员所提；从内容看，在前9件质问案中，重点为政府借款与财政问题，其次有关内阁。共和党频繁地提出质问案，虽无明显倒阁之意，却也使同盟会内阁一日不得安宁。

的对峙构成了北京参议院党争的基本格局。

共和党和同盟会之争从唐绍仪内阁借款开始。唐绍仪是同盟会会员，第一届内阁总理，袁世凯亲信。在其11名内阁成员中，同盟会会员5人，袁派3人，共和党只有1人。议会和内阁力量对比严重失调。共和党虽然宣称拥护袁世凯，但倒阁之意已存心中。

辛亥革命爆发后，旧的税收体系彻底崩溃。海关收入为列强扣留，原来地方所解中央款项也几乎全为各省截留。中央政府孤立于上，统治能力大为降低。因此，民国政府要想收统一之效，必须具备统一的实力；而统一实力之培植，首在整理财政。但临时政府时期，所谓整理财政，除了借款而外，了无头绪。南京参议院时期财政困窘如此，北京参议院时期则更加严重。所以唐绍仪上台伊始即着手举借外债。其中以向四国银行团借款为最早。

所谓四国银行团，是指由英、法、美、德四个国家一些银行组织起来的一个试图垄断对华资本输出的金融组织。它起始于前清时代，以承揽中国的铁路建设、币制改革及东三省实业振兴的借款为目标。统一政府成立后，应袁世凯要求，四国银行团开始借款给民国，以应临时政府之急。唐绍仪组阁期间即参与四国银行团对华借款事宜。1912年2月28日，四国银行团首次垫付白银200万两。第一次垫款后，唐绍仪随即与银行团谈判此后几个月的垫款事宜。3月10日，第二次垫款交付。但此前银行团通知北京临时政府，垫款条件为以中国盐税为担保，且善后借款银行团有优先权。3月中旬，银行团在伦敦开会，讨论对华借款问题。鉴于中国需款迫切，会上他们制定了苛刻的垫款和借款条件。

就在银行团准备把垫款、借款条件通知临时政府时，3月14日，唐绍仪与华比银行代表订立100万英镑的借款合同（实收九七，年利5厘，京张铁路余利作担保）。消息公布后，银行团大为不满。19日，他们集议抵制，并停付预定借款。25日，四国公使谒见袁世凯，送交抗议书，并表示：嗣后各国对于中国投资事宜，由各国驻华公使代为交涉①。国际列强政治经济双管齐下，对中国政府施加压力。唐绍

① 高劳：《临时政府借债汇记》，《东方杂志》第8卷第11号。

仪这时正在南方。袁世凯遂以此为辞，答应等唐回京再行讨论。但唐绍仪滞留南方迟迟不归，4 月初再次与华比银行谈妥第 2 次垫款事宜。唐氏在南方的所作所为引起了列强和袁世凯的强烈不满。在列强和袁世凯双重压力下，4 月下旬回京后的唐绍仪被迫宣布取消华比借款，并向银行团道歉。

唐绍仪之所以与华比银行签订借款合同，一则此事已经得到袁世凯点头同意[①]，二则实对四国借款条件心存意见。如汇丰银行交付垫款之先，先抄中国财政出入清单而后去；解款之时，只允诺解到天津，由天津至北京段，则须中国派人自往搬运，银行团不肯保险，而且要求中国为此写信申明。但比国公司就没有这么多麻烦。他们有能力付款，而且条件要比四国银行团宽松。所以唐绍仪更倾向于比国借款[②]。

宣布取消华比借款合同后，唐绍仪于 5 月 3 日复与银行团（此时，日、俄加入银行团，称为六国银行团）商谈垫款借款事宜。但银行团提出的条件极为苛刻：（1）要求每月开出预算，经外国顾问官核准后才能开支；（2）要求遣散军队之用法，必须于北京设立一陆军协会，由外国武官会同商订办法，于武昌、南昌各重要处所，实行遣散；遣散之时，由外国武官会同监督，每一兵缴械之后，即发支票一纸，自往银行取款。从内容上看，银行团试图把中国的财政支出置于自己的监视之下[③]。因条件苛刻，唐绍仪委婉拒绝，谈判陷于停顿。

银行团提出的种种无理要求，据说与他们对唐绍仪的恶感有关。其恶感原因有二：一是他们认为唐绍仪是比国借款的主动者，有失信用；二是不信任唐的财政行动，认为他任意挥霍。此次所借比款有 500 万，唐绍仪一趟南行，挥霍殆尽。因而需要加以限制[④]。

参议院对政府借款政策并不反对，但对借款条件十分敏感，比国

① 《唐总理答复四国公使全文》，《大公报》1912 年 5 月 3 日。

② 黄远庸：《远生遗著》卷一，《民国丛书》第二编（99），上海书店出版社 1990 版，第 139 页。

③ 同上书，第 131 页。

④ 同上。

借款之所以得以安然通过，与此合同的条件宽松不无关系。四国借款停顿后，参议院共和党议员把借款失败归结于唐绍仪，大加攻击。李国珍在院议时强调："借款团之所以必求监督我中国财政者，由不信我政府耳；其所以不信我政府者，由南京所借比款约一千数百万，而其用途并未正式公布。此次大借款，外人恐用途又不明了，不能不要求监督。"① 共和党议员纷纷指责唐绍仪，试图推翻同盟会内阁，"有多数人以唐总理内失信于国民，外见嫌于邻国，此等人万难胜国务总理之任。兼以现在时势，统一南北之责任全在总理，而总理之责任几乎全在借债以济焦眉之急。唐总理于借债事件已误大事，若留以当国，于将来外交财政上必大受其苦，定不日提出弹劾案，闻赞同此议者已占多数云"②。共和党议员的态度表明，他们准备以借款问题为切入点，对同盟会内阁发动攻击。

3 日以后，财政总长共和党员熊希龄接手借款事宜，与银行团围绕着先前开出条件继续谈判。13 日，唐绍仪和熊希龄出席参议院会议，专门就借款问题开秘密会议。"会上唐总理报告借款经过，熊总长报告借款现在实情。各议员众口一辞，均反对外国资本团要求监督财政及检查会计权，异常激奋。但因本会系谈话会，尚未表决。并闻若资本团不应诺，则即提出国内公债案及契税案等以为抵制。"③ 但唐、熊并没有认真对待议员提出的意见。17 日，熊希龄与银行团签订垫款条件 7 条④，其苛刻程度较之 5 月 3 日有过之而无不及，而且更加周密。消息传出后，舆论大哗，群起反对。

---

① 《参议院第四次会议速记录》，《政府公报》1913 年 5 月 11 日。

② 《大公报》，1912 年 5 月 9 日。

③ 《参议院之秘密谈话会》，《大公报》1912 年 5 月 15 日。

④ 《申报》1912 年 5 月 18 日。垫款条件内容具体为："（一）设中西稽核员各一人，垫款用尽即撤消；（二）稽核员就用途清单核准即照拨；（三）财政部将用款报告按期分送银行团；（四）部用最新簿记法登记各收条存留，伺查询；（五）各省裁减兵额先从商埠办起，由京派高级军官会同民国雇佣之税司查明兵数，发给恩饷。先商都督协助，备三联收（梜），都督府、财政部、税务司各存一联；（六）款由税关拨给，不敷由稽核员补给，将来关款仍由稽核员拨还；（七）京畿裁兵发饷由军官会同稽核员办理，三联收条，分存陆军部、财政部、稽核处。"

20日，唐绍仪率领国务员出席了参议院召开的秘密会议，就借款问题接受了议员质问。共和党议员李国珍发表了长篇演说，指责唐绍仪就任总理以来外交失败有二：一是借款缺乏周密计划，忽而四国借款，忽而比国借款，忽而向四国公使道歉，“辱己辱国”，为“民国第一次外交上之大失败”；二是借款随意、数额巨大，以致“启外人侮弄之心”、“授外人钳制之柄”，为“民国外交上第二次大失败”，唐之行为，“实陷吾国外交上之地位于一败涂地，非徒唐总理一身之辱，实致吾民国将为埃及之恶因”[①]。张伯烈则斥其违背临时约法。议员的严厉指责使国务总理极为愤懑。唐绍仪在参议院“受种种逼迫后，异常愤恨，到国务院一言不发，裂龇咬牙，自谓非立时辞职不可”[②]。次日即向袁世凯坚意辞职，并谓“亡国总理之名，实不敢当”[③]。熊希龄亦于同时提出辞呈。内阁立显瓦解之势。经袁极力挽留，唐、熊辞职念头暂时打消，内阁总算保留下来。但唐绍仪明显不安于位了。

6月15日，唐绍仪弃职离京，同盟会内阁维持约3个月后垮台。共和党推倒同盟会内阁的目的初步实现，但围绕下一届内阁如何组织，同盟会和共和党又展开了激烈斗争。

同盟会坚决主张实行纯粹政党内阁。6月20日，参议员张耀曾、李肇甫、熊成章、刘彦4人代表同盟会谒见袁世凯，他们声明：此次唐内阁成立以来，一切政务不能着手推行，实因党派混合意见不一致之故。因为不是纯粹政党内阁，当然有此弊病。因此，他们提出：此后欲图政治之进行，非采完全政党内阁不可。同盟会的意见，认为第二次内阁只有两种：一是超然内阁，二是政党内阁。如果仍然采取混合内阁，同盟会会员只有不再加入[④]。7月1日，同盟会本部再次表明自己的组阁立场：“本会于唐总理去职后开第一次全体职员会，鉴于混合内阁之弊，而超然内阁其害亦与之相等，即绝对主张政党内

① 《申报》，1912年5月31日。

② 《唐为人作异种种》，《大公报》1912年5月23日。

③ 《唐总理熊总长之辞职》，《申报》1912年5月29日。

④ 《大总统与同盟会代表之谈话》，《政府公报》1912年6月22日。

阁，盖非是则无以补政治进行之障碍。”并规定只要不是政党内阁，同盟会会员都不得自由加入①。政党内阁一时成为同盟会会员的基本公识。

针对同盟会提出的政党内阁主张，共和党坚决反对，并提出超然内阁与之相抗。6月22日，共和党本部发出通电，声称同盟会会员不宜再为国务总理。电文云：“唐总理潜踪赴津，政界骤起恐慌，昨经本党参议员开会讨论决定，唐既蔑视职守，自无靦颜回任之理。继任何人，关系全局。默察大势，对外对内同盟会员实不宜再为总理，而本党组织内阁之机现亦尚未成熟。”对如何组织内阁，共和党则主张超然总理、混合内阁，表示内阁“应由大总统遴选无党派者，任为超然总理，但令对外有信用，对内无恶感，各党拥护之，既免互攻，自获安全，庶于临时期内，不致别生波折。至于阁员组织，不妨各党协商”②。共和党的主张与袁世凯是一致的。在接见同盟会4代表时，袁世凯即表示组阁意向：但论才不才，不论党不党。他说：你们认为组织内阁系从政党上着眼；我则不然，纯粹从人才上着眼。“今专取共和党或同盟会或超然无党之人组织内阁，无论何方面，均不能得许多之人才。故以予之意见，非联合数党及无党之人共同组织，则断不能成一美满之内阁。”同时，他明确反对同盟会的政党内阁主张：“诸君须知，吾国今日政党方在萌芽，纯粹政党内阁尚难完全成立。若再越数年，民国基础巩固，政党亦皆发达，人材辈出，届时余已退老山林，听诸君组织政党内阁可也。”③

在共和党支持下，6月29日，参议院通过了袁世凯提名的无党派人士陆征祥为新一届内阁总理。7月初，根据纯粹政党内阁精神，同盟会阁员宋教仁、蔡元培、王宠惠、陈其美、王正廷退出陆征祥内阁。国家实际上处于无政府状态。尽管如此，两党之争远没有结束，还在明里暗里继续进行。

同盟会阁员退出陆征祥内阁后，袁世凯重新物色内阁成员人选。

① 《民立报》，1912年7月3日。

② 《共和党主张超然内阁通告全国政团电》，《时报》1912年6月22日。

③ 《大总统与同盟会代表之谈话》，《政府公报》1912年6月22日。

7 月 18 日，陆征祥拿着袁世凯拟定的内阁成员名单到参议院要求通过。他们分别为财政周自齐、司法章宗祥、教育孙毓筠、工商沈秉坤、农林王人文、交通胡惟德，外交陆自兼。但陆演讲时，语多琐屑，于人们所瞩目之内政、外交诸要政并未涉及，议员大为惊诧。19 日，参议院投票表决内阁成员，结果新提 6 名国务员一律遭到否决。一次全国性政治风潮由此而生。

这次风潮的形成极为偶然。袁世凯原打算让同盟会员孙毓筠、沈秉坤和胡瑛分掌教育、工商和农林。但同盟会极力反对，派魏宸组劝袁切勿提出此 3 人，同时于 7 月 14 日召开会议，否决了 3 人入阁的意见。但除了将胡瑛改为王人文外，袁世凯执意要拉孙、沈入阁。因此同盟会议员投反对票实在人们的意料之中。共和党主张混合内阁，袁世凯提名阁员满足这一条件，自然极力加以支持，并积极运动统一共和党投赞成票。陆征祥组阁风潮原因实出在统一共和党身上。统一共和党在参议院内号称第三大党，拥有约 20 个席位，位置举足轻重。该党原先赞成超然总理混合内阁，之所以临阵变卦，一律否决新阁员，主要原因有二：一是新国务员没有统一共和党成员。袁世凯酝酿内阁成员期间，共和党拉拢该党，许诺将支持安置该党参议员为国务员①。而统一共和党又想谋取交通总长之职。因新内阁没有该党成员，故而对新阁员持反对意见；二是嫉恨袁世凯忽视该党的实力。袁酝酿第二次阁员名单时，常与同盟会和共和党交换意见，忽视了该党的存在，引起党人的强烈不满，遂决定对新国务员团体反对，“以显示本党之作用，使知统一共和党亦一有力之政党也”。因此，表决前，统一共和党在开预备会时，议决了三条：“（甲）本党暂勿加入国务院；（乙）新任命各员不必分列研究，一律不同意；（丙）政府轻视本党，此次必显明本党之作用。”② 此外，共和党中原共和建设讨论议员也对陆的施政演说不满，认为其“于政治上毫无知识，付以国事，实不

① 李新、李宗一主编：《中华民国史》第二编第一卷上，中华书局 1987 年版，第 113 页。

② 《组织第二次国务院之结果》，《申报》1912 年 7 月 26 日。

放心”，主张投反对票[①]。从这一事件的过程，我们可以看出，统一共和党被共和党利诱于前，愤而报复于后，进而遭到社会各界强烈谴责，不明不白地成为同盟会和共和党斗争的牺牲品。因此，从某种意义上说，陆征祥组阁事件仍然是同盟会和共和党斗争的延续。

但组阁问题还没有解决，两党斗争在继续。参议院 19 日否决内阁提名遭到了社会各界的强烈谴责。在内外压力下，26 日，参议院通过了陆征祥第二次提出的内阁成员名单。他们分别是财政总长周学熙、司法总长许世英、教育总长范源廉、农林总长陈振先、交通总长朱启钤。8 月 2 日，参议院通过了刘揆一为工商总长的提名。陆征祥内阁名义上完全成立。但陆自第一次阁员名单被否决后就称病入院，不理政务。从 8 月 20 日起，赵秉钧代理国务总理。内阁实际上群龙无首。

1912 年 8、9 月间，孙中山和黄兴先后北上，与袁世凯共商国是。他们此行的重要目的之一就是解决组阁问题。这时参议院内政党形势也发生了巨大变化。8 月 25 日，同盟会和统一共和党合并，组建国民党。国民党拥有近 60 个议席，一跃成为参议院内最大政党；共和党依然只有 30 多个席位，即使加上共和建设讨论会成员（有 10 多人），也只是国民党席位的 2/3 左右。代理内阁仍然是混合内阁，而国民党又抱定政党内阁主义。因此，取得国民党支持是内阁稳定的关键因素。

在内阁问题上，袁世凯曾征求过国民党领导人的意见。黄兴认为，民国需要有一个强有力的中央政府，为此，就得有一个强有力的政党作为支柱。为了建立一个有力量的内阁制政府，作为第一步，他希望袁世凯劝说各部总长加入国民党；他愿意运用自己的影响，在国民党和政府之间从事斡旋[②]。袁世凯先后提名宋教仁和黄兴担任内阁总理，但都遭到婉拒。为调和起见，黄兴提议国务总理人选可随袁意，但总理和阁员必须加入国民党，以符合政党内阁之义。袁世凯乘

---

① 《申报》，1912 年 7 月 27 日。

② 薛君度：《黄兴与中国革命》，三联书店香港分店 1985 年版，第 122 页。

势提出在赵秉钧和沈秉坤两人中任选一人担任总理。但不少国民党员认为，如果沈勉强出任，万一短命，对国民党不利。最后，他们“多主张取放任主义，谓不如即用赵秉钧为总理，俾得组一纯粹的袁派内阁”①。9月底，在国民党支持下，参议院通过了赵秉钧为国务总理的提名，其他阁员不变。赵秉钧之所以顺利通过提名，与党派势力密切相关。唐绍仪与袁世凯意见不洽，困难丛生；陆征祥久居国外，无收罗国内各方面人才的能力，所以他们都遭到了失败。而政党内阁一时又难以推行，济时之策，只有选择袁派人物而又为国民党所信任者执掌国务，以便政治进行。赵系袁派人物，既为共和党所拥戴，同时列名国民党，又为国民党所拉拢，所以一时众望所归。

赵秉钧通过总理提名后，黄兴趁势遍邀各国务员加入国民党，并试图介绍袁世凯入党。不过就内阁而言，司法总长许世英、农林总长陈振先、工商总长刘揆一、交通总长朱启钤当时都填写了入国民党愿书；财政总长周学熙虽然没有履行填写愿书的程序，但也以加入国民党为言。教育总长范源廉为共和党员，不能立刻加入他党，而宣告与共和党脱离关系，不久称病辞职。因此赵秉钧内阁，除海陆军总长外，都挂名国民党，组成所谓国民党内阁。实际上，这个政党内阁“不驴不马，人多非笑之”，被讥讽为“非政党内阁，乃系内阁政党”②。不管实质如何，赵秉钧内阁足以表明国民党势力盛极一时。此后，各党开始把注意力转移到国会选举方面，议会和内阁相对比较稳定，直到宋案发生后，两者关系才由合作骤趋紧张。

同盟会和共和党是否就水火不容，没有调和余地了呢？也不是。同盟会和共和党的核心力量民社派都是革命党出身，在反对官僚派方面他们有共同语言，应该可以携手合作，而且历史也给他们提供了合作的机会。这就是张振武、方维被杀案。

1912年8月15日晚10点左右，武昌首义将领张振武、方维在北京被捕。3个小时后，即次日凌晨1点，未经任何审判，张、方二人

① 《政局变迁之真相》，《民立报》1912年9月23日。

② 黄远庸：《远生遗著》卷一，《民国丛书》第二编（99），上海书店1990年版，第246页。

被军政执法处处以枪决。张、方是武昌起义功臣，应湖北籍参议员之邀来京调和党争，军政执法处又是未经任何司法程序执行其死刑。此事自然引起全国各界强烈关注。

参议院内共和党的民社派湖北籍参议员刘成禺、张伯烈、时功玖、郑万瞻等对政府滥杀行为十分愤慨（因为他们系“此次回鄂调和相率来京之人，尤恐被卖友之名”①）。18 日，张伯烈、刘成禺等提出《质问政府枪杀武昌首义将领张振武案》质问书，对政府公布的张振武 5 条罪状逐条予以批驳，指责政府“口衔刑宪，意为生杀”②，要求陆军总长段祺瑞次日出席议会，明白答复。在说明提案原因时，刘成禺指出：“张振武之被杀也，并未捕送审判厅公开审问，即云罪有应得，亦不宜星夜邀袭，旋捕旋杀。观政府杀人之手续，直等于强盗之行为。以冠冕堂皇之民国，而有此以强盗行为戕杀人民之政府，违背约法，破坏共和，吾人亦何不幸而睹此！且推此义也，则凡民国起义之功首，造成共和之巨子，皆可一一捕杀之，任凭其为帝为王矣”，同盟会参议员积极支持共和党的质问行动，甚至建议弹劾违法国务员③。在反对政府违法杀人问题上，参议院共和党、同盟会议员空前一致地团结起来。

19 日，陆军总长并没有出席院议，袁世凯对参议院的质问书作了简单答复，只是声称此案关系全国之安危、目前不能和盘托出，希望参议院不要深究。

政府的藐视态度激起了议员更大反抗。21 日下午，参议院讨论弹劾案问题。但在弹劾对象上，同盟会和共和党产生了分歧。同盟会主张弹劾国务总理和陆军总长，共和党主张弹劾国务员全体。两党之所以产生分歧，与它们对政府的不同态度引起的：同盟会和统一共和党希望借助弹劾案，推倒政府，由宋教仁出面组织政党内阁，意在改组政府；共和党民社派出于消除嫌疑目的，强烈主张弹劾，但一些非民

---

① 黄远庸：《远生遗著》卷一，《民国丛书》第二编（99），上海书店出版社 1990 年版，第 220 页。

② 《亚细亚日报》，1912 年 8 月 19 日。

③ 《参议院第 63 次会议速记录》，《政府公报》1912 年 9 月 8 日。

社派议员却“绝对主张维持政府，无论如何不能因张振武一人之关系又陷中国于无政府之地位”[①]，表面上不说，实际反对弹劾政府。两党对政府的不同态度直接影响了弹劾案的命运。

28日，经过一个星期的拖延，由张伯烈等提出、部分国民党党员联署的《弹劾国务总理和陆军总长案》和国民党党员刘星楠提出的《提议咨请政府查办参谋总长黎元洪违法案》终于提交参议院讨论。在讨论前夕，27日，国民党和共和党都讨论了弹劾案和查办案：共和建设讨论会和共和党连横，抵制此事，无论如何必使两案都不能成立；国民党也讨论了此事。张耀曾、吴景濂等人认为，提出弹劾案，一定无效，查办案即使勉强通过也没有威力。因此他们提出，开会时，如果弹劾案能够提出，国民党不能不赞成；如果实在不能提出，国民党也只有听其自然，不必再与共和党开衅，徒增恶感。但讨论此事时，彭允彝、覃振、卢士模等都不在场，28日开会时也没有互相转告。共和党不知此计，以为开会时必有一场恶战，所以作了种种准备[②]。

28日讨论弹劾案，到院议员86人，不足法定人数。40多分钟后，议员不多反少。于是讨论查办参谋长违法案，刘星楠谓等弹劾案成立后再提出。彭允彝等反对。共和党议员谷芝瑞、籍忠寅、刘崇佑、陈国祥、王家襄、田骏丰等群起主张自行取消。有发言两三次的，有坐言不起立的。双方发生冲突，秩序大乱，两党一场恶战。当秩序紊乱之时，共和党议员以谷芝瑞、汪荣宝、李兆年、李国珍为最激烈；国民党以李述膺、彭允彝、卢士模、刘彦最为激烈。所以两党议员，伏案写字，也都拍案大叫。后经张耀曾等人劝解，国民党议员之气稍微平息，共和党议员李兆年等都大骂着走出议场[③]。在共和党极力反对下，弹劾案最终不了了之。

张、方案的出现，本来为同盟会和共和党捐弃前嫌、共同抵抗政府提供了绝好机会，但两党却把这作为政治斗争的一个筹码，短时间

① 《参议院弹劾之阻力》，《大公报》1912年8月22日。

② 《民立报》，1912年9月4日。

③ 《民立报》，1912年8月28日。

内的一致很快演变为强烈的猜忌，徒然激起共和党和同盟会员的无谓冲突，无形之中加剧了两党之间的对立，使号称民意机关的参议院名誉再次受损，而且因党争而放过了真正的杀人凶手。法律让位于政治，这不能不说是立法机关的一大悲哀。

共和党和国民党势力的此消彼长决定了国内政治的发展走势。其他党派即使想有所作为，如果没有这两大政党鼎力相助，也无济于事。民主党曾试图推翻内阁，但因没有这两大政党的支持，最终归于失败。1912 年 11 月 3 日，俄国政府背着中国政府与外蒙古签订了《俄蒙协约》，该协约基本上置外蒙古于俄国保护之下，主旨是“驱逐中国，独占全蒙”①，分裂中国版图。消息一经传出，立刻举国震惊。

11 月 13 日，北京民主党通电上海民主党本部及各省支部，并各省都督，宣布政府十大罪状，指责“当局者但知顾全权势，不为国家谋根本之解决。……凡关己地位，稍有妨碍，牺牲政策在所不顾，一若国家可亡而各地位不可不保”，要求国民“急起直追，自负责任，径行诘责政府误国之罪”②。意欲推倒赵秉钧内阁。17 日，民主党本部专门召开会议，议决“与现政府决战”。在民主党鼓动下，参议院对政府就俄蒙协约问题进行了质问。但该党并不满足于此。他们极力游说共和党和国民党，主张弹劾政府，请总统另行组织内阁。同时，外交总长梁如浩因害怕参议院诘责自动辞职而去，工商次长向瑞琨因不满政府对蒙的拖延政策也愤而提交辞呈。因民主党的极力鼓动，参议院与政府的关系才骤然紧张，内阁立时出现不稳迹象。

共和党附和了民主党宣布政府的十大罪状，但对于弹劾政府一节却不以为然。“经某日该党参议员讨论会之议决，谓总统用人不当，而参议院实通过之，亦负相当之责任。值兹外患吃紧之时，不宜轻易动摇内阁。如弹劾案通过，必又陷于无政府之地，其危险更甚”③，

① 黄远庸：《远生遗著》卷一，《民国丛书》第二编（99），上海书店出版 1990 年版，第 295 页。

② 《申报》，1912 年 11 月 17 日。

③ 《蒙事之过去未来》，《申报》1912 年 11 月 25 日。

拒绝了民主党弹劾政府的建议。至于国民党，视赵秉钧内阁为国民党内阁，理所当然地维持政府政策。由于政府的疏通、参议院内力量的对比和民主党自身的分化等种种因素作用，民主党推倒政府的图谋很快烟消云散。在提名陆征祥为外交总长得到参议院通过后，赵秉钧内阁总算稳定下来。

从以上叙述中，不难看出北京参议院时期议会政治的基本特征：同盟会——国民党和共和党是构成北京参议院的主导力量；它们之间的对抗是这一时期议会政治发展的基本线索；两党之争范围狭窄，只围绕着内阁设计各自的政略；议会党争并不是以国利民福为目的，缺乏必要的政治伦理规范等。从总体上看，北京参议院时期的议会政治还处于民主政治的初级阶段。

三　北京参议院的认同危机

任何一个政权，要想长治久安，必须取得社会认同。当然，在不同的历史时期，社会认同的内容和方式并不相同。北京参议院处于旧的专制制度崩溃到新的民国宪政建立之前的过渡阶段。特定的历史阶段决定了北京参议院特定的历史任务。根据《临时约法》，北京参议院肩负着民国临时立法机关的角色，其主要职能是筹建正式国会——人们热望中的最高民意代表机构（民国宪法和大总统将由正式国会产生）、议订过渡时期暂行法律法规、稳定因革命造成的社会裂痕、发展经济、稳定社会秩序等艰巨任务。此外，过渡时期的责任内阁制也是民国正式宪政实施前的预演和试验阶段，能否取得社会认同对此后正式宪政运作意义重大。因此，考察北京参议院运作是否有效，主要依据其能否稳定形势和制定良善法律。

从总体上看，民众对北京参议院的运作并不满意。这种不满主要表现在以下几个方面：

1. 激烈的党争加剧了社会动荡。如前所述，1912 年 7 月 19 日，参议院否决了新任国务总理陆征祥提出的 6 名内阁成员，中国再次陷入无政府状态。消息传出，舆论哗然。社会各界纷纷批评政党之间的意气之争。报界首当其冲，其态度温和者，如《民立报》，慨叹：

“旧阁员之不视事，新阁员之不得参议院之同意也，国可亡而意气不可息，种可灭而私见不可除，人心死矣，谁能救之，呜呼！此可痛哭者也。”① 主流媒体则对否决表决后中国持续出现的无政府状态表示了极大忧虑，《申报》评论指出：中国现在“内而匪徒四起，兵变时闻，未裁之军旅岌岌可危，已撤之士卒流为盗贼；外而日俄谋于东，英逞于西，德法美俟隙于旁。……今救国第一策在新内阁成立而已”，参议院否决陆征祥阁员提名、同盟会阁员辞职后，民国“政治上之弛懈特甚，则天下之望内阁犹大旱之望云霓也。望之者弥殷，而参议院之拒之也弥甚。脱因新政府不能完全成立，外人疑惧，间接而兆瓜分之祸。诸公将何以自解于天下乎?”，“吾今而后知亡国之惨不在远矣”②。态度激进者，如《民声日报》于7月24日发表社论《亡国者参议院及约法也》，公开主张解散参议院。同盟会员孙毓筠也致函袁世凯，请解散参议院，谓与其无政府，不如无参议院③。更有甚者，各种威胁性言论也不断出现。湖北前鄂军第四镇统制邓玉麟等指责参议院“骋意气而昧公理，动则争夺党见，以与政府相水火”，“是立法反为破坏，代表反为公敌，科其罪，直与卖国之李完用相去不能以寸”。并威胁彼等为“一介武夫，为国家起见，惟知以武力判断，虽受破坏立法机关之痛骂，亦所不计”④。北京城内还出现署名健公十人团的组织，封送103封信分配各议员，内称，若再不牺牲党见者，将以炸弹从事。甚至有人打电话告知参议院某人，声称军警异常激烈，请贵院注意⑤。种种威胁言行，不一而足。继3月间风波之后，参议院地位再次面临挑战。

参议院否决阁员行动何以会引起轩然大波呢？这与当时国内外形势发展密切关联。唐绍仪弃职离京后，同盟会4阁员继之辞职，财政

---

① 《民立报》，1912年7月21日。

② 《参议院与新国务员》，《申报》1912年7月22日。

③ 《陆总理演说后之政界》，《远生遗著》卷一，《民国丛书》第二编（99），上海书店出版社1990年版，第192页。

④ 同上。

⑤ 《三日观天记》，《远生遗著》卷一，《民国丛书》第二编（99），上海书店出版社1990年版，第194页。

总长熊希龄也声言去职。陆征祥虽然通过内阁总理提名，但内阁因缺少6位总长而形同虚设。国家实际上处于无政府状态。加之当时民变兵变，此起彼伏，谣言四起，人心浮动，社会秩序极为不稳；参议院否决阁员提名之时，恰好日俄同盟条约和英国在西藏自由行动的宣言见诸报端，民族危机空前严重。参议院否决阁员行动就是在这种内外交困的形势下发生的，这使得原本就不稳定的社会秩序更加动荡不安，自然招致了各种社会力量的不满和攻击。

参议院信用在这次风潮中受到严重冲击。《申报》痛言："参议员非号为代表人民之心理者乎？我民方倚赖于陆总理，而彼忽发生不信任问题；我民方企望陆内阁，而彼独横肆推翻之手段；我民日日盼望政府之成立、政府之稳固，而彼必以党见为前提，悬国家于肘后，恒存一不满我欲望毋宁无政府之毒心。试问，我同胞固能承认此种主张否乎？此等参议员纯乎违反人民之意思，尚何代表人民心理之可言？"[①] 此言真切表达了人们对参议院的极度失望之情。章太炎等人发出通电，大肆攻击参议院，并说，在"此存亡危急之顷，国土之保全为重，民权之发达为轻，国之不存，议员焉论？宜请大总统暂以便宜行事，勿拘牵约法，以待危亡"[②]。这些议论明白无误地向人们表明：参议院不足恃，要想救亡图存，只有加强政府权力。也就是说，因组阁风潮，人们对现政权政治信仰中心产生了怀疑，逐渐朝行政机关转移。这种转移无疑为袁世凯以后集权创造了便利；邓玉麟通电及北京军警的威吓言论进一步助长了军人压迫议会的恶习，军人干政现象的反复出现无疑对民初的议会政治敲响了警钟。

2. 参议院议员行使权力往往有欠慎重。北京参议院成立之初就有舆论指出，议员应慎重行使权力，"凡关于宪法上根本问题，参议院殊无权能议及之"，尤其在制定宪法或改造宪法、决定未来国会之院制、是否采用行政裁判所等方面均非临时参议院有权议及[③]。作者行

---

① 《论参议院不足代表人民之心理》，《申报》1912年7月28日。

② 《陆总理演说后之政界》，《远生遗著》卷一，《民国丛书》第二编（99），上海书店出版社1990年版，第191页。

③ 行严：《告参议员》，《民立报》1912年5月1日。

文的目的虽然重在传播政治知识，但其规劝议员慎重行使权力之意隐然可见。历史发展证明，议员在行使权力方面确实不够慎重，主要表现为滥用弹劾权。1912年7月26日，陆征祥第二次提出的内阁成员名单在军警威胁中基本通过。但随即参议院中就有人放出风声要弹劾陆征祥。张振武、方维案发生后，参议院内弹劾政府之声更是不绝于耳。当时舆论对议员这种动辄以弹劾相威胁的权力行使现象进行了批评：

弹劾者，议院中最后之手续也，宜审慎宜正确，而不可以游戏出之。夫是以有猛虎在山而收藏藿不采之威。

乃观吾国之参议院，何如者兔起鹤落，风云倏忽，国家之大事，若一一以儿戏出之。前此通过陆总理矣，忽焉而否认陆总理，忽焉而又弹劾陆总理，忽焉而又取其所弹劾者而消灭之，夫亦齐矣。

今者张、方一案，激昂慷慨，参议院诸公腾其口舌，一若横磨十万剑，不难倒政府不止。曾几何时而又落花流水，风流云散，到院者且不足四分三法定之人数矣。

吾无以名之，名之曰儿戏之参议院。①

当时著名政论人士章士钊也认为："弹劾者，法律上之手续也，非行政首长之犯叛逆贿赂等罪者不能用之。未闻有用之于政治上过失者也。而补救政治上过失，则为不信任之投票。是故不信任投票者，政治上之手续也。政治上之手续在政治上了之。故内阁一逢此票即行辞职。而法律上之手续，则须诉之法律。故弹劾事件，必须审判于最高法庭。"② 而陆征祥在第一次组阁失败后即已称病入院，并无政治过失可言，也未见违法之举，但参议院动辄以弹劾相威胁，其滥用职权行为，暴露无遗。然而言者谆谆，闻者藐藐，舆论的不满对议员丝

① 《申报》，1912年8月25日。

② 行严：《弹劾与不信任票》，《民立报》1912年5月9日。

毫起不到警诫作用。

3. 参议员的道德素质难孚众望。议员不仅是人民意志的代表，而且也是民众道德的模范。在某种意义上，后者更重要，因为良好的道德素质能够从心理上赢得民众支持，这是一个政权长治久安的根本保证。但北京参议员却没能在道德方面树立起自己的威信。其一，议员经常意气用事，稍有不合，争吵不休，甚至拳脚相加，带头破坏秩序。5 月下旬，参议院讨论是否设立西蒙古案，刘成禺与文崇高发生口角，恰巧两人座席相邻，刘即举手作欲击状。平刚跑过来保护，谷钟秀以为平刚帮助文殴打刘，也站起来准备搏击平。喧呶纷扰，议场秩序已经无法维持，于是终局而散。《申报》称之为“参议院第一次之轰天雷”①。此后议院内议事时，稍不如意，鼓掌、拍桌之声不绝于耳。甚或打架，视议场如战场。舆论对此揶揄道：“寄语国民，欲在参议院中占一席者，当先练习手技，否则闪痛贵手，将奈何?”② 议员是国民的代表，秩序的制定者，更应该是秩序的维护者。而议员却带头破坏秩序。如此议员，何以能赢得民众尊重?

其二，许多议员不务正业，骄奢淫逸。各议员陆续到京后，旅囊充实，行色尤壮，往往招朋引类。日遨游于花天酒地中，缠头一掷，费已不资。日食万钱，犹云不足。甚至呼卢喝雉，与猪奴为伍侪，选色征歌，评娈童之甲乙，视国币如土芥，以风流相夸张，温柔乡则攘臂争前，议事场则掉头不顾。更有甚者，参议院议事时，常见议员传阅艳情小说，甚至有议员与妓寮互通电话，《大公报》讽之为“有声有色”③。在和平时期参议院议员的这些不良行径或许不至于引起民众的较大反感，但当时中国面临的内外形势却为：沙俄蚕食于伊犁，达赖鹰膦于拉萨，宗社党魁升允又狼奔鹿走于关陕，其余包藏祸心伺隙而动者尤指不胜屈。对这种只为个人计为一党计而不为国民之参议员，当时舆论痛言，“万一（议员）坐位未安而强邻已至，议案未决而中国已分，吾不知议员何以对吾国民，吾国民又焉用此参议院之议

① 《参议院第一次之轰天雷》，《申报》1912 年 5 月 29 日。

② 《闲评二》，《大公报》1912 年 6 月 8 日。

③ 《闲评二》，《大公报》1912 年 5 月 28 日。

员。嗟乎！嗟乎！”①

4. 议员议事能力也相当有限。如参议院讨论服制案时，舆论竭尽揶揄之能事，表示不满。《大公报》称其式样为“不伦不类，不中不西”②。不久该报又以“不可解”为题，继续对服制案进行攻击：“一、自古礼服，惟致意于衣裳冠履之间，未有涉及亵衣者。今以亵衣如裤，而亦列入礼服之内，岂一经外人服用，皆可为中国人矜式耶？此不可解者一。二、女子礼服，有套有裙，惟冠则并未提及。其用旧式之凤冠耶，抑用新式之洋帽耶？或以女子无脱帽之礼，故不许其戴帽耶？然礼制中既云不脱帽，则固明明有帽矣。而礼服中反无礼冠，此不可解者二。”其结论为：“礼服之关系，如何重大，而（参议员）竟以儿戏定之，其不贻外人笑柄者几希！”③ 又如讨论行政区划时，议员江辛建议以四方式划分行政区域。此建议立刻引起议场一片嬉笑怒骂之声，有议员引申道：“如此亦大好，既可以划绝数千年插花斗入之弊，又可以在地球上制造一完完全全之棋盘国。”④ 一时在舆论界传为笑谈。议事能力是衡量议员素质的主要参考指标之一，民国肇造，建设方始，更需要议员倾其才，为国家发展奠定良好基础。但参议院议员议事时往往异想天开，不着边际，视国事为儿戏，这样的议员何以赢得民意？

5. 议员普遍缺乏敬业精神。其表现之一为议事效率低下。如，根据《临时约法》，民国国会召集应在 1913 年 1 月 10 日以前。北京参议院开幕为 4 月 28 日，5 月 5 日才正式启动议事程序。此时距离国会召集只有 8 个月左右的时间。但参议院有关国会及其选举的相关法律无一议决。时间急迫，手续繁重。虽然在开院之初参议院就将国会组织法、选举法列入议题，但各议员从容讨论，各持咬文嚼字之资料，迟迟没有议决。舆论对此极为不满，他们惊呼，如此效率“恐开十次全院委员会亦不能望其通过矣。将来起草条文，势必又是如此。十月

① 《参议院罪言》，《民立报》1912 年 5 月 8 日。

② 《闲评二》，《大公报》1912 年 9 月 1 日。

③ 《闲评二》，《大公报》1912 年 9 月 9 日。

④ 《申报》，1912 年 5 月 20 日。

以内召集国会，能乎？否乎？”① 参议院的懈怠行为也引起了行政部门的不满。7月初，临时大总统咨催参议院，要求速行议决国会大纲，以期正式国会如期召集，并拟定了进展日期：

七月初十日　公布国会组织法及选举法

七月二十日　设立国会事务局（筹办完了即撤）

九月三十日　众议院初选办竣

十月三十日　众议院复选办竣

十一月初一日　颁布召集令

十二月二十日　召集国会②

也就在此前后，国务院刚刚咨催参议院，将交议各案从速议决，以便执行。参议院向来以监督政府为己任。现在行政官厅反过来以议决议案咨催参议院，足以表明议员议事态度之懈怠。舆论对此评价为：“参议院非俨然监督政府之机关乎？今乃屡屡受政府之监督，世界自有议院以来，未有如此之口口煞者。”③

其表现之二为缺乏责任心，经常无缘无故缺席议会。议员缺席议会通常有两种情况：一是因为党争，这是政治斗争策略的一种需要，应该另当别论；二是为议员个人私事。后一种情况无疑是一种失职行为，无可辩解。但北京参议院议员恰恰因个人私事而经常无缘无故地缺席院议。1912年10月以后至正式国会开幕的几个月内，参议院会议经常因议员不足法定人数而流会。据统计，1913年1月间，参议院全院委员会只开过一次会议④。2月也只开过2次全院委员会。⑤ 这种状况一直持续到4月8日正式国会开幕。院议流会的主要原因为议

① 《申报》，1912年5月18日。

② 《国会召集期之预定》，《申报》1912年7月12日。

③ 《闲评一》，《大公报》1912年8月2日。

④ 《参议院溺职记》，《民国汇报》，中央文物供应社1976年版，第89—91、292—293页。

⑤ 《时局谈（12）》，《申报》1913年3月9日。

员弃公职于不顾而忙于私事。他们或为党务忙，或为报务忙，或为选举运动忙，而置本职工作于不顾，其暮气日深者更是贪图一己之暇逸，以致议案堆积如山，议事日程延长1个多月而无法议决。尤其第一届国会议员选举期间，大批议员不顾自己身负重任，弃职离京，回乡运动选举。舆论对此屡有抨击，但参议员丝毫没有更改。有少数议员即使在京也不出席议会。如1月20日下午，参议院开第7次会议，当时在京议员有69人，其中11人请假，但出席者只有44人，其余14人既不出席又不请假，极为随便，毫无责任心和敬业精神①。因贪图安逸享乐而缺席院议者也不乏其人。7月下旬，正值北京雨季。参议员因天下雨，连日不赴院议事，致使议案延搁；更有甚者，有议员虽然赴院为雨所阻，但却拖泥蹈水，频繁光顾风月场所，倍形踊跃，俨然以[illegible]闲之身，解积雨之闷。舆论对其进行揶揄挖苦："人方苦雨师之肆虐，此辈转庆天公之做美。虽然，与其聚一群无耻之徒，胡闹瞎闹于光天化日之下，徒乱人意，反不如长此阴雨，任其奔命于胡同中，也觉耳根清净。"②

此外，参议院内出现的议事不分轻重缓急，部分议员甚至公报私仇等不正常现象也都程度不同地受到舆论广泛批评。

参议院为最高民意代表机关，参议员为最高民意代表。既然议院和议员不能明了当时国家所面临的艰难处境，不能满足社会对国家的基本要求，只是一味地陷于狭隘的党争，一味地追求个人利益，而置国家与民族利益于不顾，置民意于不顾，这样的议院，自然不符最高民意代表机关之实；这样的议员，也自然与最高民意代表的称谓相去甚远。因此，从总体上来说，北京参议院难以得到社会认同。

当然，参议院内的激烈党争以及议员与政府的紧张关系，也非一无是处。如各政党互相攻讦，可以促进政务比较公开透明，有助于政务公开，使民众对中央政府的运作了然于胸，对议会政治也有了深入了解。政治的神秘性减少，无疑有助于民主政治的发展。再如，当批

① 《参议院溺职记》，《民国汇报》，台湾中央文物供应社1976年版，第293页。

② 《闲评二》，《大公报》1912年7月26日。

评声浪集矢于参议院时，至少说明舆论可以批评参议院，也愿意批评参议院，关心国家的政治发展。况且，舆论也不一定能反映民意，只是代表了部分看法。参议员不能忽略舆论，也不能依赖舆论，应该密切关注舆论的导向。北京参议院时期的舆论，显示它们对民意机关十分不满，注意力开始转向求助于行政部门。如果各政党能够敏锐地注意这点，后来事情的发展，或许可以补救。

参议院迁至北京后，民初的议会政治有了初步发展：北京政权是在宪法性文件《临时约法》设定的政治架构内运作的，较之南京参议院时期的政府组织法《临时政府组织大纲》，更为正式；参议员由各省临时省议会选举产生，尽管不是普选，但与军政府委派代表相比，显然具有一定的民意代表性质；议会内政治活动呈现多党制特征，各政党之间的合纵连横引起了社会各界的广泛关注；议会与政府的关系跌宕起伏，充分显示了议会政治的内在价值。北京参议院时期的议会政治，一方面体现了议会政治的内在价值，另一方面也暴露了责任内阁制本身存在的众多缺陷（如易于造成内阁更迭频繁等），因此这一时期的议会政治的运作与当时社会各界的基本需求（即渴望统一、安全、稳定、发展的政治局面）格格不入，从这个意义上说，北京参议院尽管具有较强的合法性，但因其无效运作而无法取得社会认同。尤其值得注意的是，北京参议院时期，议会政治模式受到质疑，建设强固政府的思潮不断涌动。这是一个危险的信号。但北京参议院是第一届国会召开前的民意机构，具有明显的过渡性质，也不必苛评。

第五章

第一届国会的顿挫

第一届国会是由普选而产生的国会。选举的结果，国民党在参议院和众议院均取得多数席位，由此也引发了新一轮国会政党的分化组合。国会于1913年4月开幕。1913年11月初，袁世凯政府宣布取缔国民党，收缴国民党籍议员证书，先后被收缴的议员超过400人，国会因不足法定人数而陷于停顿。第一届国会政治的顿挫，除了袁世凯政府的强权外，国会的运作绩效、议员素质等因素，也不容忽视。

第一节　国会议员的选举

一　国会选举的法律规定

《中华民国临时约法》第53条规定："本约法施行后，限10个月内，由临时大总统召集国会；其国会之组织及选举法，由参议院定之。"1912年8月10日，《中华民国国会组织法》、《参议院议员选举法》、《众议院议员选举法》由参议院讨论通过，并经临时大总统公布，正式颁布。

根据《国会组织法》，民国议会由参议院和众议院组成。参议院议员规定每省省议会各选10名议员（全国共22行省），蒙古选举会选27名议员，西藏选举会选10名议员，青海选举会选3名议员，中央学会选8名议员，华侨选举会选6名议员，共274名。众议院按照各省人口数量确定议员数目，即所谓“人口比例主义”。每80万人选议员1名，人口不满800万的省份，也得选举议员10名，蒙古、西藏、青海众议员名额与参议员名额相等。不过，全国人口普查无法一时办到，所以众议院议员名额实际上以前清各省谘议局额数1/3为标准进行配置。众议员总计596名。

第一届国会选举采取限制选举制。依据国会众议院选举法规定，凡有中华民国国籍之男子，年满21岁以上，在选举区内居住满两年以上，具有下列资格之一者，享有选举权：（1）年纳直接税2元以上者；（2）有5百元以上之不动产者；（3）小学以上毕业者；（4）有与小学以上毕业相当之资格者。从资格限制可以看出，前两项为财产限制。根据参议院的解释，直接税以“地丁漕粮为限”，这样广大工商业者就丧失了选举权；不动产之范围“无论所有权及抵当权皆包含在内，船舶亦以不动产论”。后两项是教育限制。其中与小学以上毕业相当之资格范围有：“如前清生员以上及毕业于6个月以上之各传习讲习研究等所、简易速成预备等科，并曾在小学校以上学校充当教员1年以上者皆是，但体操教员不在此限。”① 这些规定，较之前清谘议局选举，已大为宽松。就居住年限言，“居住选区二年以上”较谘议局“十年”的要求，已经大为缩减；就不动产“五百元”言，较之前清“五千元”的限制，也已大为削减。谘议局的教育程度为中学毕业，此次小学毕业即可。选举条件放松，其直接后果就是选民人数大为增加。根据有关统计，前清选举，合格选民总数为170余万人，占全部人口总数约0.45%；民初选举，合格选民总数接近4300万人，占全部人口总数约10%。换言之，在二三年时间内，选民增加了20倍以上。

二　各政党的竞选准备

随着中华民国国会组织法和选举法的颁布，各大政党的斗争逐渐

---

① 《参议院咨大总统解释众议院选举法第四条各款请转饬遵照文》，《中华民国临时政府新法令》，上海自由社1912年版，第24册。

从参议院转移到各省的省议会、众议院和参议院的议员选举中。这是民国成立以来的第一次国会选举，对各政党具有重要意义。根据国会组织法规定，参议院议员从各省议会议员中选举产生；众议院议员的名额依据各省人口数量确定。只有在省议会和众议院议员的选举中取得多数席位，才能为在国会参众两院取得多数席位创造条件；只有在国会中取得多数席位，才能组织内阁，进而掌握政权。有鉴于此，参议院内各大政党对这次选举都摩拳擦掌，跃跃欲试，准备争取最多议席。

国民党议会政治派领袖宋教仁对选举工作十分重视。为了确保大选胜利，他采取了一系列措施：一是扩张党势，大力发展党员。宋教仁将同盟会与统一共和党、国民共进会、共和实进会、国民公党等一些小政团合并，改组为国民党。并号召党员："介绍党员，以有选举权者为标准"，"盖党员愈多，人才愈众。多一党员则将来多一选举权，并可多得一议员，政治上始有权力"①；二是制定周密的竞选计划。国民党总部成立后，即制定了详细竞选计划："第一，派人到各省组党，成立各省支部；第二，掌握各省、县的选举，进行一次胜利的竞选；第三，取得国会及省、县议会中的压倒多数，坚持议会民主制；第四，及早组织强有力的、名副其实的政党责任内阁。"② 为了更好地指导竞选，国民党本部还设立选举科，要求"各分部为筹备选举事宜，应联合数部设分部联合会于复选举投票地"③；三是开动国民党的宣传机器，大造舆论，详细介绍国民党的政治主张，极力呼吁国民支持国民党。

共和党也视省议会和众议员选举为最重要之事，倾力以争。其党纲强调：本党政纲"最合乎现在中华民国立国之大要"，"但是选举若一失败，则虽有此美善之党义，仍不能见诸实行，万一有危险

① 《民主报》，1912 年 8 月 20 日，1913 年 2 月 6 日。

② 仇鳌：《一九一二年回湘筹组国民党支部和办理选举经过》，《辛亥革命回忆录》第 2 集，中华书局 1962 年版，第 177 页。

③ 《国民党规约》，《中国国民党史稿》（邹鲁编著）第 1 册，中华书局 1960 年版，第 138 页。

之事发生，大局不可问矣。故共和党之于选举，一党之胜负问题，不啻即全国之存亡问题”，鼓励党员全力以赴，“不争做官，而争做议员”。它不同意国民党的政党责任内阁的政治主张，提出：“一党执政，则一切大权皆掌于一党，而他党几全无动作之余地”，这是有悖于民主共和的。为能在议会中取得多数议席，共和党采取了积极措施：（1）遍设分部，加强选举的组织工作，传达本部的选举精神。（2）要求党员：一不可放弃选举权利；二不可选举本党以外的人；三要慎重选举，“不可空投”；四则“运动急宜着手占先，不可退落人后”①。

民主党对国会选举也十分重视。其骨干分子萧湘、李文熙在民主党还没成立之前，就致函远在日本的梁启超，请他对选举工作提出指导意见：“国会选举期转瞬即至，吾党不可不早预备正坛演说资料，并各交通处着手运动选举方法，亦请择其纲要，汇帙见示，俾本部早日刊行，通告各地，扩张党势，必有大影响。”② 尽管民主党以第三党自居，声称“不争政权”，但它同时强调，民主党的位置应“全视选举之结果而定”，“若举国欢迎，则出而组织内阁，出而为各省省长，……掌握政柄，亦何所不可”③。问鼎政权之意不言而喻。

各政党对选举活动重视具有重要意义。政治精英通过争取选民，取得议会多数，进而掌握政权，这一方面体现了主权在民等政治原则的实现，另一方面是对清末民权君授观念的彻底否定。它不仅从行动上而且在思想观念上摒弃了几千年来独裁思想的束缚，把西方的政治模式移植到中国，并以此作为富国利民之具，这在中国政治发展史上实在是一个重要的进步。

三　竞选方式

为最大限度地争取选票，各党各种选举方法无不使用其极；为竞选议员，各党各候选人大展拳脚，各显神通。大致说来，国会议员的

① 《时事新报》，1912 年 11 月 5、7、11 日。

② 丁文江、赵丰田编：《梁启超年谱长编》，上海人民出版社 1983 年版，第 647 页。

③ 《论民主党》，《近代稗海》第 6 辑，四川人民出版社 1987 年版，第 209 页。

竞选方式主要有如下几种：

一是通过行政力量控制选举，为本党创造有利的选举条件。

国民党方面，在广东，粤督胡汉民任命了7名复选监督，其中6人是国民党员，“选举调查又须用同盟会员”。胡汉民甚至指名选举某某为议员。江西都督李烈钧任命的6名复选监督也全是国民党人。国民党控制的安徽情况大致也是如此。在湖南，国民党本部派仇鳌回湘主持选举事宜。在亲国民党的湘督谭延闿支持下，仇鳌担任了主持选举事务的湖南民政长，接着他又调整了与选举事务关系极大的各县知事，派出5选区的选举分监督，设立竞选办事处，使“省、县、区的负责人联为一气”①。这些措施无疑为国民党的竞选活动创造了有利条件。

共和党也不甘示弱。湖北选举总监督是共和党人夏寿康。为了增强控制选举的力量，选举前，共和党本部又派阮毓松回鄂，由都督黎元洪任命为筹备选举处长，“尽延共和党人分布各区”，结果“复选监督亦多该党之人”②。甘肃都督赵惟熙以共和党支部长的名义致函地方行政官，声称：“如果他党战胜，不惟有碍大局，即我甘现状万难维持”，必须将本属初选当选人“用全力联络入党，已入他党者勒令退党”③。甘肃甚至出现动用军队强令4名国民党议员填写加入共和党志愿书的怪事④。

统一党方面，他们通过河南都督张镇芳的关系，要求后者支持该党河南支部在选举过程中“放手前进，实力进行”，“万不可稍存退步”，并要求张镇芳“无论用何项手段”，决不能让国民党取胜⑤。四川各党也“先是抓各地区的选举监督，把本党有关系的人安排去各地

① 仇鳌：《1912年回湘筹组国民党支部和办理选举经过》，《辛亥革命回忆录》第2集，中华书局1962年版，第182页。

② 《时报》，1913年1月19日。

③ 《民立报》，1913年1月22日。

④ 《民立报》，1913年2月21日。

⑤ 《袁乃宽致张镇芳函》，《张镇芳存札》，转引自《辛亥革命史稿》（胡绳武、金冲及著）第四卷，上海人民出版社1991年版，第482页。

办理选举事务，以便控制选举，使初选的代表基本上能受本党运用”①。

通过行政力量控制选举，其作用在为本党选举创造有利的外部条件。至于能否当选则还要看其党派的政治主张能否赢得选民的支持以及候选人的个人威望和主观努力等内在因素。如湖北选举基本上控制在共和党手中，但在参议员选举中国民党仍然取得了半数之多；安徽选举控制在国民党人手中，但在27名众议员名额中，国民党仅占11个席位，其他党派却据有16席；再如直隶，控制在北洋军人手中，国民党却取得了骄人业绩：10名额定参议员中国民党占5席，46名额定众议员中国民党占22席。这些数据说明，行政控制可以为选举创造有利的条件，但不是必要条件。

二是通过公开发表演说争取选票。

宋教仁就开了中国这种竞选方式之先河。1912年下半年，宋教仁离京南下，开始竞选活动。他先后前往湖南、湖北、江西、安徽、江苏、浙江等地，到处宣传国民党的政治主张，对当时政府的内政外交进行了猛烈抨击。例如，在汉口，他指出，“……民国虽然成立，而障碍我们进步的一切恶势力还是整个存在。我们要建设新的国家，就非继续奋斗不可。以前，我们是革命党；现在我们是革命的政党。以前，是秘密的组织；现在，是公开的组织。以前，是旧的破坏的时期；现在，是新的建设时期。以前，对于敌人，是拿出铁血的精神，同他们奋斗；现在，对于敌党，是拿出政治的见解，同他们奋斗”。他号召国民党员：“我们要停止一切运动，来专注于选举运动。选举的竞争，是公开的、光明正大的，用不着避甚么嫌疑，讲甚么客气的。”他明确宣称：“我们要在国会里头，获得过半数以上的议席。进而在朝，就可以组成一党的责任内阁；退而在野，也可以严密的监督政府，使它有所惮而不敢妄为。”②其犀利语锋，暴露无遗，颇有宪政先进国家政党竞选之风范。

① 《四川文史资料选辑》第三辑，第5页。

② 蔡寄鸥：《鄂州血史》，龙门联合书局1958年版，第225页。

民主党以清末谘议局为基础展开了竞选活动。其领袖汤化龙巡游大江南北，到处发表演说，大张旗鼓地宣传党义，争取选票。在国会议员选举期间，他自上海溯江而上，旅行各地，每至一处必发表演讲，甚至接见一般选民，并在当地建立民主党支部，扩大党势。

共和党不少党员也选择了公开发表演说的方式进行竞选。如其少壮派人物王绍鏊在江苏省任职期间，就曾抽暇到苏、松、太一带做过四十几次的竞选演说。“竞选者作竞选演说，大多是在茶馆里或者在其他公共场所里。竞选者带着一些人，一面敲着锣，一面高声叫喊‘某某党某某某来发表竞选演说了，欢迎大家来听呀！’听众聚集后，就开始演说。有时，不同政党的竞选者在一个茶馆里同时演说，彼此分开两处各讲各的。”①

公开发表演说的方式进行竞选并不局限于个别地区。王绍鏊回忆说：“当时的竞选活动，除了有一些人暗中进行贿赂外，一般都采取公开发表演说的方式。”② 湖南选举时，也有不少候选人公开发表演说，争取选票：“竞选人有公开的演讲，也有海报，似乎相当吸引人。”③ 各报刊对这些竞选活动的报道实际上间接地起了政治广告的宣传作用。

梁启超评论第一届国会选举时，声称“今者建国第一次选举，未闻有一党发表政纲，建旗帜以卜人民之祈向，又未闻有一选举区焉开政党演说之会。此实普天下立宪国所无之现象，而天下政党所未睹之前例也”④。这种批评其实言过其实，是因共和党竞选失败而对整个选举活动不满的一种宣泄。从上面的引述，不难发现，通过公开发表演说的方式争取选票在当时应该极为普遍。这是一种非常可喜的现象，通过争取选民，进而求得当选，在中国来说，无疑是一种巨大进

① 王绍鏊：《辛亥革命时期政党活动的点滴回忆》，《辛亥革命回忆录》第1集，中华书局1961年版，第405页。

② 同上。

③ 《钟伯毅先生访问记录》第27—28页，转引自《从民初国会选举看政治参与》（张朋园著），《中国现代史论集》第四辑，第99页。

④ 梁启超：《敬告政党及政党员》，《梁启超选集》，上海人民出版社1984年版，第627页。

步。不过，毋庸讳言，许多政党主要不是依靠这种方式来赢得选民支持的。

三是通过贿选方式收买选票。

有些人为当选议员不择手段，有些政党为取得议会多数席位也不择手段。竞选方式翻新，花样迭出。贿选就是其中重要手段之一，不少政党和个人曾求助于此，几乎各省都有。广西桂林民主党在发送选票时，每一初选人附送一券，上写凭票供米粉若干碗。如有未用或未用尽者，可以按市价换取现金。复选时，民主党预先租赁酒楼、妓馆，然后派人在路口以欢迎为名，拦接复选人，不问何党，概拉入内。其他党也多采用这种方法①。浙江国民党员俞寰澄为当选众议员，“决意重价吸收外县之票，若富阳……等县已有人接洽，每票约二三百元不等”②。江苏地区，“初选票价廉者铜元两枚，贵者小洋一角二角不等。复选票则昂甚，省会票每张十元二十元，国会票须在五十元以上”③。广东地区，“收买选票，或一、二元，或四、五元一张，出资数百元即可当选。复选时乃有数百元即俨然可为国会议员矣！”④贿选价格，省会、国会初选举时较低，复选时较高；在选举的相同阶段，国会议员价格又高于省会议员；党派竞争激烈的地区价格也看涨。

贿选是获取选票的一种方式，但不是主要方式。一则并非所有候选人都非常有钱，二则选民的投票倾向主要依据候选人的声望及党团关系等因素。有钱并不一定能当选，当选也不一定就有钱。湖北省议会参议员选举期间，国民党省议员并不富有。他们就居住在三道街原盐道衙门同盟会支部内，人多屋窄，生活拮据，米店也不赊欠大米给他们，只能靠集资度日，勉强维持日常伙食。处境虽然困难，但国民

---

① 魏继昌：《国民党和民主党在桂林竞选国会议员的斗争》，《辛亥革命回忆录》第6集，中华书局1963年版，第470页。

② 《神州日报》，1913年1月9日。

③ 《申报》，1912年12月25日。

④ 《时报》，1912年12月10日。

党省议员意气甚盛，卒使韩玉辰、居正等5人全部当选[①]。广西籍国民党议员曾彦也称："国会选举，……肯出钱买票的极少，结果大多是地方知名之士当选。"[②] 当选国会议员中许多人并不富有也可以证明这一现象。退一步说，贿选并不违法，因为当时参议院并没有对贿选作出明确规范。不过，应该承认，如果有钱，就能为当选创造更为有利的条件。

此外，通过人情关系争取选票等都是当时诸竞选方法中之荦荦大端者，限于篇幅，不一一列述。竞选运动形式的成熟与否是衡量民主政治程度的一项重要参考指数。民初政党候选人的竞选方式略微显得单调，除了通过公开发表竞选演说争取选民可圈可点外，其他两种方法都遭到后来学者的强烈抨击。批评是必要的，但不能脱离社会发展的特定阶段和当时的客观现实。通过行政手段为选举创造条件和贿选虽然在心理上似乎有背自由竞争原则，但它们并没有逸出法律范围之外。因为当时法律对选举诉讼的规范并没有涉及这些方面。民主制度的完善需要一个过程，贿选等不正当竞选方式的出现恰恰是民主完善过程中不可避免的阶段。不能以较为成熟或理想的选举范式来衡量第一届国会的议员选举。所以，上述竞选方法或许不当，但不一定非法。不过，这些看来不适当的竞选方式大行其道说明民主政治的成熟也有一个逐步演进的过程，而民初国会的选举则表明中国正处于民主政治的初始阶段。这大概是可以肯定的。

四 选民的投票心态

选民投票心态是评析第一届国会选举的一个重要方面，也是衡量民初议会政治发展的一个重要尺度。概括起来，民初国会选举时选民心态大致有这样几种类型：

重视民主权利型。这种类型的选民注重自己的投票权利，能够维

---

① 韩玉辰：《民初国会生活散记》，《文史资料选辑》第53辑，第230页。

② 曾彦：《中华民国第一届国会述要》，转引自《从民初国会选举看政治参与》（张朋园著），《中国现代史论集》第四辑，第99页。

护自己的政治权利，防止受到不法侵害，并积极参与投票活动。在沿海经济较为发达且得风气之先省份及通都大邑，不少选民都有这种政治心态。上海闸北公民力争公权就是一例。江苏省会初选举调查时，不知何种原因，宝山民政长并未派员到闸北调查选民情况，因而闸北地区没有人被列入选举人名册，省会初选也就没有举行。在闸北市民公会坚持下，江苏选举总监督同意闸北地区补投选票①。类似情况在上海的珠葑、青蒸、西坪等地也出现过②。常州也出现过公民要求平等行使投票权的斗争③。这种重视民主权利的心态对民主政治的发展无疑具有积极作用，也是民主、平等等政治观念生根于社会的一种显示。

"尽公民义务"型，即作为民国公民应该参与投票活动。全国驰名的水利专家、当时在南京河海工程学校做教务长的李宜之（仪祉），在选举期间千里迢迢地从南京赶回老家陕西潼关进行投票，其目的只是"赶回来尽公民义务"，而"并不是为了想做国会的议员"。无独有偶，青年学子张奚若为此目的也自费从上海回陕西参加投票④。中国知识分子有关注政治的传统，民国成立后更加强了这一倾向。像李宜之、张奚若那样具有政治责任感而投票的例子不是个别情况，尤其在接受过西方民主政治教育的知识分子和大多数士绅及其他中上层人士中更是如此。曾经参加过第一届国会议员竞选活动的王绍鏊，在回忆当时竞选情况时也证实了这一情况⑤。

盲目投票型。不少选民对选举和各政党的竞选活动并不了解，他们参与投票，或因政府宣传，或因政党诱惑，或因人情关系等。在广西，国民党和民主党就利用城乡居民的无知和教育水平低（大多数是文盲，不会写字）的特点，诱之以小恩小惠，拉拢选民把选

① 《申报》，1912 年 12 月 12 日。

② 《申报》，1912 年 12 月 27 日。

③ 《申报》，1912 年 12 月 9 日。

④ 张奚若：《回忆辛亥革命》，《辛亥革命回忆录》第 1 集，中华书局 1961 年版，第 167—168 页。

⑤ 王绍鏊：《辛亥革命时期政党活动的点滴回忆》，《辛亥革命回忆录》第 1 集，中华书局 1961 年版，第 405 页。

票投给己党①。又如上海华亭县初选举时，“不识字之乡人围绕（参加投票的能识字书写者）四周，争求代笔”②。连字都不认识，在这种情况下指望投票行为能够真正体现民意是很困难的。况且，如果不识字，请人代笔，还牵涉授权等一系列法律问题。这些细节都没有受到足够重视。某种程度上，这些细节恰恰体现了民治程度。

政治活动冷漠型。不少选民对竞选、选举、投票等政治活动并不感兴趣，也不管自己是否拥有这些权利或这些权利是否受到侵害。农民就是一个典型的政治冷漠阶层。他们对投票及选举活动一般不感兴趣，在内陆地区表现更为明显。陕西有的地区的初选举是这样进行的：选举事务所邀请当地的士绅，要他们做两件事：“第一，他们要决定各乡应当选的人名单。第二，他们要雇些书记为这些‘应当’当选的人按法定票数抄写若干票。”抄写好了，还要把这些票封在一个柜子里，再把这柜子送到县里，定期开柜数票。数票后当然人人当选③。这就是闭塞农村的投票方式。这些行为显属违法操作，但那些具有选举资格的农民并没有提出抗争，也没有意识到自己的合法权利被剥夺了。王绍鏊回忆他在江苏的竞选情况，也可以作为参证。第一届国会选举时，他曾抽空到苏州、松江、太仓等地进行了竞选演说。演说时“听讲的大多是士绅和其他中上层人士。偶尔也有几个农民听讲；但因讲的内容在他们听来不感兴趣，所以有的听一会儿就走开了，有的坐在那里也不听”④。这些记载较为客观地反映了当时农村选举活动的实际情况。

弃权是对选举冷漠的另类表现。据报载，江苏初选举时，苏州市合格选民约为2万，而实际投票人数是8600人，占应该投票人数的43%；吴县合格选民为63808人，但实际投票人数只有16583

---

① 魏继昌：《国民党和民主党在桂林竞选国会议员的斗争》，《辛亥革命回忆录》第6集，中华书局1963年版，第470页。

② 《申报》，1912年12月8日。

③ 张奚若：《回忆辛亥革命》，《辛亥革命回忆录》第1集，中华书局1961年版，第167页。

④ 王绍鏊：《辛亥革命时期政党活动的点滴回忆》，《辛亥革命回忆录》第1集，中华书局1961年版，第405页。

人，占应该投票人数的 26% 左右。换言之，不少选民没有参加投票。选民为何不参加投票呢？其原因很复杂。对多数农村选民来说，他们长期生活在专制体制之下，缺乏民主习惯，不知道运用法律赋予的权利来保护自己的利益。也有不少选民认为选举与自己关系不大，投不投票不碍大局；或者认为生活中有比投票更重要的事情，投票倒还在其次；有的选民则因投票代价太大而选择弃权（如民国初年交通还非常落后，投票所设置又少，在地广人稀地区，不少选民不愿星夜兼程、跋山涉水地去投票）。《申报》曾刊登了一篇题为《汝投票去乎？》的小说，对选民冷漠投票活动的心态有着生动说明[①]。当然，40% 左右的投票率也可以接受，低于 30% 或高于 75%，那就有问题了。

游戏选举型。有选民对现实政治不满或认为自己没有能力改变现实，他们对选举活动的目的、意义都有所了解，但并不认真地行使自己的权利，而只是以一种游戏的态度对待选举投票。如有的选民在选票上书写“钱运动”、“那班鬼”、“何必举”等字样，即属于发泄对选举中舞弊现象的不满而有意为之。又如投票过程中出现的选民出卖自己的选票行为，其原因之一即认为自己的一票无足轻重，不如卖掉，赚个实惠，也可归入此种类型。

民初选民投票心态相当复杂，上面列举只能说是稍有代表性的几种情况。当时有人根据投票心理与票数之关系，把选民分为 3 种：“其为党义所逼而投票者程度最高，次为个人交情者，又次贪酒食小惠者。”[②] 这种看法还是比较接近选民实际心态的。

通过以上分析，可以看出，民初选民投票心态呈现出多元化特征。这种多元化特征，一方面表明了民主权利观念在民众思想中潜滋暗长，民主政治中积极的因素在壮大；另一方面也显示平等自由权利在政治实践中得到了贯彻，选民自由地投票或弃权，自由地表达自己的意志，基本上不受外来力量的干涉。这些恰是民主政治发展中不可

① 《申报》，1912 年 8 月 6 日。

② 《申报》，1912 年 12 月 15 日。

或缺的因素。而多元化本身就是对专制独裁的一种否定，即不必以他人的意志为意志，在一定意义上来说这也是政治的一种进步。

五 选举过程中出现的问题

在这次国会选举中也暴露了不少问题，主要有以下几个方面：

选民调查不够准确。选举必须进行选民调查，第一届国会选举实行的是限制选举，因而选民调查与人口普查、财产申报、教育程度认证等制度密切关联。但民初并没有进行过人口普查，财产申报等与选举相关的制度也没有建立起来，再加上调查人员态度马虎，因而在选民调查过程中出现了不少问题：一是漏列合格选民，如有的调查员到民户调查公民资格，或因说明不详，或因男人外出，妇女害怕，不敢明告，一些有资格的选民因此漏列①。上海闸北地区因选举调查失误致使选民全部漏列②；二是浮报选民，如广西浔州、柳州，所报选民竟然占人口的1/2或1/3，其中多数选民“皆系选举事务所违背法定报告日期，故纵各属浮报所致”③。从当时的报道和相关计算看，浮报选民似乎远多于漏列选民。

投票秩序混乱。这次投票活动，选民人数众多，规模空前，而不少地方的选举事务所对此缺乏足够认识，设置的投票地点较少，选民拥到一处投票，致使许多投票所发生秩序混乱情况，严重干扰了正常的投票活动。如上海华亭地区投票时，城厢及8、9乡区投票于一处，聚集数万人而在一处投票，数十百人一齐拥入，“于是签名簿之须签名者不签名，而签名之令废；投票证之须截角者不及截角，而截角之制废。再拥而入内，争先书写，则投票处之台桌挤倒，门窗挤碎，于是秩序愈大乱”④。因投票场所组织不充分而引发的秩序混乱当时在许多省份都有报道。党争或暴力胁迫是引发投票秩序混乱的另一个重要原因。如江苏武进选举省议员时共设10个投票区，但因共和党、

① 《时报》，1912年12月10日。

② 《申报》，1912年12月12日。

③ 《赵秉钧致陆荣廷电》，《政府公报》第214号。

④ 《申报》，1912年12月8日。

国民党竞争激烈，其中有8个投票区被毁，管理员被殴，签到簿、投票匦无一完存[①]。针对投票秩序的混乱状况，袁世凯曾特意电饬各省增派警力，保持秩序。

与选举配套的法律制度还不规范。选举诉讼是选举过程中的常见现象，民初国会选举也不例外。选举法规定公民对舞弊违法情事得向地方、高等审判厅提起诉讼，但当时的司法机关很难作出公正裁决。如湖南沅州公民杨子玉等以国民党县知事汪自任选举舞弊，票纸超过选民总数提起诉讼，但汪阻止开庭，并以杨等妨害选举、妄控长官为辞，将其收押[②]，党狱亟迫。又如安徽初选当选人汪又其起诉一区复选监督私自立法、干涉选举，但高等审判厅庇徇，延不开庭，诉讼无门[③]。之所以出现这种情况，一则因为司法权还没有从行政权中真正独立出去，受行政机关影响较大；二则司法制度本身也不完善，司法人员并非通过适当的制度化途径选拔产生，司法机关常常为党派所控制，因此对一些模棱两可的选举诉讼很难作出公平裁决。

此外，贿选等不良现象在当时都经常见诸报端。从选举过程中暴露的问题看，大致可以归结为组织不力和法律制度不健全两大方面。这表明民主政治建设是一项系统的渐进工程，而不是一蹴而就的。民主政治的推进不仅需要理想，更需要制度保障。事实的发展与清末梁启超提出的“施政机关未整备”[④]而不能遽行立宪的政治预言不谋而合。因此，从这个意义上说，第一届国会选举是一次仓促的选举。不过，这些问题的出现也是民主政治发展过程中不可避免的现象，不必求全责备。选举诉讼能够公诸报端，本身就是一个良好的现象。

第一届国会选举中出现的许多不尽如人意的地方，如各党为争取更多议员名额而竞相浮报选民、许多地区因准备不充分而引发投票场

① 《申报》，1912年12月10日。

② 《内务总长致湖南都督电》，《政府公报》第276号。

③ 《筹备国会事务局致安徽都督电》，《政府公报》第281号。

④ 《开明专制论》，《梁启超选集》，上海人民出版社1984年版，第492页。

所秩序混乱、与选举有关的相关法律规范还不完善等，在一定程度上影响了选举公平、公开、公正的原则，不过也表明选举还有一个逐步完善的过程。尽管存在着这样或那样的问题，这次国会选举基本上是一次成功的选举。各政党候选人按照西方各国议会政治运作的模式，把主权在民等政治原则付诸实践，并在法律许可范围内，通过各种方式争取选民，充分体现了自由竞争的政治原则；大多数选民则充分运用法律赋予的权利，自由地投票或弃权，以自己的意志为意志，保留对政治发展的最终决定权，并以选票来表达自己的选择。这都是中国历史上前所未有的新鲜现象。从这个角度看，第一届国会选举在中国政治现代化过程中具有划时代的历史意义。

六 投票的结果

1913 年 2 月，第一届国会参众两院议员选举结束，各党在国会中所获议席状况如表 5 - 1 所示。

表 5 - 1 第一届国会参众两院议员投票结果

<table>
<tr><th colspan="2">党籍</th><th colspan="2">众议院</th><th colspan="2">参议院</th><th colspan="2">合计</th></tr>
<tr><td colspan="2">国民党</td><td colspan="2">269</td><td colspan="2">123</td><td colspan="2">392</td></tr>
<tr><td rowspan="3">进步党</td><td>共和党</td><td>120</td><td rowspan="3">154</td><td>55</td><td rowspan="3">69</td><td>175</td><td rowspan="3">223</td></tr>
<tr><td>统一党</td><td>18</td><td>6</td><td>24</td></tr>
<tr><td>民主党</td><td>16</td><td>8</td><td>24</td></tr>
<tr><td colspan="2">跨党者</td><td colspan="2">147</td><td colspan="2">38</td><td colspan="2">185</td></tr>
<tr><td colspan="2">无党者</td><td colspan="2">26</td><td colspan="2">44</td><td colspan="2">70</td></tr>
<tr><td colspan="2">总计</td><td colspan="2">596</td><td colspan="2">274</td><td colspan="2">870</td></tr>
</table>

资料来源：《中华民国立法史》，第 79 页。

从表 5 - 1 可以看出，国民党在参议院中取得了 123 个席位，共和党只有 55 席，统一党和民主党合计 14 席，国民党的优势地位明显可见；众议院中，国民党占了 269 席，共和党仅 120 席，统一党和民主党合计 34 席，也就是说国民党占有接近半数之席位。因此，从总体上看，国民党在国会两院计占392席，在大选中取得了胜利。其余三党席位合计占200多席，尚不及国民党2/3。

选举结果对各党发展走势有着极为深刻的影响。就国民党而言，选举的胜利，一方面，无疑起到了复兴党势的作用。在此之前，国民党发展日呈衰落之势：孙中山辞去临时大总统、南京留守府撤销、北京临时政府同盟会内阁垮台等，无一不显示国民党在全国范围内的政治影响日益减弱。而大选胜利表明国民党在国家级政权机构中将卷土重来。另一方面，国民党的胜利，引起了袁世凯及国民党反对党的强烈不安。袁原本就不大适应民国成立后出现的自由民主的空气，尤其讨厌同盟会设计的代议制政体①。随着大选形势逐渐明朗，国民党开始公开抨击政府的内外政策，并有迹象表明国民党胜利后准备将袁世凯赶下台②。在这种情况下，袁世凯决心不惜采取任何手段进行反击。国民党取得胜利之际亦即走向毁灭之时。

就其他三党而言，在国民党的胜利面前，它们感到了巨大压力。为了谋求与国民党抗衡，一方面，它们秘密磋商，商谈合并，以便在国会造成两党对峙局面。另一方面，它们积极寻求袁世凯支持，以期与之联合，共同遏止国民党的上升势头。1913年4月在共和党国会议员大会上，梁启超公开宣称，中国政坛目前有乱暴派（指孙中山一派）和腐败派（指袁世凯一派）之分，共和党以极微弱之力与它们奋斗。在不能同时战胜两敌的情况下，不得不先战其一，共和党“认祸国最烈之派为第一敌，先注全力以与抗，而于第二敌不得不暂时稍为假借”③。明确提出了联合袁世凯制衡国民党的策略方针。这样，经过一年多的恢复发展，立宪派力量逐渐积蓄丰盈，在所谓腐败派支持下向国民党发出挑战宣言。第一届国会选举的结束，预示着民国成立以来的政治整合进入了关键阶段。

---

① 《政府公报》第585期，1913年12月19日。

② 胡绳武、金冲及：《辛亥革命史稿》第四卷，上海人民出版社1991年版，第508—513页。

③ 《共和党之地位与其态度》，《梁启超年谱长编》，上海人民出版社1983年版，第667页。

第二节 国会的组织机构及立法成效

一 国会的组织机构

1913 年 4 月 8 日，中华民国第一次国会正式成立。国会由参众两院组成。两院设议长、副议长各一人，分别由本院议员根据所定规则选举产生，两院分别由全院委员会、常任委员会和特别委员会构成。

参议院。全院委员会由全院议员组成，审议重要议案，设全院委员长 1 名，于每一会期开始选举产生，但议长、副议长不在选举之列。10 月下旬，常任委员会 12 股常任委员选举产生，其人数分别为法制股 25 人，财政股 25 人，内务股 11 人，外交股 11 人，军事股 11 人，交通股 11 人，教育股 11 人，实业股 11 人，预算股 45 人，决算股 27 人，请愿股 25 人，惩戒股 11 人。特别委员会为审查特别议案临时组建，委员人数根据院议随时指定。

众议院。全院委员会由全院议员组成，设全院委员长 1 名，于每年开会时选举产生，但议长、副议长不在选举之列。各常任委员会人数分别为法典 25 人，预算 49 人，决算 49 人，外交 15 人，内务 19 人，财政 25 人，军政 15 人，教育 15 人，实业 15 人，交通 17 人，请愿 25 人，惩戒 15 人，院内审计 15 人。不过，到国民党被解散时，各常任委员还没有选举出来，实际是虚有其名。特别委员会人数由院议确定。

根据国会组织法，民国议会的职权有：（1）议决一切法律案；（2）议决政府之预算决算；（3）议决全国之税法、币制及度量衡之准则；（4）议决公债之募集及国库有负担之契约；（5）大总统任命外交大使、公使、宣战、媾和、缔结条约及宣告大赦之同意权。不过预算决算须先经众议院之议决。但对下列事项，两院各得专行之：（1）建议；（2）质问；（3）查办官吏纳贿违法之请求；（4）政府咨询之答复；（5）人民请愿之受理；（6）议员逮捕之许可；（7）院内法规之制定；（8）对于大总统及国务员之弹劾等权。

议员的自身权利主要有三：（1）议员于院内之言论及表决，对于院外，不负责任；（2）议员除现行犯及关于内乱外患的犯罪外，会期中，非得许可，不得逮捕；（3）议员有享受法定岁费及公费的权利。参议院议员任期 6 年，每 2 年改选 1/3。众议院议员任期 3 年，期满改选。两院议长、副议长，各由本院互选。无论何人，同时不得兼任两院议员。民国议会会期为 4 个月，但如果事属必要，可以延长。其开会闭会两院同时进行。关于制定宪法，则由两院会合会进行①。

国会的组织机构较之临时参议院变化很大：从形式上看，国会采用两院制，而临时参议院是一院制；从议员产生看，国会由普选产生，而临时参议员或由军政府指派或由省议会选举；从内部组织看，临时参议院只有 5 个委员会，而国会参众两院至少有 12 个以上的职能委员会。经过一年多的实践，民国代议机关的组织机构已经逐步完善。不过，这种完善只是表面现象，因种种原因，参议院常任委员会直到 10 月下旬才基本选举完毕，而众议院直到国民党被解散，各常任委员会还没有选举公布，也就是说，这些组织机构只存在于文字上，并没有在现实政治中发挥应有的作用。

二　国会的立法成效

旧的社会秩序被打破后，必须尽快建立新的社会秩序。在民主共和制度下，秩序是通过法治来保证的。而制定法律的权力又操纵于国会，因此，立法状况不仅是衡量国会运作绩效的重要指标，而且也是稳定社会秩序的客观需要。较之临时参议院，人们对正式国会的立法效能寄予了更大希望，毕竟国会议员通过普选产生，是真正意义上的民意代表，不像临时参议员，或官派或由临时省议会选举产生。而且临时参议院只是一个过渡机构，只能议决暂行法律。所以正式国会开幕时，人们对它抱有很大期望，如《申报》祝词为："议员乎，我全国国民今日以崭新之中华民国畀汝矣，以最高无上之立法权付汝矣，

① 《中华民国临时政府新法令》，上海自由社 1912 年版，第 21 册。

以全国人民存亡生死托汝矣。”① 那么，民初国会的立法状况如何呢？现以国会参众两院议决案为例，对其立法效能进行评估。

（一）参议院重要议决案一览表

表 5－2　参议院重要议决案一览

案由	提出者或移付者	提付议员日期	议决日期
议院法	起草委员会提出	1913 年 6 月 9 日	1913 年 9 月 11 日
两院议员旅费表	起草委员会提出	1913 年 8 月 22 日	1913 年 10 月 24 日
参议院议事规则	起草委员会提出	1913 年 6 月 11 日	1913 年 10 月 13 日
参议院 议长副议长互选规则	预备会提出	1913 年 4 月 24 日	1913 年 4 月 24 日
参议院委员会规则	起草委员会提出	1913 年 8 月 6 日	1913 年 10 月 13 日
参议院 秘书厅组织规则	起草委员会提出	1913 年 8 月 6 日	1913 年 9 月 23 日
参议院 警卫厅组织规则	起草委员会提出	1913 年 8 月 20 日	1913 年 9 月 10 日
参议院 警卫厅办事规则	起草委员会提出	1913 年 8 月 20 日	1913 年 9 月 10 日
参议院旁听规则	起草委员会提出	1913 年 5 月 3 日	1913 年 6 月 13 日
宪法起草委员会 互选细则	起草委员会提出	1913 年 6 月 23 日	1913 年 6 月 25 日
国会议员 内乱外患罪逮捕法	众议院提出	1913 年 9 月 5 日	1913 年 9 月 5 日
戒严法施行法	议员陆宗舆提出	1913 年 9 月 8 日	1913 年 9 月 23 日
浦信铁路借款合同	大总统 提出众议院移付	1913 年 10 月 20 日	1913 年 10 月 29 日
咨请政府速将本年 预算提交国会议决	议员袁嘉提出	1913 年 8 月 6 日	1913 年 8 月 13 日
政府以任命熊希龄为国务总理求同意	大总统 提出众议院移付	1913 年 7 月 30 日	1913 年 7 月 30 日
政府以任命孙宝琦等为国务员求同意	大总统 提出众议院移付	1913 年 9 月 11 日	1913 年 9 月 11 日
政府以禁烟公约 求同意	大总统 提出众议院移付	1913 年 10 月 20 日	1913 年 10 月 20 日
众议院 以先行议定关于选举正式总统方法求同意	众议院提出	1913 年 9 月 8 日	1913 年 9 月 8 日

① 《申报》，1913 年 4 月 8 日。

续表

案由	提出者或移付者	提付议员日期	议决日期
查办河南都督张镇芳违法溺职	议员段世垣提出	1913 年 7 月 2 日	1913 年 7 月 16 日
查办湖北民政长夏寿康违背约法	议员郑江提出	1913 年 8 月 6 日	1913 年 8 月 15 日
美国承认民国应先派专使赴美答谢	议员朱兆莘提出	1913 年 6 月 23 日	1913 年 6 月 23 日
建议与英国严重交涉废约停运退还印烟	议员黎尚雯提出	1913 年 6 月 30 日	1913 年 6 月 30 日
建议规划国民银行制度图广销公债以救济财政	议员蒋羲明提出	1913 年 8 月 6 日	1913 年 8 月 15 日
建议南方乱事既定请政府勿事株连	议员陈铭鉴提出	1913 年 9 月 23 日	1913 年 9 月 23 日

资料来源：佐藤三郎《民国之精华》，第 25 页。

根据表 5－2，可以看出，参议院在 210 天时间内，其议决成绩为：（1）从议案数量看，参议院共通过 24 件，即平均 8.75 天通过一件议案，较之临时参议院，无论南京时期或北京时期，显然过少。（2）从提案者看，议员提案 8 件（国民党议员提 5 件，进步党提 2 件，党籍不详者提 1 件），起草委员会提出 9 件，大总统提出、众议院移付为 4 件，众议院提出 2 件，预备会提出 1 件。这种提案构成也不正常。一般而言，建国伊始，行政部门应该为提案的主要构成部分。现在却相反，议院提案多于行政机关。对照当时的政治斗争，可知国会与政府之间的关系非常紧张。（3）从提案内容看，10 件是关于国会自身组织的完善，外交 3 件，财政 3 件，承诺 2 件，地方事务 3 件，其他 3 件。这一构成，表明参议院的制度建设成为焦点内容，其他方面涉及很少。

（二）众议院重要议案一览表

表 5－3　　众议院重要议案一览

议案题目	提出者	可决或否决
关于蒙古事件中俄协约咨请同意案	大总统	可决
中华民国二年一月至六月预算案	大总统	否决
浦信铁路五厘借款案	大总统	可决

续表

议案题目	提出者	可决或否决
中央学会选举资格咨询案	大总统	否决
拟订民事诉讼印纸暂行规则咨询案	大总统	可决
契税法案	大总统	可决
拟任施肇基为驻美公使咨请同意案	大总统	否决
行政执行法第七条修正案	大总统	否决
预算法案	大总统	可决
拟任熊希龄为国务总理咨请同意案	大总统	可决
禁烟公约咨请同意案	大总统	可决
拟任孙宝琦等为国务员咨请同意案	大总统	可决
众议院议长副议长互选规则案	本院	可决
宪法起草委员会众议院选举规则案	本院	可决
议院法案	参议院	可决
众议院规则案	本院	可决
国会组织法第二条又参议院议员选举法第五章修正案	本院	否决
咨请政府查办奉天北路洮南各县官吏违法案	本院	可决
关于内乱罪之嫌疑者应归大理院审判建议案	本院	可决
两院议员旅费表案	参议院	可决
南方乱事已平请政府迅即宣告解严建议案	本院	可决
对于楚豫两省剿办白匪善后事宜建议案	本院	可决
关于蒙古事件中俄协约建议案	本院	可决

资料来源：佐藤三郎《民国之精华》，第 26 页。

根据表 5－3，众议院的议决成绩为：从议案数量看，众议院共通过 23 件，与之前的南京参议院和北京参议院比较，不可同日而语；从提案者看，大总统提案 12 件，众议院自提 9 件，参议院提出 2 件。这种提案结构较为符合现代政治的发展趋势；从提案内容看，有关国会自身组织完善的议决有 6 件，外交 3 件，财政 4 件，承诺 3 件，地方事务 2 件，其他 5 件。其提案内容构成与参议院基本一致。

如何看待国会的立法效能呢？不妨与此前的临时参议院和此后的参政院①作一比较，再下结论：

① 参政院，袁世凯时期的所谓民意机构，不是通过普选竞争产生的，时间从 1914 年 6 月到 1916 年 3 月。因不具备民意机构的基本特征，故其立法成效没有计算。

表 5－4　　临时参议院、国会、参政院立法效能比较

<table>
<tr><td colspan="2" rowspan="2"></td><td rowspan="2">南京参议院</td><td rowspan="2">北京参议院</td><td colspan="2">国会</td><td rowspan="2">参政院</td></tr>
<tr><td>参议院</td><td>众议院</td></tr>
<tr><td colspan="2">存在期限</td><td>1912. 1. 28—4. 6</td><td>1912. 4. 28—1913. 4. 8</td><td colspan="2">1913. 4. 8—11. 4</td><td>1914. 6. 29—1916. 3</td></tr>
<tr><td rowspan="3">立法成绩</td><td rowspan="2">总数</td><td rowspan="2">27</td><td rowspan="2">72</td><td>24</td><td>23</td><td rowspan="2">35</td></tr>
<tr><td colspan="2">1</td></tr>
<tr><td>平均数</td><td>2. 5 天/件</td><td>5 天/件</td><td>8. 75 天/件</td><td>9 天/件</td><td></td></tr>
</table>

通过表 5－4 可以看出，无论与临时参议院或参政院相比，国会的立法成绩都少得可怜。会期 7 个月，第一届国会议决的法案只有 1 件。而从地位来说，只有国会才具有合法性。合法性与立法效能的巨大反差确实值得深刻反思。从实际影响看，有学者研究后指出："所有重要的开国法制，可以说都是临时参议院完成的"①，而参政院在不到三年的时间里，"用大量的时间，迅速制定了一系列法律、法规，以规范社会，稳定社会秩序。……这一时期的立法活动，形成辛亥革命以后民国政府第一次大规模的立法高潮。法律、法规的制定、实施，为规范社会、发展经济提供了有利条件，也为中国法律近代化创造了良好的基础"②。反观国会，除了党争，还在人们的脑海中留下了什么印象呢？国会立法效能低下直接影响其政治权威的确立，也为后来各省军政长官要求停止国会议员职务提供了口实，其产生的消极影响是深远的。

第三节　第一届国会的议会政治

一　主要政党

（一）进步党

国会参众两院议员选举揭晓后，共和党、民主党和统一党取得的

① 张玉法：《民国初年的国会》，书日文献出版社 1987 年版，第 25 页。

② 朱勇：《中华民国立法史·序言》，中国政法大学出版社 2000 年版，第 3 页。

议席加起来也不及国民党。要想抗衡国民党，三党除了合并外，已经别无选择。梁启超、张謇、黎元洪等少数党领袖积极谋求合并。袁世凯也需要在国会内组织一大政党，抗衡国民党，以期为我所用。在袁世凯的支持及三党重要人物的积极努力下，共和党、民主党和统一党合并步伐加快。1913 年 5 月 27 日，三党正式组建为进步党。

进步党的政纲有 3 条：（1）采取国家主义，建设强善政府；（2）尊重人民公意，拥护法赋自由；（3）顺应世界大势，增进和平实利。进步党采取理事制，黎元洪为理事长，梁启超、张謇、汤化龙、孙武等 9 人为理事。理事下设政务、党务两部，负责具体事务。林长民掌政务，下设法制、财政、外交、军政、教育、实业、地方自治和庶政等科；丁世峄掌党务，下设文牍、会计、交际、地方和庶务等科。从党派构成看，原民主党成员在进步党中占据了许多要职。

进步党是各议会少数党为对付国民党而强行捏合的，并不是以宗旨上的自然亲近而结合，因此组建不久即告分裂。6 月 22 日，旧共和党民社派的张伯烈、郑万瞻等与原统一党中的黄云鹏、吴宗慈等 40 多人宣布脱离进步党，恢复共和党。他们所持的理由为：（1）民主党系少数党，违背合并原约，攫取多数之职位，有垄断嫌疑；（2）共和党开最后协议会时，出席人数不及一半，因此没有议决权；（3）共和党本部隐藏黎元洪及湖北共和党支部请求履行合并原约的电报；（4）共和党有 4 万元财产尽为进步党提用。尽管共和党从进步党分裂出来，但仍然拥护袁世凯为总统，以国民党为政敌，所以国会内党派力量并没有因此而有多大改变。进步党合并成功，标志着中国政党发展进入了一个新的历史时期。临时参议院时期，共和党和国民党两党对峙，究其实质而言，仍是原革命党之间的对抗，立宪派在议院内的地位并不重要。国会召开时期，国民党和进步党两党抗衡，此时进步党已为原立宪派所控制，因此国民党和进步党之争，究其实质而言，乃原国民党和原立宪派的对峙，是历史上激进派和温和派的再次正面交锋。立宪党人经过短暂沉寂，借助政党，终于东山再起，重新进入了政治权力的中心。

（二）国民党

国会召集不久，国民党即四分五裂，主要分为以下几部分：

（1）相友会。成立于5月，会长刘揆一，副会长陈黻宸，干事有孙钟、黄赞元等，会员有二三十人，也有共和党、民主党、统一党等人。（2）政友会。成立于6月19日，由山西籍众议员景耀月和前安徽都督孙毓筠发起。其党纲为巩固共和，发展国力，实行世界的国家主义。景耀月任会长，于右任、彭占元为副会长，有议员六七十人，其会员国民党籍占3/5，进步党籍占2/5。据传曾接受袁世凯提供开办费50万元。（3）癸丑同志会。成立于6月16日，由湖南众议员陈家鼎等发起组织，以两湖人员为中心。陈是国民党员，因与吴景濂争议长候补不得而独树一帜。干部人物为刘公、张我华、马小进、韩玉辰等人，会员有10余人，与国民党接近。（4）集益社。广东人的政团组织，由朱兆莘发起，社员20余人。（5）超然社。由湖南籍国民党议员郭人漳、夏同和等组织，有社员30余人。

国民党议员之所以出现分裂，主要原因有二：一是进步党和袁世凯政府分化政策的作用；二是宋案发生后，南方二次革命的论调不绝于耳，南北关系骤然紧张，一些稳健派议员进退两难，所以选择了另立门户。尽管四分五裂，国民党在国会内依然举足轻重。

（三）公民党

随着战场上的节节败退①，国民党在国会内的力量也日呈衰落景象。其稳健派捐弃前嫌，与进步党合作，不仅提高了国会的议事效率，更促成了熊希龄内阁的成立。进步党也感到政府咄咄逼人的气势，愿与国民党提携，遇事颇能和衷共济。国会内政党关系的变化引起了袁世凯不安，于是想另行组织政党与之对抗。公民党应运而生。1913年9月8日，临时政府秘书长梁士诒联合议员同志会、集益社和潜社等小政团，组建公民党。成立大会上，梁提出："本党之党纲，系在于以国家之权力，实行政治之统一，且增进国民之幸福。若谋国家之权力，须以整顿财政为急务；而民福之增进，不可不自实业上着眼。希望为本党党员者，勿吐政治上难以实行之空论，总须以如何然

---

① 1913年7月，李烈钧在江西举旗讨袁，得到南京等地支持，史称二次革命。几个月后，革命失败。

后可以实行为前提，然后乃有国利民福之一日。”① 梁士诒为公民党党魁，叶恭绰副之。公民党本部设理事、参事、评议员干事若干人，干事下设总务、政事、文书、交际和会计5科，负责具体事务。其干事于成立会以后，即开谈话会，议决以选举袁世凯为正式大总统为本党政策的第一步。干部人物有李庆芳、梅光远等。

公民党的成立，标志着民初政党发展开始走向堕落。共和党和进步党虽然拥护政府，但并不献媚政府；它们支持政府，但并不是毫无保留；它们有独立的政党意识，能够以国利民福为宗旨；它们与同盟会和国民党竞争，但并没有脱离议会政治的轨道。公民党则不然，它虽然号称政党，却以实现个人目的为宗旨（选举袁世凯为正式大总统）；它并没有独立的政党意识，只知献媚政府；为了达到个人目的，它不择手段。公民党只是作为袁世凯个人政治斗争的工具而存在。因此它的成立，标志着民初政党发展走向了堕落。

（四）民宪党

公民党的成立，极大地刺激了进步党和国民党，迫使后者产生进一步提携的必要。当时国民党员张耀增、谷钟秀等思久隶国民党，恐遭意外，不如及早脱党，以免后患。进步党和新共和党的一些重要人物，如丁世峄、李国珍、蓝公武、刘崇佑等，也感到平定南中二次革命以后，袁世凯权势日盛，对国会态度也日趋强硬，谋求另建政党加以牵制。10月21日，曾经是一对政敌的几党宣布合建民宪党。那些没有加入民宪党的国民党员，主张维持国民党之名，但与民宪党相互联络。民宪党宣言首先批评了因党争激烈而出现的政党无用论，指出，以前政党的弊端在于：（1）私党色彩过多，（2）以党为图私利的工具。现在“我党群策群力，以相集合，以贯彻民主精神，厉行立宪政治为宗旨。对于国家，负忠诚之义务。如有摇撼民主国体者，则竭全力维持之，保护之。对于政治先培养国力，而继之以发扬国光。政府而有逸出宪政之常轨，吾党则认之为公敌，不为阿谀，亦不专以

① 杨幼炯：《中国政党史》，上海书店出版社1984年版，第75页。

攻击为事，务以公平之态度，为完密之监督焉”①。民宪党的出现，虽然为民初的议会政治增添了几分色彩，但并不能挽救民初国会覆灭的命运。此时距离国民党被解散已不到两周。

二次革命以后，国会内政党之分野，一方为公民党和进步党，为政府张目；一方为民宪党和国民党，立于反政府之地位。党争也只是公民党和民宪党的论争。但这时政党已经穷途末路。11 月 4 日，国民党被解散后，国会消亡于无形，也就无所谓党争了。

二　国会的党争

正式国会时期的议会政治，以二次革命爆发为分水岭，大致可分为两个阶段：第一个阶段从国会召集至二次革命发生（即 1913 年 4 月初—7 月中旬）。国会内国民党与进步党对峙，国民党以推倒政府为目标，后者则极力维护政府，袁世凯则通过各种手段削弱国民党力量；第二个阶段从熊希龄组阁至国民党解散（1913 年 7 月底—11 月初）。国会内国民党和进步党相互提携，以期对政府有所限制，袁世凯政府则组织公民党，便于运用，10 月下旬，国民党和进步党相互提携之民宪党宣告成立。但袁世凯政府已决心对国民党进行彻底铲除。民初政党面临厄运。

正式国会召开至 7 月底，就总体而言，国会和政府关系相当紧张。以质问案为例。从 5 月起，国会两院议员即开始提出质问书。到 6 月 21 日，参众两院提出的质问书，未经国务院答复的就有 56 件，平均每天有一份质问书提出②。众所周知，质问是监督政府的一种形式，其严重程度仅次于弹劾。如此频繁的质问足以表明国会和政府关系相当糟糕。上述质问还只是书面质问，如果加上口头质问和已经答复的质问，更是量大惊人。质问内容涉及政治、外交、财政、经济、文化、军事等方面及地方政务各项，内容极为广泛。

再以弹劾案为例。弹劾是立法机关对抗行政机关的最后手段，一

---

① 杨幼炯：《中国政党史》，上海书店出版社 1984 年版，第 76—77 页。

② 王葆真：《民国初年国会斗争的回忆》，《文史资料选辑》第 82 辑，第 147 页。

般来说立法机关不会轻易使用。一旦使用，则被弹劾之人不仅失去公职，情节严重的要移交司法机关。所以立法机关提出弹劾案时，一般会引起国人的强烈关注。正式国会情况怎么样呢？据不完全统计，国会开幕后仅3个多月时间，参众两院议员提出和讨论的弹劾案就有11件之多。其中6件已经提出，见表5－5所示。

表5－5　　国会参众两院议员提出和讨论的弹劾案一览

议案名称	提出时间	案由	提案者	提出机关
弹劾全体国务员案	1913年7月	四失职：1. 整理财政无方唯以借款为事；2. 民国外交着着失败；3. 军政上政府无统一之方、无整理能力；4. 内政废弛。七违法：1. 以行政命令代替议会立法；2. 军政执法处非法执法侵犯民权；3. 军警侵犯言论结社等自由；4. 京沪等地侵及人民书信秘密自由；5. 财政部以部令变更则例；6. 预算案未依法定期限交议；7. 奥国借款违法	国民党议员邹鲁等	众议院
弹劾财政总长周学熙违法借款案	1913年7月	未经专案提交院议，擅自订立奥国借款合同	共和党议员何雯等	众议院
弹劾国务总理赵秉钧财政总长周学熙违法借款案	1913年7月	奥债合同未交院议显背约法，莫可解免；国务总理有保持行政统一权，应一并弹劾	进步党议员李国珍等	众议院
弹劾国务员案	1913年7月	1. 预算案不交议会 2. 私借外债不经议会通过	政友会成员张华澜等	众议院
弹劾国务总理赵秉钧财政总长周学熙违法失职案	1913年7月	奥国借款未经议会议决擅行签约	超然社成员黄懋鑫等	众议院
弹劾海军总长刘冠雄弄权违法案	1913年7月	未经国防会议，擅与奥国公司订造驱逐舰6艘、鱼雷艇12艘，海军总长有通民党之嫌	马小进等	众议院

资料来源：《申报》1913年7月8日；《民立报》1913年7月7日；王葆真《民国初年国会斗争的会议》，《文史资料选辑》第82辑。

5件也在讨论之中，见表5－6所示。

表 5-6　国会参众两院议员在议弹劾案一览

议案名称	提出时间	案由	提出者	提出机关
弹劾黑督宋小濂违法逮捕议员	1913 年 6 月	都督府擅逮议员，经质问亦不答复，实系违法逮捕	黑龙江省议会	众议院
查办豫督张镇芳违法溺职		张轰击议会、枪伤议员、蹂躏约法、逮捕记者	豫参议员段世垣	参议院
弹劾政府违法借款	1913 年 7 月	浦信铁路五厘借款实系违法	众议院国民党议员褚辅成	众议院
弹劾甘督赵惟熙	1913 年 7 月	赵挑衅军队、滥用款项、摧残议会、妄用军队等	甘肃省议会	参议院
弹劾工商总长刘揆一违法借款		刘违法借款，经质问，竟称无按照法律手续必要	国民党议员刘恩格、徐傅霖等	众议院

资料来源：王葆真《民国初年国会斗争的会议》，《申报》1913 年 7 月。

从质问案和弹劾案的数量，可以想见国会与政府之间的关系紧张到何种程度。频繁的质问和弹劾足以表明国会和政府一直处于对抗状态，关系十分紧张。从质问案和弹劾案的内容看，国会和政府在善后大借款、中俄协约等重要议案上意见分歧较大，争执极为激烈。

善后大借款问题由来已久。早在 1912 年 9 月 17 日，财政总长周学熙就曾开列与六国银行团的借款办法及要求条件，报告于参议院。当时参议院认为，该条件系政府报告之件，并非提案，没有召开会议讨论的必要。12 月 27 日，赵秉钧、周学熙再次携借款合同要点，报告于参议院。这次报告与 9 月的报告内容相同。参议院对特别条款要点进行了表决，不过略示交涉范围。当时政府与六国银行团并没有达成协议，各政党也没有反对借款的意思。1913 年 4 月 27 日凌晨 2 点，在未交国会议决情况下，临时政府国务总理赵秉钧、财政总长周学熙、外交总长陆征祥与英、法、德、俄、日 5 国银行团签订了《中华民国善后借款合同》。此消息一经公布，立刻在国会参众两院引起轩然大波。

国民党强烈反对借款合同，矛头直指政府。在借款正式文本签字前，国民党重要人物就通电反对，并力图阻止。合同签订后，国民党议会政治派以国会为阵地，坚决要求政府取消违法借款。国民党占绝对优势的参议院在反对借款浪潮中率先发难。27日，国民党籍参议院正副议长张继、王正廷联名通电全国，指出大借款“虽经前参议院开秘密谈话会将政府提出大纲商榷一次，然未正式通过，且不足法定人数，当然无效”，同时表示：“政府如此专横，前之参议院既屡被摧残，今之国会又遭其蹂躏，不有国会，何言共和？继等惟有抵死力争，誓不承认。”[①] 28日，参议院议决：要求国务总理、外交总长和财政总长于29日出席院议，答复质问。29日，3人无一出席参议院。该院十分气愤，当即议决，借款合同“未经临时参议院议决，违法签字，当然无效”[②]。众议院国民党议员也力图取消借款合同。5月5日，代理总理段祺瑞出席答复质问。在国民党议员诘责下，段祺瑞自认手续不齐。国民党议员谷钟秀提议：“对于借款并不反对，惟政府违法签约借款，咨谓查照备案，本院决不承认。”经表决，此案以229人多数表决通过。提案称“政府违法签约，咨送本院查照备案，本院决不承认。应将合同咨还政府”[③]。

袁世凯政府极力抵制国民党议员取消借款的行动。4月29日，袁世凯咨参议院，声称借款合同已经前参议院通过，现将借款合同全文送交参议院查照备案。对于参议院要求3总长出席答复之事只字不提。不仅如此，袁世凯还对国民党议员取消借款合同行动进行反攻。5月10日，就议员质问善后借款事，他致书参众两院，诘问三项：“甲、此项借款，据事实断定究竟为政府违法乎？乙、民国现在形势究竟应行缔结此款否？丙、五国实行废约，是否尚须另订他款，其条件能获胜否？”接着他又威胁道：“甲、参议院议长既然通电资本团阻止交款，则废约一事，即请议长担任交涉；乙、大借款取消后，所以发还洋款及垫款等，当由议院妥为计划。”[④] 政府的强硬态度激起了议员更大的不满，双方对立情绪日益加深。

---

① 《民立报》，1913年5月1日。

② 《违法丧权之大借款》，《民立报》1913年5月5日。

③ 谷钟秀：《中华民国开国史》，上海泰东书局1914年版，第133页。

④ 王葆真：《民国初年国会斗争的会议》，《文史资料选辑》第82辑，第148页。

进步党议员积极为袁世凯政府借款行为辩护，并采取各种措施制止国民党议员对借款问题的追究。5 月 5 日，众议院讨论借款合同的时候，国民党和共和党议员就借款是否违法展开了激烈论争。共和党议员李国珍极力为政府辩护，声称借款已经签字，万难取消。谷钟秀提出的政府违法签字案通过后，共和党议员极力破坏。7 日，众议院再次开议借款案。该党借口 5 日议决案有弹劾政府性质，需要三读会才能通过，企图推翻原议决案。国民党议员表示反对。双方发生冲突。国民党议员提出将 5 日议决案咨送政府。当日议长共和党员陈国祥以在场议员不足法定人数、当以明日议决后再发为由予以拒绝。国民党议员极为愤怒。谷钟秀登台大骂陈为亡国议长，吕复更以墨盒抛掷陈国祥，议场秩序大乱，议员一哄而散。5 月 8 日，参议院就退还政府借款咨请备案的咨文进行表决，因进步党员蓄意破坏，以退席和不出席会议并通电各省都督干涉国会等手段相要挟，结果也无疾而终。在维护政府借款问题上，进步党议员可谓挖空心思，不择手段。

在临时参议院时代，关于借款问题，国民党其实并不反对。这次之所以一反常态，强烈反对政府借款，除了因政府违法签约和借款条件苛刻外，主要与他们对形势发展的判断有关。宋案发生后，牵涉政府，因此国民党对政府行动十分警觉。袁世凯政府企图越过国会直接与银行团签约消息传出后，加深了国民党的疑虑。当时多数国民党员认为，“此次借款，明系欲先对付本党，故本党之都督民政长，及占多数之省议会，尤一致反对。黄兴更直接通电，谓应夔丞逆证内之内务部秘书洪述祖，至望大借款成立，分下润费，为政府锄除异己”①。基于这种估计，他们当然千方百计地反对借款成立，并力图取消。

国民党反对善后大借款，是针对政府，其目的在于取消借款，减少自己心里的疑虑，进而通过法律手段对袁世凯势力加以裁抑；政府则以实际需要为名，漠视法律程序，大力举借外债。进步党虽然明了政府借款手续有所不妥，但他们迁就现实，不愿以法律公正而影响政治需要。因此，围绕着同一问题，各方因不同目的而展开了激烈论

① 邹鲁：《中国国民党史稿》，中华书局 1960 年版，第 1039 页。

争。从某种意义上来说，大借款之争只是国民党和政府之间的政争，而不是党争。进步党在自觉或不自觉中成为政府遏制国民党的马前卒。国民党在此问题上多次表现出愿意与进步党合作的倾向。参议院副议长王正廷为了维持议会与进步党的和平共处，曾建议两党各举二人为代表，协商退还政府咨文的起草。为了解决因激烈党争而造成的国会议事中断的情况，两党也曾协议处置大借款问题的办法，国民党甚至建议由进步党组织内阁，而己为之后援[①]；再就进步党而言，他们虽然迁就现实，但仍主张监督政府的财政支出[②]。不过，就总体而言，双方的无意识对抗仍占主导地位。

国民党和进步党在中俄协约案上分歧也较大。武昌起义后，外蒙古库伦哲布尊丹巴受俄国怂恿宣布独立。1912 年 11 月初，俄国与外蒙古签订俄蒙协约，规定俄国协助蒙古独立，不准中国驻兵殖民。另定《商务专条》17 款，给予俄国在外蒙古以广泛的权利。临时政府不承认俄蒙协约。当时国民党、统一党、共和党都极力支持政府对外蒙古采取强硬措施[③]。

经过十数次交涉，1913 年 5 月 30 日，政府将《中俄协约》6 条及附约 17 条提交国会，请求同意。其内容主要有：俄国承认外蒙古为中国领土完全之一部分；中国不更动外蒙古历来之地方自治制度；俄国不派兵至外蒙古；中国用和平办法施用于外蒙古，并听由俄国调处；中国同意《俄蒙协约》所给予俄国的商务利益等[④]。从内容上看，协约无异于承认外蒙古独立，并将其置于俄国保护之下。这时，赵秉钧内阁已经解体，由陆军总长段祺瑞兼任内阁总理。进步党一改先前的强硬姿态，主张同意《中俄协约》。其主要理由为："外蒙为俄人势力所包围，已非一朝一夕之故。我实力既不足以相抗，欲求胜

① 谷钟秀：《中华民国开国史》，上海泰东书局 1914 年版，第 138 页。

② 孙曜：《中华民国史料》，《近代中国史料丛刊》第二辑，文海出版社 1973 年版，第 142—146 页。

③ 黄远庸：《远生遗著》卷一，《民国丛书》第二编（99），上海书店出版社 1990 年版，第 316 页。

④ 谷钟秀：《中华民国开国史》，上海泰东书局 1914 年版，第 133—134 页。

于樽俎之间，固已大难。且库匪南下骚扰，遍于内蒙沿边。征调频繁，已疲于奔命，而内地秩序尚虞未复，更何有余力以示威边疆。与其顾已破之甑，为无益之犹豫，何如忍一时之痛，冀收桑榆于将来。”[①] 主张放弃。

国民党不愿外蒙古易手。他们提出：“东亚大陆，久为列强均势之问题。设应俄之要求，即许外蒙古自治，则英之于西藏，日之于南满，难免不为援例之染指。德法诸国亦必乘势各逞其高掌远跖之谋。我将何以报命？且国际法上凡叛乱团体，母国不承认其有国际主体之地位。无论如何，与俄国订约当然无效。即事实上我无如之何，又何必于承认他人之权利，反以迅速为得计也。”[②] 两党各执一词，论争十分激烈。众议院内，到 6、7 月时，国民党的优势地位已被进步党所代替。因此，7 月 8 日《中俄协约》得以在众议院表决通过。到参议院时，国民党仍然占优势，结果此案遭到否决。根据国会法案两院一致的立法原则，《中俄协约》案被搁置起来。

《中俄协约》之争仍然是国民党和袁派政府之争。南北关系恶化后，国民党议员认为对俄交涉失败乃因为政府不肯实力维持，空言搪塞，而把精力集中在对付国民党身上，致使俄国乘间进行，外交无法转圜[③]。于是提出弹劾，力图推倒政府。

此外，在二次革命等问题上，国民党和进步党都进行了激烈的斗争。

宋案发生和善后大借款披露后，围绕着如何对付袁世凯，国民党内部基本上可分为武力解决派和法律解决派。武力解决派以孙中山、李烈钧为首，认为政府既然用武力对付国民党，国民党只有以武力相回敬，主张武装倒袁或将其暗杀。法律派以在京国民党本部国会议员为代表，他们认为民国已经成立，法律并非没有效力，主张按法律程序推倒袁世凯。法律派主要集中在国会，因此他们力图通过不断给政府制造麻烦来达到推翻现政府的目的。正是在这种思想指导下，在二

① 谷钟秀：《中华民国开国史》，上海泰东书局 1914 年版，第 148 页。

② 同上书，第 149 页。

③ 邹鲁：《中国国民党史稿》，中华书局 1960 年版，第 1042 页。

次革命爆发前，国会和政府的关系一直比较紧张。

国民党和进步党在对峙的同时，也有调和和相互接近的趋势，南方国民党发动的二次革命失败后，这种趋势更加明显。国民党和进步党的一致主要体现在制宪、奥国借款案、先选总统还是先制定宪法、组织新内阁等问题上。

制宪问题。制定宪法是正式国会最主要的职能。这也是当时国会政党的一项基本共识。为此，国民党、共和党、民主党和统一党经协商，组成了一个宪法讨论会，各推代表8人，定期出席讨论。到1913年3月中旬，各党宪法讨论会先后会议数次，达成若干协议，如领土问题，各党相约不在宪法中加以规定①。最重要的是，国民党和进步党在政体组织形式上看法是一致的，即都主张责任内阁制。国民党认为，责任内阁制的优点有二：一是预防专制政体的复活，二是使政治上富有弹性，便于形成强固政府②。进步党核心力量也主张内阁制。梁启超所拟的中华民国宪法草案，特别列出“国务员”一章，规定：国务总理和各部总长均称国务员，大总统所发关于国务之文书，须经国务员一人以上之副署③。梁的弟子张东荪、蓝公武等都大力鼓吹内阁制。这些情况表明，尽管有分歧，但国民党与反对党也有政见相似或相同之处的。

奥国借款案。就在国民党和进步党为善后大借款而纠缠不休时，7月初，政府擅借奥款之事又被发现，立刻再次在国会内掀起轩然大波。1913年4月20日，临时政府与奥国签订斯哥打军器公司借款（总额为320万镑，实收92折，利息6厘，契税担保，须以半数由公司承购军械）。此案不仅没有交议，并且也没让国会知道，自然激起议员气愤。各党议员空前一致，集矢于政府，数件弹劾案同时提出。国民党自不必言，就是进步党也不放过政府。其党员李国珍等提出弹劾赵秉钧、周学熙案，云：“若以债票售于奥人，募集奥款，自无违

---

① 黄远庸：《远生遗著》卷二，《民国丛书》第二编（99），上海书店出版社1990年版，第76页。

② 《告反对内阁者》，《民国汇报》第1期。

③ 梁启超：《进步党拟中华民国宪法草案》，《庸言》第1卷第18号。

法可言。而以此六厘公债为偿还之方法，特立合同，别借巨债，定指契税，充作抵押，则系国库有负担之约矣。法当交议之契约，秘而不宣，立宪政体之下，庸可恕乎？国务总理赵秉钧、财政总长周学熙，擅为影射，不先将奥债合同交院议决，遽于四月初十日签字，显背约法，莫可解免。……具文弹劾，请大总统即免其职，以谢全国国民。”① 该案讨论时，一致通过。在各党压力下，赵、周宣布辞职。由此可见，进步党拥护政府，限于法律范围内，并非毫无原则地依附，依然保持了政党的独立性质。从这点看，两党是有共同语言的。

先选总统还是先制定宪法。正式国会召开前，各党之间，甚至一党内部，在先选总统还是先制定宪法问题上是有分歧的。大体说来，国民党主张先制定宪法，非国民党主张先选举总统②。不过进步党成立后，其中坚分子开始倾向于先定宪法③。6 月 15 日，在进步党大会上，其实际党魁梁启超发表演说，提出先定宪法后选总统。经大会表决，即以此为进步党的主张④。进步党和国民党在此问题上意见趋于一致。在双方努力下，国会宪法起草委员会很快成立，并进入运作。二次革命失败后，袁世凯势力大张，很想早正大位；而当时中国有希望当选的，非袁莫属。因此先选总统之议复活。主张先选总统的主要是一些进步党员。他们认为，民国成立，转瞬已有两年，起草宪法，也时逾两月，但尚未结束，将来宪法会议，更不知要拖延多久才能完成大法，正式总统久悬不决，不足以维系全国人心，正国际视听，所以应该先选总统，成立正式政府。当时国民党议员受环境压迫，虽然心有不服，但势孤力微，无法与进步党对抗；同时又害怕袁世凯悍然不顾，采取断然措施，解散国会，于是也表示赞同，希望以此缓和气氛，保全实力⑤。在国民党员的配合下，9 月 5 日，众议院通过了先

① 《进步党议员之弹劾案》，《申报》1913 年 7 月 8 日。

② 黄远庸：《远生遗著》卷二，《民国丛书》第二编（99），上海书店出版社 1990 年版，第 79 页。

③ 杨幼炯：《近代中国立法史》，商务印书馆 1936 年版，第 125 页。

④ 《申报》，1913 年 6 月 19 日。

⑤ 谢振民：《中华民国立法史》，第 38 页；韩玉辰：《民初国会生活散记》，《文史资料选辑》第 53 辑，第 248 页。

选总统的决议。

组织熊希龄内阁。宋案发生后，赵秉钧即称病不出；及奥国借款暴露，进步党也主张弹劾内阁成员。随着内阁成员的陆续去职，改组内阁已经势在必行。进步党组阁已成为众望所归。汤化龙当选为众议院议长时，国民党方面就力推进步党，尤其是汤化龙组阁；6月，为换取进步党对大借款案的支持，国民党再次表示希望进步党出来组阁[①]。国民党极力支持进步党组阁是有政治目的的。宋案发生后，国民党一律主张不再举袁世凯为总统，而自己又没有组阁希望。为此，他们想先以大借款为题，坐定袁世凯违法，则内阁势必改组；内阁改组，袁的信用必然受到影响。而进步党虽已经形成，但基础未牢固，此时以内阁引诱，内乱必起，借此可得一部分进步党议员的提携，从而在两院再次取得绝对多数。在这种情况下，法律派与袁交战的武器就更多，如宪法问题等，袁世凯若不听命，则可声罪致讨，因而达到去袁目的[②]。进步党对组阁问题也有自己的看法。其一部分议员党员（如汤化龙、刘崇佑、林长民等）认为，自民国成立以来，立宪党人对于国家并未十分尽力，徒处于监督及旁观者的地位，于大义有所不安。现在有这种机会，大家不妨干一干[③]。二次革命发生后，随着南军在战场上的失利，国民党在国会情形也更加不妙，愈发需要借助进步党来抵制袁世凯政府的威胁。因此，7月下旬袁世凯提名熊希龄为国务总理时，两院出席议员人数619人，同意票高达590票，几乎全体一致通过。

国民党和进步党合作最引人注目的事情是两党议员合作组建民宪党。1913年10月下旬，国民党中的稳健派分子和进步党的重要成员以及一些新共和党议员合组民宪党。此举在当时引起了社会各界的广泛关注。长期以来这两派议员在议院论战如仇敌，攻讦备至，政见不同，路人皆知。双方何以选择合并呢？民宪党的出现是时势发展的必

① 谷钟秀：《中华民国开国史》，上海泰东书局1914年版，第138页。

② 黄远庸：《远生遗著》卷二，《民国丛书》第二编（99），上海书店出版社1990年版，第102页。

③ 李剑农：《最近三十年中国政治史》，上海太平洋书店1934年版，第300页。

然结果。其一，二次革命失败后，国民党员张耀增、谷钟秀等思久隶国民党，恐遭意外，不如及早脱党，以免后患。进步党和新共和党的一些重要人物，如丁世峄、李国珍、刘崇佑、黄云鹏等，也感到平定南中二次革命以后，袁世凯权势日盛，对国会态度也日趋强硬，于是谋求另建政党加以牵制[①]。其二，公民党和大中党成立，对政府倾心拥戴，对进步党专持攻击态度，凋零情形与国民党相差无几，遂有同病相怜之感[②]。其三，袁世凯就任总统后，两党议员普遍感到袁氏羽毛已经丰满，势力不可轻侮，均警觉鹬蚌相争，袁氏坐收渔利，所以有捐弃成见、共谋休战之尝试。于是两党各推选 10 人，磋商合作，筹组政党[③]。

国民党系和进步党系有合作，也有对抗。在国会前期，两党对抗多于合作；在后期，则合作多于对抗。不过，袁世凯政府已经决心采取强硬措施，取消国民党。两党合作的时间已经非常有限。

三　国会政治的顿挫

宋案发生、善后大借款强行签字后，国内矛盾严重激化。国民党把斗争矛头直指袁世凯。袁世凯也一改先前的温和形象，对国民党及其控制的国会采取强硬姿态。通过对国民党的打击客观上起到了削弱和解散国会的双重目的。袁世凯破坏约法，削弱直至解散国会是通过干涉国会制宪和迫害国民党议员来实现的。

干扰国会制定宪法。根据《临时约法》第 54 条规定：中华民国宪法由国会制定；宪法未施行以前，《临时约法》的效力等同于宪法。但约法规定国家政体采取的是责任内阁制，立法机关对行政机关多有约束。袁世凯不满意于约法诸多对大总统权力的限制，早就力图变更。袁世凯干扰国会制定宪法，其步骤有四：一是争夺宪法起草权，向北京参议院提议单独设立宪法起草机构。1913 年 1 月下旬，江苏都督程德全联合数省都督（包括国民党籍都督李烈钧、胡汉民、柏文

① 杨幼炯：《中国政党史》，上海书店出版社 1984 年版，第 76 页。

② 《民宪党之内幕》，《时报》1913 年 10 月 21 日。

③ 转引自张朋园《梁启超与民国政治》，食货出版社 1981 年版，第 54 页。

蔚等）致电临时政府，提出编拟宪法委员会大纲6条，意在侵夺国会的制宪权。接电后，临时政府当即交参议院审议，并电各省速派员来京组织宪法委员会。政府此举遭到参议院强烈反对。有议员称："起草宪法本系国会之职权，载在《约法》，今政府竟拟自行起草，本系违背《约法》，当然不成议案，应即取消，万不应付审查。"[①] 经表决，多数赞成不付审查。此案遂寝。二是要求增修《临时约法》，扩大大总统的职权。袁世凯依据《大总统选举法》当选为正式总统，而正式总统职权，依总统选举法，仍然以《临时约法》中的临时大总统的权限为范围。而《临时约法》采用的是责任内阁制，袁氏不堪束缚，于是于10月16日，咨文众议院，要求增修约法。其增修主旨在于扩大总统权力，实行总统制，即（1）总统制定官制官规、任免国务员、外交大使以及一切文武官员，并宣战、媾和、缔约，不必经过参议院同意；（2）总统享有紧急命令权及财政紧急处分权[②]。当时国会议员认为宪法行将制定，约法即当废止，实在没有增修必要，因此拒绝了袁世凯的这一要求。其实，袁世凯增修约法是假，通过增修提议表达对宪法的主张才是其本意。三是直接派人干涉制宪过程。袁世凯干预制宪的图谋屡次受挫后，仍不甘心，特别是当时社会上盛传正式宪法有许多不利于总统的条款后，更使他感到不安。10月下旬，他以对民国宪法有所陈述为由，咨请参议院，要求委派施愚等8人出席宪法会议。宪法委员会大为惊异，称："宪法会议，非同两院议决法律，大总统对于法律有提案权，然后有派员发表意见之必要；关于宪法会议，大总统既无提案权，当然不能有派员出席之举。况且依照宪法起草委员会规则，仅许议员旁听，其他无论何人，不特无发言权，抑且无旁听权，遑论陈述意见"，一致予以拒绝[③]。四是越过国会，直接借助各省地方长官断然破坏宪法草案。8委员被拒后，袁世凯愤懑异常，当即通电各省地方长官，指摘宪法草案之不当，要求他们就此发表意见。当时袁世凯刚刚取得对国民党的战场上的胜利，声

---

① 《参议院竟然开会》，《民立报》1913年3月8日。

② 谢振民：《中华民国立法史》，中国政法大学出版社2000年版，第85页。

③ 同上书，第85—86页。

威正盛。在其催促之下，各省军政长官纷纷表态，有主张解散国民党的，有主张撤销国民党籍议员资格的，有主张撤销宪法草案的，有主张解散宪法起草委员会的，有主张解散国会的，或兼而有之。不久，上述要求果真一一实现。

任意迫害国民党议员。宋案发生后，国民党和袁世凯关系日益恶化。袁世凯一面准备对国民党采取断然措施，一面不断对在国会中和他捣乱的国民党议员进行人身迫害和组织瓦解。谢持被捕，标志着袁世凯对国民党议员的人身迫害已经开始。1913 年 5 月 17 日凌晨，军政执法逮捕了国民党籍参议员谢持，称其为“血光团”成员（血光团是津冀地区的一个革命组织，宋案发生后拟暗杀袁世凯，不久被政府破获）。在国会质问下，加之并无任何确切证据，谢很快就被释放。但这一事件开了政府任意逮捕国会议员的恶例，政府却没有得到任何有效的制裁。从此，国会议员的人身自由失去了保障。袁世凯政府大规模迫害国民党议员的行动出现在二次革命爆发后。7 月 23 日夜，军警多人到广东议员聚集场所北京公余俱乐部，搜捕国民党籍议员邹鲁。恰巧邹不在。遂将在场的汤漪、易宗夔等 8 名议员逮捕。后经多方努力，8 议员才得保释，恢复自由。汤漪是宪法起草委员会委员长，因汤被逮捕，宪法起草委员会数日不能议事。8 月 27 日，政府再次擅自将国民党参议员丁象谦等 5 人、众议员褚辅成等 3 人逮捕，虽经国会质问，但无济于事。更为严重的是，8 月 15 日，军政执法处以众议院江西议员徐秀钧与江西乱事有关为词，将其逮捕、钉镣，解往江西，后被杀害。袁世凯任意逮捕国民党议员，不仅使国民党议员噤若寒蝉，也引起了进步党议员的强烈不满。后来国、进两党相互接近，与袁世凯恣意行径不无关系。在对国民党议员进行人身迫害的同时，袁世凯还对国民党进行瓦解。8 月 2 日，袁世凯发出通令，内称：“政党行动，首在法律。近来赣、粤、沪、宁凶徒构乱，逆首黄兴、陈其美、李烈钧、陈炯明、柏文蔚，皆国民党干事，从逆者亦多国民党党员，究竟该党是否通谋，抑仅黄、陈、李、柏等私人行动，态度不明，人言啧啧。……如果不予逆谋，限三日内自行宣布，并将隶该党叛逆一律除名，政府自当照常保护。若其声言助乱，或借词搪塞，是以政党名义为内乱机关，法律具在，决不能为该党假借也。”① 在政府胁迫下，国民党本部宣布将上述几人开除出党。但袁世凯并不满足，毕竟国民党在国会中仍然很有势力。在当选为正式大总统后，为解除国会的威胁，袁世凯以国民党本部及国民党议员与南方革命军勾结为名，下令解散国民党，并将国民党议员资格剥夺，追缴议员证书徽章。被追缴者有438人，超过了国会议员总数的一半。民国立法机关实际上陷于瘫痪。民初国会就此顿挫。

第四节　第一届国会的社会认同

一　国会的立法成效

人们盼望召集国会由来已久。早在1912年2、3月，就有舆论提出国会宜早召集②。临时参议院虽然具有临时国会性质，但毕竟不是通过普选选举产生的，心理上总感觉不那么合法。加之参议员的种种举动并不令人满意，人们对正式国会更是寄予了厚望。《申报》1913年4月12日发表的题为“多数人之希望”的“时评”，充分表达了这种心理：“今日多数人之希望，国会开后，公平以举议长，安稳以选总统，建设真正善良之政府，维持有秩序之议会，欢迎各国一致承认，此第一步也。公人专心于国事，军队一致于国防，政党以光明之手段竞争，议员以正大之问题辩难，政府能任艰难之责任，各省力谋地方之治安，外交有方，法律不敝，此第二步也。教育得以普及，少年以力学为荣，生计得以扩张，人民无失业之患，财政不求借债，军器不借外来，言论不事夸张，而自有价值，人才不相嫉妒而各放光华，此第三步也。三者能如愿，中国之民国固矣。由是以进，富强幸福不难也。”应该说，这篇时评确实道出了许多人对国会的善良愿望，但历史并不是按照人们的善良愿望向前发展的，有时恰恰和人们的善

① 《时报》，1913年8月2日。

② 《申报》，1912年3月6日；《民立报》在此前后也提出过类似主张。

良愿望背道而驰。期望越高，失望越大。正式国会给人的印象就是如此。

国会的主要职能是议决法律和监督政府，其中议决法律尤为重要。议会政治，其实质就是法治。也就是说，任何权力都必须在法律规范内行使。一旦超越法律规范，任何行为都将被禁止。而法律规范的议决权属于国会。因此，立法是国会最重要的一项职权。就中国的实际情况而言，制定法律更为迫切。民国成立后，前清法律当然无效，而参议院所修订的，又为暂行法律。民主国而无确定的法律，人民的利益必然得不到有效保障。南京参议院虽曾议决“新法律未颁行以前暂酌用旧有法律”案[①]，但实践中暂行适用的前清法律并没有提交参议院议决公布，因此，制定法律成为国会的当务之急。

那么正式国会的立法效能如何呢？根据《民国之精华》载，国会议决成绩为：参议院议决案为 25 件，众议院议决案为 24 件[②]。正式国会第一期常会约 7 个月，也就是说，国会参众两院议决一件议案平均耗时 8 天多，而国会开幕后的 40 天时间内一件议案也没有议决。以上只是国会两院议决情况概略。如果单计立法成绩，根据立法程序两院一致原则，第一届国会第一期常会及延会期间，其立法成绩只有一件，即延会期间于 9 月通过的议院法。这就是第一届国会第一期常会的全部成绩！至于说人们翘首企盼的制定宪法、选举总统、整理财政、军民分治等关系国计民生之重大议案无一议及。如何比较正式国会的立法成绩呢？从横向看，1878 年英国议会，仅法律案就议决了 447 件，每件法律案议决时间实际平均为 1 小时 45 分钟[③]。即使前清资政院第一次常年会（会期共 100 天），其议决事项也有 20 多件，即三四天议决 1 件[④]。其中速开国会案、弹劾军机大臣案、赦免国事犯案等在当时都影响了国人视听。通过比较，不难看出，正式国会立法效能确实不敢恭维。

---

① 张国福：《参议院议决案汇编》甲部，北京大学出版社 1989 年版，第 119 页。

② ［日］佐藤三郎：《民国之精华》，北京写真通讯社 1916 年版，第 25—28 页。

③ 吴贯因：《无能力之国会》，《庸言》1913 年第 1 卷第 12 号。

④ 高放等：《清末资政院第一次常年会》，《社会科学战线》1982 年第 4 期。

国会两院的低效运作遭到社会各界广泛批评。《申报》以“议会之无能”为题评论道：“参众两院对于一院章、一规则、一既经签字之借款，尚且会议一月有余而无结果”，其他重要议案亦可想而知了[①]。奉天省议会指出：当今“列强之视线眈眈，国内情势岌岌”，国会开幕亦已半月有余，然而至今连议长尚未选出，如此以往，大局何堪设想！该议会还致电其他省议会，要求共同声讨国会并得到他省省议会响应[②]。在这种种批评和谴责声中，梁启超所办的《庸言》杂志冲锋在前：“凡欲行代议政治，其必要之条件，千条万殊；而其最重要者，则国会有行其职掌之能力是也。国会之职掌不一端，而其最大者，则在于立法。故能提出法案、议决法律，斯则其能力之不可或缺者也。……（然）自国会召集以来，垂四十日矣，而两院之中，但闻灌夫骂座而已，力士之决斗而已。若夫关于立法之事，未闻能为国家议决一法案，则所谓国会为立法机关者，征之我国，全名不称实也。……呜呼！今之国会，无一法能立，语其实质，可谓之无能力也已。”[③] 有媒体愤言：“当仿前请愿国会团之例，而创设请愿解散国会团。”[④] 此语虽属愤激之词，但对国会议员的不满之情跃然可见。

国会的低效运作不仅使民初法律秩序重建困难重重，也给袁世凯破坏民主、解散国会、实行专制提供了重要口实。袁世凯帝制运动的重要一环就是解散民选国会，其理由之一即为国会立法效率低下。

二　议员的素质

民国初年，一般舆论认为世界各国的文明富强程度全视议院议员的秉性品格为标准。当时流行的看法是：“如果所举议员道德高尚，品节详明，其国家不蒸蒸然日进文明与富强，未之有也。若所举议员间有不检细行，狎妓饮酒，甚至弄权纳贿，违悖公理，演出种种无道

① 《申报》，1913 年 6 月 5 日。

② 《申报》，1913 年 5 月 1 日。

③ 《庸言》，第 1 卷第 12 号。

④ 阙名：《正告国会议员》，《民国经世文编》政治二，文海出版社 1971 年版，第 736 页。

德之行为”[1]，则不仅会严重损害立法机关的崇高形象和声誉，更有甚者，则关涉国家生死存亡。而民初国会议员恰在这点上失去了民众的支持。

议员的道德素质难孚众望主要体现在以下几个方面：

一是通过法律手段谋取议员个人利益。以议员自定岁费为例。1913 年 5 月，正式国会草拟的《议院法案》规定：议员岁费每年 4000 元；日费议会出席每次 20 元，委员会出席每次 10 元。这是一个怎样的概念呢？《大公报》曾刊载了一篇《调查欧美议员薪俸表》。根据该表，英国、意大利、西班牙等国没有薪俸；法、美、俄三国有岁费，平均每年超过 1 万法郎；其他，如荷兰、比利时、瑞典等国，也多在 4000—5000 法郎之间。经折算，国会议员自定的岁费除了不如法美俄外，并不逊色于其他各国[2]。就国内生活水平而言，当时有人粗略地估计过：普通人年收入一二百元，“最优异而大有能力者”每年也只有七八百元至一千多元[3]。而议员自定为四千元，显然偏高。岁费高一点也不要紧，只要他们能够恪尽职守、富国利民，或许不致物议沸腾。而当时各议员除了吃喝玩乐和纠缠于无休止的党争而外，对于国计民生，漠然视之。况且民国肇造，百废待兴，国家财政库空如洗，全靠举借外债维持。议员不识时务、自定高额岁费，自然引起了舆论不满，遭到强烈反对。《大公报》对高额岁费评论道：“国民掷如许之代价，以购取此国会，以豢养此国会议员，议员于饱暖富贵之余，其亦念一丝一粟无非民脂民膏乎？”接着，该文詈骂议员“不要脸但要钱”，“公然自称自买自定价”。针对某些议员的“公费太少，不免为政府收买”的论调，该报竭尽嬉笑怒骂之能事：“万物皆可卖买，人类岂可卖买，人不幸而至于卖买厥惟四种：一曰童仆，二曰婢妾，三曰娼妓，四曰猪仔……汤漪、孙钟（提出此论点之两议员）自视与童仆、婢妾、娼妓、猪仔等”，“而八百罗汉顺受汤孙之污蔑曾无人焉鸣鼓而攻，殆皆默认汤孙为正当理由……呜呼！堂堂国

---

① 《外人之议员谈》，《申报》1913 年 4 月 21 日。

② 《大公报》，1913 年 6 月 9 日；或《申报》，1913 年 6 月 12 日。

③ 《宁津李荫榕上参议院书》，《大公报》1913 年 9 月 7 日。

会议员竟无一个非卖品”[①]。《民立报》主笔呼吁：“愿国会议员捐弃私利，发其天良，知借债度日，行将破产之中国，不堪受此重负。”[②]表达了强烈的不满。

二是部分议员只知有个人利益而不知有政治操守。这体现在正式国会议员的脱党入党现象上。政党是持政见相同之人的集合体，政见是基于对国家发展形势的估计而形成的政治主张，党员因政见相同或相近而加入政党。所以形势没有太大变化，政党就不应该轻改其政见；政见没有太大变化，党员就不应该轻改党籍。这是每个政治家都应该恪守的基本政治原则，作为民意代表的国会议员更应该如此。但国会议员对此政治操守似乎并不重视。国会召集前后，国民党和进步党竞争激烈，议员成为各党运动的主要对象。当时报刊上议员脱党入党的声明屡见不鲜，其中不乏待价而沽者。为什么会出现这种现象？一个重要的原因就是议员缺乏必要的政治操守，唯利是图。

三是许多议员生活奢侈、腐化堕落。腐化堕落是民初政局的一大特色，而议员在这其中无疑起到了推波助澜的作用。正式国会开幕后，议员十有八九乘马车出入，而且多为自己购置，此举使得原本稀少的北京马车突然增多；北京著名风月场所八大胡同，先前每席五六十金已属惊人，而现在频繁光顾的国会议员经常有吃双台、三台、四台、五台的，实为北京破天荒之创举；民初京城名花几乎都为议员纳为小妾，从前廉价的幼小雏妓现在因议员捧场而身价十倍，北京“花市”的利好消息甚至吸引了上海名花联袂北上，有好事之大报还举行名花排行榜[③]。议员腐化奢侈由此可见了。他们的收入从何而来？其中虽然不乏家境富裕者，但一个重要来源就是靠出卖政治原则来换取一时的贪图享受。时人对此多有记载。

道德沦丧或许与议事能力并无直接联系，但却从心理上削弱了人们对国会及国会议员的景仰之情。这种削弱首先表现在人们对议员的

---

① 《大公报》，1913 年 8 月 11 日。

② 《民立报》，1913 年 7 月 12 日。

③ 黄远庸：《远生遗著》卷二，《民国丛书》第二编（99），上海书店出版社 1990 年版，第 132—133 页。

道德评价替代了人们对其内在价值的认识，“有议员如此，则此后之编订宪法、选举总统、组织内阁，其结果之主义均在意料之中，吾不禁为民国前途失声痛哭矣”。[①] 道德沦丧自道德沦丧，议事能力自议事能力，两者原非等同。现在因道德沦丧而牵及议事能力，无疑表明人们对现行国会认识的一种转移。其次，这种削弱表现在人们对国家政治中心认识的转移。根据《临时约法》，国家政体采取责任内阁制，国会是国家的政治中心，因此人们对国会也就寄予了极大期望。既然国会议员不能代表民意，人们对国家政治中心的依赖必然发生转移。转移到何处？行政机关就是最佳选择。《申报》的一篇时评反映了这一价值取向：“夫议员月俸五百元，使在平时不为钜也，其亦知今日值财政之困难，以借债为国之时代乎？议员而能实心为国议事有当，费六千元一年不为钜也，其亦知开会三月，终日捣乱而未有一事之成绩乎？行政部之腐败之不待言矣，然仅以此事，行政部与立法部比较，转觉行政部之人员尚有良心，而所谓议员者良心丧尽矣！呜呼！”[②] 舆论上的这种价值转移与在陆征祥组阁风潮中社会各界表现出来的中央集权的要求（确切地说，是要求袁世凯实行集权）可谓不谋而合。这不是一种巧合，也不是一种人为影响，而是由国会议员本身造成的。因此，从一定程度上说，国会议员恶劣的道德素质破坏了议会政治的心理社会支持系统。如果说用道德评价替代价值认识尚能忍受，那么，人们对政治结构价值认识的迁移则对政体的稳定产生了极为不利的影响。袁世凯停止国会议员的职务之所以没有遭到反抗，固然有其客观因素，但与民众的这种社会认可心理不无关系。

三　国会党争的社会反应

正式国会期间，政体继续沿用《临时约法》之规定，采取责任内阁制，国会是国家的政治中心；而国会运作又依靠政党之间的相互协调，所以政党又是国会的灵魂。政党运作状况直接影响人们对议会政

---

① 《大公报》，1913 年 7 月 13 日。

② 《申报》，1913 年 7 月 11 日。

治的认识。

那么，人们对议会政党看法如何呢？为简明起见，现将《申报》4月的时评列举如下，借此观察一般民众对议会政党态度的变化：8日，《祝国会》；9日，《国会与前途》；10日，《承认与国会》；11日，《或问》；12日，《多数人之希望》；13日，《议员与政党》；14日，《误会　嫌疑　谣言》；15日，《告今日之政党》；16日，《是非之门》；17日，《闷闷之时局》；18日，《国会之战与兵力之战》；19日，《时局关键论》；20日，《议员之罪》；21日，《外人之议员谈》；22日，《不死不活》；23日，《不足法定人数有感》；24日，《国会正式开会》；25日，《宋案证据》；26日，《谣言　监督　议长》；27日，《宋案证据发表》；28日，《天下纷纷》；29日，《遥遥相对》；30日，《茶寮议会》。以上为《申报》4月23天的时评。从数量看，在这23篇时评中，除7篇外，其余16篇都与国会密切相关；从内容看，与国会有关的16篇时评中，4篇对国会抱有很大希望，12篇持批评态度；在12篇批评时评中，7篇涉及党争。换言之，在国会召集后的4月，《申报》大约每3天就发一篇批评国会政党的文章。5、6月情况大抵也是如此。二次革命爆发后，国家陷入内战，对议会政党的观察也就失去了实际意义。

《申报》时评给人的印象是：整个4月，国会成为人们关注的焦点所在；开幕初期，人们对国会寄予了厚望，希望议员借此能够有所作为，但渐渐地，希望变成了失望；人们对国会的失望之情，主要源于党争。也就是说，党争是造成国会信用坠地的主要根源。从当时情况看，国会议员党争主要在以下几个方面引起了舆论的不满：

党争严重影响了共和体制下的秩序重建工作。如前所述，议会政治实质就是法治。民国立法权操诸国会，因此国会开幕后，首要任务就在于制定法律，建立共和体制下新的政治、经济和社会秩序。但各党因议长选举、善后大借款、奥国借款、中俄协约等方面的激烈争执，严重影响了国会的运作效率。参众两院各党仅选举议长耗时就有20多天。第一届国会第一期常会（含延会约3个月的时间）唯一的立法成绩就是通过了议会法。难怪当时舆论把国会称为“无能力”。

党争是造成社会动荡的重要原因。宋案、大借款案出现后，谣言肆虐，兵变民变，此起彼伏，人心惶惶，社会明显呈现出不安迹象。国民党籍议员则以国会为阵地，积极开展倒袁活动；进步党议员极力护卫政府。国会内无休止的党派纷争使原本混乱的局面更加动荡不安。国会党争激起了社会各界的强烈不满。1913 年 5 月，上海商业维持会致电参众两院，声称因宋案大借款案而使南北谣言四起，进而引发“百货阻滞，金融恐慌”，商家首当其冲，“沪汉各处已发现钜数倒案”，强烈要求国会议员“速定宪法，速举总统。勿因争执障碍大局进行”①。各省商业联合会、纱业商人等工商团体也纷纷通电全国，对国会内各党意气用事而将“立国重要问题置诸不问”的现象提出强烈批评②。

党争使议会秩序难以保证。议员是民意的代表、法律的制定者，因此议员自身就应该是遵纪守法的典范。但国会因党争激烈，议员经常有出格行为，影响了正常的议事秩序。其表现之一为因意见不同而互相叫骂，甚至大打出手。如 5 月 7 日讨论大借款案时，就有议员以墨盒抛击议长。其他，如争吵叫骂，更是司空见惯。有人把国会议事时的这种混乱情况喻之为“茶寮议会”③，较为形象。其表现之二为以不出席议会相抵制。议院法规定，议员须有半数以上出席才能开议。议会少数党常用此法避免不利于本党的议决。如选举众议院议长时，进步党就常用这种方法破坏议长的选举，致使院议流会，为己党运动创造条件。政党之间的这种拙劣竞争引起了舆论强烈反感。《申报》评论道：“中国议会有三特例：一曰叫骂，二曰走散，三曰不足法定人数不能开会，而殴人掷物未闻焉。今已开其例。我恐日后必有杀人掳人闻者。是亦可谓捣乱之极轨矣。……呜呼！议员诸君尚有丝毫希望国家存在之仁心乎？尚有丝毫国家由诸君之手断送而亡之不忍心乎？呜呼已矣！中国人议会之能力，尽于此矣。哀哉！”④

---

① 《申报》，1913 年 5 月 11 日。

② 《申报》，1913 年 5 月 13、16 日。

③ 《茶寮议会》，《申报》1913 年 4 月 29 日。

④ 《申报》，1913 年 5 月 9 日。

此外，党争还带来了诸如助长奢侈腐化等不良政治风气的发展等种种消极影响。

俗云：人必自侮，而后人侮之。国会召集后，议员的种种行径无不与人们的愿望背道而驰。人们对国会的景仰、期望之情很快转化为失望与愤怒。各种新闻媒体、社会舆论、政党、学会、自治团体，乃至数省都督、民政长、省议会等对国会议员或严词训饬，或声罪致讨，用不同方式发泄自己的不满。1913 年 5 月 10 日，《申报》发表了一篇短评，反映了舆论对国会态度的变化过程。该文指出：“国会未开前，以各方面关系故，人人忧国会之不能开，是为第一次恐怖时代；及国会安然开幕，人心渐定，时局已略有转机矣。不数日而选举议长屡无效，议会竞争之热度日高，承认之消息渐杳，而谣言又蜂起，是为第二次恐怖时代；及议长举定，议员渐近接洽，美国实行承认，谣言稍息，人心稍定，时局又略有转机矣。不谓至今日而时机又复急迫。宋案借款争持益烈，议员捣乱，南北无相商之余地，两相反对之心益坚决。商民惶惶又将陷于第三次恐怖时代。每一次恐怖时代发生，我民隐受一次损害，甚至危及国家而不顾。呜呼，吾民无死所矣。”① 当时人们对国会爱恨交替直至失望的心态清晰可见。

应该说，国会议员的上述缺点在临时参议院时期就已或多或少地存在，但舆论反应为何明显不同呢？这主要与舆论对国会议员期望过高密切相关。临时参议院只是一个过渡机构，所议法律也只是暂行法律，因而人们能够容忍议员的某些缺陷，而国会议员情况就不同了，毕竟他们是通过普选产生，更大程度地代表了民意。如果国会议员不能尽心职守，人们当然倍感无所依托，议会政治也就从心理上丧失了民众的支持，或者至少对其可行性产生怀疑。也就是说，议会政治的社会基础从根本上发生了动摇。

事实确实也是如此。宪政前驱梁启超主编的《庸言》杂志就屡发言论丑化国会。1913 年 9 月，该杂志发表了一篇题为“今后政治之趋势”的文章，充分反映了人们的政治信仰开始发生转移：“自两院

① 《申报》，1913 年 5 月 10 日。

开会以来五月矣，语其成绩，但闻灌夫骂座，角力屡行，以破坏议场秩序；私改记事，捏电各省，以颠倒事情之是非；而于国家之大本大计，则未闻有所建白。其能踊跃议定者，则在于索取六千元之岁费，而匠心独运于岁费之外，发明万国所无之出席费，以朘削民脂民膏之口实。国会之危害，于政治上既如此其列矣，而且投票以金钱为从违，卖身等牛羊之论价，狗苟蝇营，以破坏天下之廉耻也。……国民既已绝望于国会，于是对于议员但视之如禽兽，听其自生自灭。”①

不满源于失望，失望源于期望。这就是人们对国会心理的发展历程。但在帝制运动兴起、复辟暗潮涌动、军阀混战盛行之后，回顾民初国会，人们却感到了美好与珍贵。20 年后，当时的参议院副议长王正廷回顾这段历史时，称：“夫清季议会雏形，基于御用。帝孽与军阀民意机构，半出制造，支离苟且不足道。其因时适法，推为全国民意产生之代表，厥惟第一届正式国会。五族喁喁望治之心，是寄是托。故虽经强有力之风雷戕贼，爝火争明，尚不以彼暂夺此之常。徒以当时政党多歧，不良政府妄有作用，忽埋忽搰，致全体团力不坚，内外不相维系，灿灿国花，材亡实落，令亲其境者追思有余痛矣。”②怀念之情，溢于言表。这就是历史发展的轮回法则。

正式国会的成立，标志着民初议会政治实践进入了高潮阶段：尽管《临时约法》仍在发挥作用，但制定民国宪法已经势在必行；国会议员完全由普选产生，堪称真正意义上的民意代表；进步党合并成功，国会内政党之争呈现两党对峙的政治格局。不过，正式国会的运作极其短暂，南方国民党发动二次革命后，议会政治危机端倪初现，国民党和袁世凯政府的军事角逐代替了合法的政治斗争；战场上战胜国民党后，袁世凯政府借口私通南方民军，解散了国民党，并收缴国民党议员证书徽章。至此，民初议会政治实践宣告顿挫。

---

① 《庸言》，第 1 卷第 17 号。

② 《王儒堂先生序》，《中国议会史》，《民国丛书》第二编（21），上海书店出版社 1991 年版，第 3 页。

结　论

民初议会政治的反思

民初议会政治遭遇顿挫，有三个方面的因素不容忽视：一是议会的运作绩效，二是同盟会—国民党的议会运作策略，三是袁世凯政府的强权行为。议会政治的成熟是一个过程，不可能一蹴而就，遇到挫折也很正常。民初议会政治的经验和教训，值得深入反思。

一　议会政治的认同危机

1913 年 11 月 4 日，袁世凯政府开始收缴国民党籍国会议员的资格证明，先后共有四百多名议员因此而不能履行职责。国会因议员不足法定人数而无法行使职能，正常议事。这样，以国会为中心的民初议会制度遇到危机，甚至被认为失败①。不少学者对危机或失败的原因进行了探讨，总结起来，有力量对比说和发展时机说两种主要观点。

力量对比说认为，革命派、立宪派和旧官僚派三种势力主导了民初政局发展。前两派以民主政治为理想，有提携的可能；后两派大多有士绅背景，也有妥协的余地；革命派和旧官僚派无论渊源或信用，差异很大，难以融洽。因此，立宪派在民初权力角逐中的地位举足轻重。但在民主与独裁的较量中，立宪派选择了旧官僚为妥协对象，这

① “失败”这个词不是很准确，毕竟后来国会重新开张过。本文选择使用“顿挫”一词，以尽量符合历史的本来面目。

就决定了革命派维护民主与法治的斗争只能以失败而告终[①]。发展时机说认为，议会政治的推行必须具备一定的政治、经济和文化等条件。20 世纪初，中国推行议会政治的时机还不成熟。辛亥革命推翻了皇权，但并不表明中国就具备了实行民主政治的条件。革命派超越现实，不顾国情，强行推行议会政治，其失败结局自然不可避免[②]。

上述观点都有相当的说服力，对研究民初议会政治的实践提供了坚实基础。不过，这两种观点都忽略了一个基本问题，那就是没有具体而微地探讨运作绩效与民初议会制度危机的关系。俗云："人必自侮，然后人侮之。"讨论民初议会制度危机，离开议会的运作绩效，游离于议会运作之外，显然遗漏了矛盾的主要方面。外因是变化的条件，内因才是变化的依据。议会制度的存在与否取决于其运作绩效。运作绩效是考察议会制度危机的关键因素。根据《临时约法》，民初代议机关的职权主要包括立法权、承诺权（即内阁成员的批准权）等。不妨以这两种权力的实施状况为考察对象，评估民初代议机关的运作绩效。

（一）立法权的实施效应

民国的政治意义是法治，即任何权力都必须在法律规范内行使。中华民国建立后，前清法律归于无效，南京参议院虽曾议决"新法律未颁行以前暂酌用旧有法律"，但同时规定，须由"政府饬下法制局，将各种法律中与民主国体抵触各条签注，或签改"后，交由参议院议决，公布施行[③]。然而，实践中暂行适用的前清法律并没有提交参议院议决公布，因此，议定法律成为民初议会的当务之急。那么，民初议会的立法成绩如何呢？

为简明起见，现将南京参议院、北京参议院和正式国会立法成绩制表如表 6－1 所示。

---

① 参见胡绳武、金冲及《辛亥革命史稿》第四卷，上海人民出版社 1991 年版，第 243—258 页。

② 参见彭明等主编《近代中国的思想历程 1840—1949》，中国人民大学出版社 1999 年版，第 379—384 页；徐矛《中华民国政治制度史》，上海人民出版社 1992 年版，第 39—40 页。

③ 张国福：《参议院议决案汇编》甲部，北京大学出版社 1989 年版，第 119 页。

表 6－1　南京参议院、北京参议院和正式国会立法成绩对照

<table>
<tr><td colspan="2" rowspan="2"></td><td rowspan="2">南京参议院</td><td rowspan="2">北京参议院</td><td colspan="2">正式国会</td></tr>
<tr><td>参议院</td><td>众议院</td></tr>
<tr><td colspan="2">存在期限</td><td>1912. 1. 28—4. 6</td><td>1912. 4. 28—1913. 4. 8</td><td colspan="2">1913. 4. 8—11. 4</td></tr>
<tr><td colspan="2">议员产生方式</td><td>都督府委派</td><td>临时省议会选举</td><td colspan="2">普选</td></tr>
<tr><td rowspan="3">立法成绩</td><td rowspan="2">总数</td><td rowspan="2">27</td><td rowspan="2">72</td><td>24</td><td>23</td></tr>
<tr><td colspan="2">1</td></tr>
<tr><td>平均数</td><td>2. 5 天/件</td><td>5 天/件</td><td>8. 75 天/件</td><td>9 天/件</td></tr>
</table>

根据表 6－1 不难看出，从南京参议院到正式国会，立法成效越来越低，但其合法程度却越来越高，合法性与效率性形成了强烈反差。与此同时，社会认同程度也越来越低。南京参议院时期，虽然代议机关受到抨击，但焦点集中在参议院的产生方式上。众所周知，南京参议院产生于特定历史阶段（民主革命时期），肩负着特定的历史任务（建立统一的临时政府），因此，对其产生方式的责难是毫无理由的；北京参议院时期，统一的临时政府已经成立，参议院主要职能是产生民选国会，议定过渡阶段的暂行法律，虽然人们对北京参议院的立法成绩不满，但因其临时性质，也不必求全责备。正式国会与临时参议院情况截然不同，其议员由普选产生，是民国的第一届正式国会，社会各界对它寄予了巨大期望，而其立法成绩却最少，因而人们反应也最为强烈。

舆论的猛烈批评自不必言，国会的无效运作还给别有用心的政客提供了攻击的借口。1913 年 11 月 4 日，以袁世凯为首的行政部门取消了国民党籍议员资格，其重要原因之一即为国民党控制的国会立法成绩有限。《政府公报》称：正式国会常会四个月，但一法没有议决，“议院法亦迟迟至于九月月终，始行议决。吾国民日处水深火热之中，延颈企踵以求一保护身命财产之法律出现，而竟不可必得。共和国之议员如此，尚复何言！”① 12 月，湖北都督黎元洪和其他 38 个都督、民政长及地方重要官员联名致电袁世凯，严厉指责了临时参议院和正

① 《政府公报》，1913 年 11 月 5 日。

式国会，内云："共和国家，以法治为归宿。当破坏之后，亟宜为建设之谋。所有应行法治，千端万绪，虽急起直追，犹恐不及。民国初创，以参议院为立法机关，而成立年余，制定法案，寥寥无几，惟以党争闻于天下。适为建设之障碍，决无进行之计画。中外士庶，乃移易其渴望之心，属诸国会，以为国会既成，必可将各项法制，依次制定。不意开会七阅月，糜帑百万，而于立法一事，寂然无闻。欲仅如前参议院尚能立东鳞西爪之法，而亦不可得。民国前途，岂堪久待。……因之立法成绩，毫无进步，中外援为诟病，国家日益阽危。"结果上无道揆，下无法守。他们提出解散国会，救民于水深火热之中①。此提议为袁世凯所采纳，次年初，民选国会遭解散。民国时期学者论及国会被解散时，也认为正式国会立法成绩太少②。

（二）承诺权的实施效应

根据《临时约法》，内阁成员（包括内阁总理）须经国会批准后才能由大总统任命，没有国会的同意，内阁成员的任命无效。根据这一规定，国会在人事上对大总统和内阁总理处于优越地位。也就是说，国会对内阁成员的态度直接影响内阁的稳定。这就是所谓的承诺权。那么，民初内阁的稳定状况如何呢？现以内阁总理更迭情况对此进行考察：

表 6－2　　民初内阁更迭一览

内阁存在时间	内阁总理姓名
1912. 3. 11—6. 15	唐绍仪
1912. 6. 15—6. 29	无内阁总理
1912. 6. 29—7. 19	陆征祥
1912. 7. 20—8. 20	无内阁总理
1912. 8. 20—9. 30	赵秉钧代理
1912. 9. 30—1913. 5. 1	赵秉钧
1913. 5. 1—7. 17	段祺瑞代理

① 《东方杂志》，第 10 卷第 8 号。

② 谢振民：《中华民国立法史》，中国政法大学出版社 2000 年版，第 94 页。

续表

内阁存在时间	内阁总理姓名
1913. 7. 17—7. 19	朱启钤代理
1913. 7. 19—7. 31	段祺瑞代理
1913. 7. 31—1914. 2. 12	熊希龄

从表6－2可以看出，自统一的临时政府建立至国民党被解散，历时约20个月，其中内阁总理更动4人，代理3次，无政府（即总理因故不到国务院办公而形成的空阁状态）2次。也就是说，内阁总理平均每两个月更动一次，每位总理实际任职时间约为3个月，每5个月中有1个月由代理总理负责。以上只是内阁总理的更动情况，如果加上阁员变动，情况更为复杂。民国统一后，人心思定，稳定、安全成为社会发展的基本需求。内阁频繁更动使民初本来就不甚安稳的局势更加动荡不安，几乎每一次内阁更迭都在社会上引起一阵骚动。而议会每一次掣肘内阁，都程度不同地遭到社会各界的批评，因而随着每一次内阁的变动，议会政治的权威则越来越低，以致到了袁世凯政府解散国民党、停止国会议员职务时，除了部分民众感到短暂的紧张外，大部分人都默认了政府的这种违法举动，有人甚至表示赞同。至此，议会政治的所有权威基本丧失殆尽。

（三）监督行政权的实施效应

根据《临时政府组织大纲》和《临时约法》，国会监督政府的途径主要有二：一是质问，二是弹劾，其中弹劾最为严厉，是立法机关对抗行政机关的最后手段，一般来说不会轻易使用。一旦使用，如果弹劾案成立，则被弹劾之人不仅将失去公职，还要移交司法机关。所以立法机关提出弹劾案时，通常会引起全国的高度关注。对于这样一个需要慎之又慎的法定权力，民初国会行使状况如何呢？概而言之，民初代议机关在行使弹劾权时，失之谨慎，有明显的滥用倾向。

据统计，民初议会，经院议提出的弹劾案就有9件之多，详见表6－3。

表 6－3　**民初议会通过的弹劾案**

议案名称	提出时间	议案名称	提出时间	议案名称	提出时间
弹劾司法部次长吕志伊违法案	1912 年 2 月	弹劾国务总理陆征祥失职案	1912 年 7 月	弹劾国务总理陆征祥、陆军总长段祺瑞违法案	1912 年 8 月
弹劾全体国务员案	1913 年 7 月	弹劾财政总长周学熙违法借款案	1913 年 7 月	弹劾国务总理赵秉钧财政总长周学熙违法借款案	1913 年 7 月
弹劾国务员案	1913 年 7 月	弹劾国务总理赵秉钧财政总长周学熙违法失职案	1913 年 7 月	弹劾海军总长刘冠雄弄权违法案	1913 年 7 月

根据以上统计，民初国会共提出 9 件弹劾案，其中南京参议院 1 件，北京参议院 2 件，正式国会 6 件，如果加上国会尚待讨论的 5 件计算，则民初国会（1912 年 1 月—1913 年 11 月）在 22 个月时间中，共有 14 件弹劾案提出，平均不到 2 个月即有 1 件弹劾案出台。数量之多，频率之高，极为少见。这是其一；其二，上述已经正式提出的弹劾案中，很难说都具有正当性。一般而言，弹劾案的成立，必须具备违法行为等基本构件。但上述弹劾案中，某些案由难以明确是否违法，如 1912 年 7 月北京参议院提出的弹劾国务总理陆征祥失职案、1912 年 2 月南京参议院提出的弹劾司法部次长吕志伊违法案等。

频繁的弹劾案，产生了极为消极的后果：一方面加剧了立法机关和行政机关的对立和冲突，另一方面又严重削弱了民初议会的社会基础，民众逐渐厌倦了立法机关滥用监督行政权力的行为。黄远庸指出："弹劾案，一国政治界最重大事件也。颇闻外国凡议会中有一弹劾案出现，则全国为之沸腾。不料吾国今日，乃视为一种寻常茶饭，淡漠置之。"他进而分析说，临时政府成立以后，国会动则以弹劾案恫吓政府，"政府已成朝夕打骂之顽童，议会等于三木不停之暴吏，淫威易狎，习见不怪。尤有一义，则总理总长早同退院打包之僧，左右不过是一去，尤无畏于弹劾"。所以，"此等弹劾案通过与否，在众人眼光中视之，已觉无甚重要”[①]。《申报》则言：“弹劾者，议院中最后之手续也，宜审慎宜正确，而不可以游戏出之。夫是以有猛虎在山而收藏藿不采之威。乃观吾国之参议院，何如者兔起鹘落，风云倏忽，国家之大事，若一一以儿戏出之。前此通过陆总理矣，忽焉而否认陆总理，忽焉而又弹劾陆总理，忽焉而又取其所弹劾者而消灭之，夫亦齐矣。今者张、方一案，激昂慷慨，参议院诸公腾其口舌，一若横磨十万剑，不难倒政府不止。曾几何时而又落花流水，风流云散，到院者且不足四分三法定之人数矣。吾无以名之，名之曰儿戏之参议院。”[②]

承诺权和弹劾权是《临时约法》赋予国会监督政府的两项主要权力，应该慎重对待，不宜轻易使用。一旦加以动用，则必须产生良好的政治效用。然而，民初议会倒阁频繁，滥用弹劾权，不仅没能发挥监督政府的作用，反而致使社会更加动荡不安，议会威信大为损蚀，把自身一步步推向深渊。这也许是国会议员始料未及的。

运作成效低下是民初议会政治的基本特征。即使外国驻华公使也认为“人们有正当的理由抱怨各方面的工作缺乏效率”[③]。当时国内报刊转载或直接刊登的外国观察家的看法也大抵如此。立法不作为、频繁倒阁和滥用弹劾权为民初议会运作的三大特色。一般认为，立法权、监督权和财政权是现代议会的三项基本职权。民国初年，原先的财政体系已经崩溃，新的财政体系尚未建立，议会的财政权名存实亡，立法权和监督权因而成为衡量议会运作成效的基本尺度。然而，根据前文所述，不难发现，民初议会议员显然没能恰当地行使立法权和监督权，称职地履行职能，发挥监督政府、保育民生的民意代表作用，反而使社会更加动荡不安。这种运作绩效显然无法取得国人认可。

---

① 《蝉曳残声过别枝之弹劾案》，《远生遗著》卷二，上海书店出版社 1990 年版，第 135 页。

② 《申报》，1912 年 8 月 25 日。

③ ［美］保罗·芮恩施：《一个美国外交官使华记》，李抱宏、盛震溯译，商务印书馆 1982 年版，第 52 页。

造成民初议会政治运作效率低下的原因是多方面的，一是因专制制度和革命而带来的累积问题太多太大，如领土、中央与地方、财政问题等，这些问题牵涉面广、背景复杂，其中任一问题都不是短时间内可以解决的；二是党争激烈。民国初年，政党勃兴，竞争也异常激烈。但民初党争范围狭窄（主要以推倒内阁为能事）、手段拙劣（如不出席议会或在会场捣乱等），严重影响了议会的工作效率；三是议员普遍缺乏敬业精神，只知有党，不知有国，只顾个人，不计大局，甚至贪图安逸，追求享乐，置国事于不顾，无论道德素质或业务素质都难以服众。

（四）政治观念的转移

长期以来，国人对议会制度充满期待，对正式国会更是寄予了厚望。但经过近两年的政治实践，特别在国会召集后，议员的种种行径与国会绩效无不与人们的愿望背道而驰。人们对国会的景仰、期望之情很快转化为失望与愤怒。各种新闻媒体、社会舆论、政党、学会、自治团体，乃至数省都督、民政长、省议会等对国会议员或严词训饬，或声罪致讨，用不同方式发泄自己的不满。《申报》短评慨叹，国会“甚至危及国家而不顾。呜呼，吾民无死所矣”①。在这种情况下，议会制度想要取得社会支持也难。

鉴于民初议会制度运作的不良现状，厌倦议会制度成为民初政治思潮的基本诉求。人们通过各种方式表达对议会制度的不满。梁启超主编的《庸言》杂志即屡发言论，丑化国会。1913 年 9 月，该杂志发表了一篇题为《今后政治之趋势》的文章，称：“自两院开会以来五月矣，语其成绩，但闻灌夫骂座，角力屡行，以破坏议场秩序；私改记事，捏电各省，以颠倒事情之是非；而于国家之大本大计，则未闻有所建白。其能踊跃议定者，则在于索取六千元之岁费，而匠心独运于岁费之外，发明万国所无之出席费，以朘削民脂民膏之口实。国会之危害，于政治上既如此其列矣，而且投票以金钱为从违，卖身等牛羊之论价，狗苟蝇营，以破坏天下之廉耻也。……国民既已绝望于

① 《申报》，1913 年 5 月 10 日。

国会，于是对于议员但视之如禽兽，听其自生自灭。”①

既然议会政治不如人意，那么什么样的政治体制容易进入国人的选择视野？在实际政治活动中，当国会议员不能代表民意时，要求建立强固政府、加强行政权力的呼声不断地增强。《申报》的一篇时评反映了这一价值取向：“夫议员月俸五百元，使在平时不为钜也，其亦知今日值财政之困难，以借债为国之时代乎？议员而能实心为国议事有当，费六千元一年不为钜也，其亦知开会三月，终日捣乱而未有一事之成绩乎？行政部之腐败之不待言矣，然仅以此事，行政部与立法部比较，转觉行政部之人员尚有良心，而所谓议员者良心丧尽矣！呜呼！”② 舆论上的这种价值转移与在陆征祥组阁风潮中社会各界表现出来的中央集权的要求可谓不谋而合。这不是一种巧合，也不是一种人为影响，而是由国会运作本身造成的。从一定程度上说，国会运作绩效低下破坏了议会制度的心理社会支持系统，为自身生存危机埋下祸根。袁世凯停止国会议员的职务之所以没有遭到反抗，固然有其客观因素，但与民众的这种社会认可心理不无关系。

不满源于失望，失望源于期望。民初议会制度危机的产生，其导致因素虽然很多，但与议会运作绩效低下密切关联。在某种程度上可以认为，议会运作绩效低下，丧失了社会支持系统，结果授人以口实，为自身生存危机创造了充分条件。

二 同盟会—国民党的议会作用

力量对比说和发展时机说从不同角度揭示了民国初年议会政治遭受挫折的原因，对认识民初议会政治的发展有一定的启示作用。不过，这两种观点都隐含了一个假设，即同盟会—国民党是推动民初议会政治的主导力量。这个前提似乎不证自明。其实未必。在考察了同盟会—国民党的军事实力、组织特点和社会认同等诸因素后，可以发现，同盟会—国民党在行使议会政治方面并非完美无缺，也存在诸多

① 《庸言》，第1卷第17号。

② 《申报》，1913年7月11日。

不利因素。

从历史上看，议会政治一般通过两种途径来实现：一种是由政治传统发展演变而来。如英国、美国。英国历来就有重视议会的传统，因而其议会政治易于实现。美国虽然立国较晚，但英属北美 13 个殖民地向来有实行自治的精神，美利坚合众国一诞生便引进了 17 世纪英国的政府形式、政体和施政方法，因而美国的立宪政治也可看作是英国政治的一种发展。另一种是在掌握暴力或保持国家权威的基础上完成的。如第一次世界大战前的德国、第二次世界大战前的日本，它们实现立宪政治的途径是依靠中央权威的存在，然后在稳定的政治秩序中逐步完成从专制到立宪的过渡。

中国没有议会政治的传统。如若实现议会政治，或在时间流逝的过程中形成自治传统，或在保持中央权威的情形下，导向议会政治。清朝末年，围绕政体移植，就有人提出，中国要想实现立宪政治，必须采取渐进方式，即实行开明专制或君主立宪，在保持中央权威的前提下，逐步为立宪政治创造条件，培养国民的立宪习惯，经过一二十年的发展，逐步实现立宪政治。但辛亥革命爆发后，清政权土崩瓦解，中央权威丧失殆尽，立宪渐行论因此立刻失去了基础。因此，掌握暴力或保持国家权威成为中国实现立宪政治的可能选择。民国成立后，主导中国政局发展的力量有三种：一是旧官僚派，二是原立宪派，三是革命党派。旧官僚派重视维护自己的既得利益，对政治改革缺乏激情，因而不能指望他们成为立宪政治的领导力量。立宪派在革命前主张君主立宪，民国建立后，颇感自己先前主张与今日时势不相适应，舍己从人，近于贬节，因而嗫嚅而不敢言，而且当时不少舆论认为，在共和政体下，君主立宪派不应该有发言权；要想发言，当先自引咎，以求宽恕于畴昔之革命党。这种有损颜面的事情，他们当然不会去做。因而原立宪派也无法担负起民国立宪政治的历史重任。革命派在民国成立后，地位空前提高，力量迅速扩张。从中央到地方，从城市到农村，从沿海到内地，当时政治生活的方方面面无不分布着同盟会—国民党的势力。形势的发展使革命党一跃成为影响民初政治发展的主要力量之一。

从表面上看，同盟会—国民党似乎具备了行使议会政治的某些条件。然而，不利因素同样困扰着同盟会—国民党。

（一）同盟会—国民党的实力问题

如前所述，民国建立后，要想实现议会政治，必须掌握暴力或取得中央政权，然后在保证秩序的基础之上逐步朝议会政治方向努力。对国民党来说，这条途径在当时可以通过两种方式实现，一是联合地方力量，对企图实行独裁的势力进行抑制，迫使后者走宪政道路。毕竟民初地方权力比较强大，只要策略得当，可行性较大；二是国民党单独在军事上取得绝对优势，可以对任何逸出宪政规范的不法行为进行纠正。但国民党并不具备上述条件。

从对地方控制来看，民国初期，22 名地方都督中一度有 11 人列名同盟会籍[①]，在数量上远胜于立宪派和旧官僚派。但同盟会实际控制的省份只有广东、江西、安徽和上海等地，袁世凯直接控制的地区也只有直隶、河南、山东等省，其他省份大多由原立宪派、旧官僚和政治新贵控制，处于中立地位，持观望态度。也就是说，国民党在地方实力上并没有取得绝对优势。如何从推进议会政治的战略高度认识各省的重要作用、对中立省份应该采取何种策略（联合，维持，打击?）等重大问题迫切需要同盟会—国民党领导人提出明确的指导方针。但国民党领导人显然没有认识到争取地方势力的重要性：南京临时政府和留守政府撤销后，孙中山、黄兴忙于实业救国，宋教仁积极奔走于议会政治的道路。他们对各省国民党党员的政治斗争基本上持放任态度，或者只是作空洞的舆论上的支持，于实际问题毫无补助。而袁世凯却或指派自己的亲信，或拉拢中立省份，在地方上大力扩展势力。到 1913 年春，形势发展越来越不利于国民党：首先，国民党直接控制的地区相对萎缩，只有赣、粤、皖、湘四省，南方重镇上海已经由江苏都督程德全实际接管；在浙江、四川、福建等国民党和立宪派、旧官僚派争夺激烈的省份国民党的力量也在日渐削弱；其次，经过一系列调整，袁世凯

① 《申报》，1912 年 8 月 5 日。

把他的势力从华北延伸到东北和西北（如奉天都督张锡銮即为袁的亲信，阎锡山是在袁直接协助下消灭了革命党人的势力而完全控制山西，进而为袁所用。陕、甘两省情况类似），北京的战略地位日益得到巩固。最后由立宪派和旧官僚完全控制或在政治上占有绝对优势的中立省份，如湖北、云南、贵州、广西等，或因对国民党不满，或因受袁世凯拉拢，都程度不同地倾向于袁世凯政府。也就是说，到1913年初，国民党通过运用地方力量对中央施加压力，迫使北京政府在宪政轨道上运作的可能性几乎为零。

从军事力量和战略态势看，国民党显然处于劣势。南北会谈期间，南方军队有80个师团，45万之众[①]，统一在南京临时政府旗帜之下，声势浩大，气势如虹，大有一统全国之气概。但这些部队大多由各省临时招募，成分复杂，组织涣散，且各军之间互不统属，缺乏统一指挥，战斗力十分有限。尽管如此，南北统一后，在裁军节饷口号下，南方军队还是进行了大规模的裁减。以南京为例。1912年4月初，袁世凯公布《南京留守府条例》，由黄兴任留守，其职能是"俟南方军队整理就绪，即行裁撤"[②]，即留守府是裁谴南方军队的善后机关。迫于种种压力，黄兴在南京临时政府期间就着手整编南京军队。到6月初，南京被裁遣的军队已有七八万人，虽然革命党人"为保存革命实力计，将所有遣散军队的优秀军官及精良武器组成一师，定名为第八师。这个师从师长以下至营连长，都是在日本陆军士官学校和保定军官学校毕业的同盟会会员。师的枪支有两套，一套储仓库备战时扩军用"[③]，但与训练有素的北洋军队相比，第八师力量显然单薄。再如安徽。柏文蔚督皖后，大量裁减军队。到次年3月，安徽军队士兵实数只有一师一旅，先后裁汰3万余人，取消官长2千余人。又如广东，到1912年6月初，陆续裁兵达11万有余，而且军权掌握在陈炯明手里，都督胡汉民实际上没有办法直接调动军队。南方

① 《唐绍仪演说》，《民立报》1912年4月2日。

② 《黄兴集》，中华书局1981年版，第158页。

③ 李书城：《辛亥前后黄克强先生的革命活动》，《辛亥革命回忆录》第1集，中华书局1961年版，第203页。

军队只有江西还稍微齐整，但也只有两师[①]。更为重要的是，南方军队分散各处，各省之间的军队也缺乏有效的协调，很难在战略上发挥巨大威力。与南方裁军形成明显对比的是，袁世凯政府在北方却积极扩充军事实力。经过辛亥革命，北洋各军战斗力受到严重削弱。据记载，1912 年 6 月，北洋二镇只有 2 千人，三镇 4 千人，四镇 3 千人，缺额现象十分严重[②]。但袁世凯就任临时大总统后，大力扩充自己的军事实力：1912 年 4、5 月间，他同意将溃退兖州的张勋所部江防军扩编 1 万多人，并改称武卫前军；将驻扎颍州的倪嗣冲部队兵力扩充至 10 营，于 1913 年初改编为武卫右军；还将李纯的第 6 师部署在信阳。这样，这三支部队就成为袁世凯护卫北京、监视南方的第一线部队。1912 年 4、5 月间，袁还将武卫右军右翼 25 营扩编为拱卫军，共 5 路 30 营，任命段芝贵为总司令，分别驻扎北京、彰德两地，作为战略总预备队。通过对各军的一系列整补，到 1913 年春，袁世凯总兵力已经超过 15 万人，其中不乏装备精良、训练有素之师。因此从军事实力、战略态势来看，国民党显然无法通过对全局的军事驾驭来迫使袁世凯控制的北京中央政府朝民主政治方向发展。

此外，从政治上看，孙中山让出临时大总统职位后，同盟会就沦为在野党，缺乏有效的中央权威来调动国家各种资源，为推行民主政治创造必要的条件。表现在财政上，袁世凯代表中央政府，可以从国外借到大笔贷款，充实军队（事实上他也这么做了。据海关统计，天津一口输入的军火，1912 年为 272 万两，1913 年为 490 万两。而 1913 年宋案发生前的瑞记第三次借款 30 万英镑和陆军部捷成借款 28 万 8 千余元，更全部用于订购军火[③]）。而南方政府让出政权后，却无法从国外获取财政资助补给军队，只有裁撤一途。既然国民党没有掌

① 李新、李宗一主编：《中华民国史》第二编第一卷上，中华书局 1987 年版，第 127—131 页。

② 黄远庸：《远生遗著》卷二，《民国丛书》第二编（99），上海书店出版社 1990 年版，第 35 页。

③ 李新、李宗一主编：《中华民国史》第二编第一卷上，中华书局 1987 年版，第 269 页。

握足够的暴力，又缺乏有效的政治权威，推行议会政治的实力自然逊色不少。

（二）同盟会—国民党的议会党团问题

既然在军事实力和对地方的控制上无法为议会政治提供必要的保证，同盟会—国民党还可以在法律规定范围内通过和平方式推动议会政治。其途径有二：一是加强组织建设，明确革命党在新的历史时期的奋斗目标，增强国民党组织自身的内聚力，制定切实可行的政略方针，把自己的政治主张诉诸国民，通过取得国民支持，进而掌握政权，为议会政治的实现铺就光明坦途。二是联合一切民主力量，运用自身已经取得的政治优势，求同存异，展开良性竞争，尽量扩大国民党的社会支持系统，并通过可能的方式，对独裁倾向进行有效遏制，进而为议会政治的实现创造良好的政治氛围。但实际情况怎么样呢？现在看来，国民党在强固自身组织和联合民主力量方面做得并不充分，甚至适得其反。

同盟会—国民党组织涣散严重削弱了议会党团的组织优势。第一，同盟会分化削弱了自身力量、树立了更多的反对势力。南京临时政府尚在筹建、满清统治还没有推翻时，国民党的前身——同盟会就面临着组织分裂问题。1911 年 11 月 20 日，革命元勋章太炎联合江苏立宪派重要首领程德全发起组建中华民国联合会，由此拉开了同盟会分裂的序幕。次年 1 月 3 日，在“联合全国，扶助完全共和政府”口号下，以中华民国联合会为基础的统一党正式宣布成立。该会的成立对同盟会正统派是个沉重打击。章是同盟会舆论宣传的领袖人物，他与正统派的分离使同盟会至少在争取舆论支持上失去了一块重要阵地。同时章国学功底深厚，在学术界影响较大，许多人就是仰慕章的学术声望而加入该会的。再从该会的重要成员看，除章太炎外，还有程德全、张謇、唐文治、熊希龄、应德宏、蒋尊簋、庄思缄、朱瑞、赵凤昌、汤化龙、林长民等，他们都是立宪派煊赫一时的人物。从人员结构看，中华民国联合会可以看作是以江浙立宪派和旧开明官僚派为中心、全国立宪派和旧开明官僚派重要成员的一次政治大集结。借助章太炎，他们拉虎皮作大旗，以谋在共和国体下东山再起。尽管并没有迹象表明他们以反对同盟会为职志，但统一党的成立客观上增加了同盟会推行自己政纲的难度，实际上起到了减弱正统派影响的作用。1912年1月16日民社的成立，标志着同盟会再次出现重大分裂。民社的核心人物孙武、刘成禺、时功玖、张伯烈、蓝天蔚等人，既是革命党员，又是武昌首义的元勋人物。他们和正统派的分道扬镳对后者推行议会政治无疑是个重大打击。就政治地位而言，作为辛亥革命首义之地，湖北政治地位在全国举足轻重，成为民初三大政治中心之一，南北双方极力争取的对象；就地理位置来说，武汉地处要冲，跨江而治。在南北对峙情况下，湖北进可以攻、退可以守，战略地位十分重要。如果说，得湖北者得天下有点夸张，那么改为得湖北者得半个天下就不算过分了。后来历史的发展也证明了这点。革命党的分化对正统派推行议会政治极为不利。

第二，组织涣散影响了国民党的战斗威力。国民党成立后，其凝聚力并不强固，主要可以分为三派：一是以孙中山、黄兴等为首的实业救国派。他们不否认议会斗争的重要性，但更强调走实业救国的道路。他们在党内有着崇高的地位，但并不过问党务，实际上分散了党组织的力量。二是以宋教仁为首的议会政治派。他们崇尚议会政治，主张通过选举，取得议会多数席位，进而组织内阁，掌握国家政权。这一派人有理想有激情，但人数不多，缺乏政治经验，除宋教仁外，其他党员在党内的地位不高，威望不隆，因而宋被刺身亡后，他们就群龙无首，不知所从，立呈土崩瓦解之势。国会召开后，当时舆论分析国会党派竞争大势时，指出："国民党议员殆与他三党共有之数相埒，然议员中无统率同党所属议员之人物，亦无指挥本党行动之策士。"① 就是对议会政治派状况的最简洁概括。三是以吴景濂等为首的旧官僚派。为了在国会选举中取得多数席位，宋教仁吸收了统一共和党等党团组织，把同盟会改组为国民党，并要求党员介绍民众入党时应以是否具有选举资格为标准，强调多一党员就多一份力量，而不管其经历如何。这样做固然扩大了党势，但大量复杂分子也混进了党

① 《申报》，1913年4月17日。

内，许多旧官僚就是这样攀上国民党的。他们虽然在党内地位并不高，但活动能量却很巨大，常常以国民党的名义来达到个人私利，把党组织作为升官晋级的阶梯。他们的所作所为严重损害了国民党在民众中的威望。另外，像汪精卫等属国民党超然派，革命成功后，即悄然隐退，实际上也削弱了组织力量。组织涣散，特别是议会政治派受到打击后，国民党就再也无法发挥出议会党团集体作战的团队优势。宋案发生后，在袁世凯逼迫下，国民党主战派仓促上阵，其失败的结果自然无法避免。

（三）同盟会—国民党的议会斗争策略问题

民国初年，立宪派的地位十分微妙。一方面，武昌起义后他们曾协助过革命，对迅速推翻满清独裁统治起了积极作用，上海、浙江、江苏等省区的光复无不借助于立宪派的协助，有的地区光复甚至立宪派起了主导作用；另一方面，因为在革命前极力主张君主立宪，因此民国成立后他们又自惭形秽，心理很是自卑。这派人一般具有传统功名，政治经验丰富，有较强的社会支持基础，号召力强。是联合，还是斗争，如何处理好与立宪派的关系成为同盟会—国民党的当务之急。遗憾的是，在对形势发展的判断上，同盟会—国民党出现了偏差：一方面，他们虽然意识到旧官僚派的潜在威胁，时时加以警惕（如《民权报》就经常提醒国民党人注意袁世凯帝制自为的野心），另一方面却把斗争矛头直指立宪派，而放过了议会政治潜在的威胁。等到他们意识到国民党的真正敌人是谁（宋教仁被刺和善后大借款签订后）、立宪派可以争取的时候，为时已晚，袁世凯政府已经把屠刀架在了国民党人的颈上了。如果国民党能够改善自身组织，及时调整斗争策略，抛弃前嫌，与立宪派携手，同舟共济，未必不能促进议会政治的发展；如果继续采取排挤打击方式，则无疑为推行自己的政治主张制造更多的麻烦。而国民党的选择恰恰是后者。

同盟会—国民党对立宪派的排挤打击有这样几种方法：一是在舆论上遏制立宪派。他们指责立宪派阻挠革命，对曾经协助过革命的立宪派斥其为乘机混进革命队伍。立宪派领袖梁启超从海外回国时，不少国民党报纸对梁不遗余力地进行攻击。这些言论都加深了两派的敌意；二是在行动上常常用暴力手段对待立宪派。如各省都督府代表联合会的代表移驻南京时，陈其美派人在南京火车站枪击立宪派重要人物林长民，使其不敢再出现在代表会上①。又如1912年7月，同盟会会员田桐等以立宪派北京机关报《国民公报》刊文称南京临时政府为"假政府"为辞，集20余人，冲进该报馆内，捣毁报社机器什物，并簇拥报馆负责人徐佛苏及主笔蓝公武等前往巡警厅，要求管押。舆论一时大哗。国民党因此当时又有暴烈派之称。

在同盟会正统派的打击排挤下，立宪派忍气吞声，积蓄力量，力图东山再起。他们一通过中华民国联合会，二通过统一党，三通过共和党，与同盟会分裂出来的势力结合，不断集结壮大自己的力量，一跃成为仅次于北洋军阀派和国民党派的第三大政治势力，在民初政局中占有举足轻重的地位。1913年4月在共和党国会议员大会上，梁启超指出，中国政坛目前有乱暴派（指孙中山一派）和腐败派（指袁世凯一派）之分，共和党以极微弱之力与他们奋斗。在不能同时战胜两敌的情况下，不得不先战其一，共和党的方针是"认祸国最烈之派为第一敌，先注全力以与抗，而于第二敌不得不暂时稍为假借"②，正式确立了联合旧官僚派遏制国民党方针。可以说，在民初变幻莫测的政治斗争旋涡中，国民党没能分清自己的真正敌人是谁，更不必说采取有效的斗争策略。对立宪派的排挤打击实际上是强化了敌对势力的集结，削弱了可以联合的社会支持系统，使得自己原本薄弱的社会基础更加薄弱。

（四）同盟会—国民党的舆论成效问题

缺乏强有力的舆论支持使国民党失去了一个限制独裁势力的重要力量。民国初年，在民主共和思潮影响下，舆论力量十分强大，是仅次于议会、政府、政党和地方都督的第五大政治势力。舆论可以造就一个人，也可以毁灭一个人；舆论可以成全政党，也可以使它名誉扫

① 刘星楠遗稿：《辛亥各省代表会日志》，《辛亥革命回忆录》第6集，中华书局1963年版，第250页。

② 《共和党之地位与其态度》，《梁启超年谱长编》，上海人民出版社1983年版，第667页。

地；舆论既是民意的代言机关，又是限制独裁的言论机关。在某种程度上，可以说舆论是衡量民意的晴雨表。任何政党要想推行自己的政治主张就必须开动舆论机关，宣传本党政见，取得社会谅解和支持，进而对普通民众产生影响，从而为自己获得广泛的社会基础。有了广泛的社会基础后，就可以游刃有余地推行自己的政治主张。

国民党领导人注意到舆论宣传的重要性，也进行了许多有益的尝试。如宋教仁就曾支持仇鳌创办《亚东新闻》，极力宣传国民党的政党政治主张[①]。但就总体上来说，国民党的舆论工作并不是非常有效。整个社会舆论对国民党的批评似乎多于支持赞同。这从四个方面可以反映出来：

一是国民党控制的报纸杂志数量不占优势。据统计，民国初年，国民党控制的有影响报纸约为25份，但不少报纸旋起旋落（如《民国汇报》），很难说产生了多大影响[②]。而同期共和党控制的报刊数量为27份[③]，这还不包括一些倾向于共和党政治主张的非政党性报纸，如在全国影响极大的《申报》、《新闻报》、《大公报》和袁世凯系统的御用报纸如《金刚报》、《亚细亚报》等。就上海一地而言，1912年7月底，属于同盟会派的报纸有5家，而反对派竟达9家[④]。因此，从数量上看，国民党反对派的报纸似乎略占优势。数量多不一定能引导视听，但没有数量是肯定不能引导视听的。

二是国民党控制的报纸影响有限。民国初年，国民党控制的报纸影响较大的是《民立报》。武昌起义前后，其日发行量一度曾达2万份之多，之后迅速下滑，到1913年上半年，日发行量只有千份左右了。《民立报》如此，同盟会—国民党其他报纸的惨淡经营亦可想而

① 仇鳌：《辛亥革命前后杂忆》，《辛亥革命回忆录》第1集，中华书局1961年版，第448页。

② 《国民党之国内外书报一览表》，《革命文献》第41辑，中央文物供应社1967年版，第195—198页。

③ 程为坤：《民初共和党的形成、组织及其派系》附录2，《近代史研究》1986年第3期。

④ 胡道静：《上海新闻事业之史的发展》《民国丛书》第二编（49），上海书店出版社1990年版，第39页。

知了[①]。销量多少不一定能反映报纸品质好坏，不过在民初特定的历史条件下，销量是观察社会舆论绝佳的窗口。《民立报》销量跌落无疑表明该报影响的减弱，国民党社会影响的减弱。与此相反，共和党控制下的报纸却因其温和稳健的特色而吸引了众多民众的关注，成为政府观察民意的重要方式，甚至影响到政府部门的决策。如帝制运动期间，梁士诒、袁乃宽就曾篡改上海《时报》，伪造民意，以此怂恿袁世凯帝制自为[②]。这一事件真实与否姑且勿论，但透露出袁世凯对舆论导向相当注意。

三是国民党报刊系统的内部纷争也削弱了政党报纸团结一致、共同对外的宣传威力。国民党组织涣散的另一种表现就是宣传上的各自为政，政党对报纸控制很松。同一政党的报纸政见却不相同。如《民立报》和《民权报》从7月中旬起就因《国民公报》捣毁事件、张振武方维被杀案、孙中山黄兴是否北上、《民意报》事件等问题意见不同而连续不断地展开长达两个多月的论争。又如在对外问题上，《民立报》认为外患亟矣，蒙藏危矣，而愚妄者尤肆作挑拨感情之论，心中全无国家概念，是“全无心肝”[③]。《民权报》针锋相对：“外患之危，蒙藏之危，……专制政府致之也……而所造成此政府者，即专制总统也；所以赞助总统之造成专制者，即类于《民立报》之一般妖报也。《民立报》只知有专制总统，不知有共和国家，岂得有心肝者耶！”[④] 诸如此类。国民党报纸的内耗行为大大削弱了政党舆论的整体协作精神，对原本就薄弱的国民党舆论力量来说无疑是一种近似自杀的消极行为。国民党控制的报纸影响不大的另一个原因是缺乏第一流的记者人才。报纸的生命不仅在于要有雄厚的资金来源、明确的办报方针，更重要的是要有一批第一流的新闻记者，政党报纸尤其如此。毕竟文字是民众获取信息的主要来源。但在民国初年舆论界风云

---

① 方汉奇：《中国近代报刊史》，山西教育出版社1981年版，第707页。

② 戈公振：《中国报业史》，《民国丛书》第二编（49），上海书店出版社1990年版，第186页。

③ 《全无心肝》，《民立报》1912年9月11日。

④ 《是谁全无心肝》，《民权报》1912年9月12日。

人物中，同盟会—国民党人屈指可数。南京临时政府成立前，于右任、宋教仁、马君武等人利用《民立报》鼓吹革命，在民众中有着广泛的影响。但随着这些人转入政界，《民立报》的影响也随之下降。与此形成鲜明对照的是，共和党中却人才济济。如梁启超、章太炎、黄远生、刘少少、徐佛苏、蓝公武等人在舆论界中或久负声望，或名噪一时，国民党一时难以比拟。国民党中并非没有人才，如章士钊，在民初就被誉为著名法学大家[①]，其文章也传诵一时。但因主持《民立报》期间编发了一些和同盟会主张相抵触的评论和来稿，又不是同盟会员，在部分党员压力下，被迫离开《民立报》。这对同盟会来说，不能不说是一大损失。

四是国民党政治宣传的激进性特征也是当时主流媒体所难以认同的。民国临时政府成立后，在民主共和潮流下，人们普遍渴望和平统一。武昌首义的革命阵痛虽然只有短暂的4个月时间，但对积弱积贫的国家来说无异于雪上加霜。统一、稳定、和平、民主、发展实业等成为社会各界的共同心声。凡有背于民意的言论行为，无不被国人所厌弃。国民党成立时，在其宣布的五大政纲中，把秘密结社时代的土地国有和同盟会时代的男女平权悄然删去就是对这一心态的回应。但在宣传本党的政治主张时，一些国民党报刊却明显保持着革命时代的激进特征，如《民权报》从创办时起就把矛头直指袁世凯。据统计，从1912年4月16日至5月1日的半个月时间内，该报以“胆大妄为之袁世凯”为题，发表“时评”10篇；又以“讨袁世凯”为题，发表“论说”6篇，对袁世凯进行猛烈抨击。《民权报》的这种激进论调显然是不明智的。因为当时社会各界普遍认为革命后的中国政局非袁世凯不能收拾，即使同盟会的领袖也持这种看法。孙中山就曾向报界表示“袁总统可靠”，认为“沪报言论有攻击政府太甚者，不利于民国根基。粤报尤甚”。要求新闻舆论不要作无谓之攻击[②]。8月底9月初，孙中山和黄兴先后北上，与袁世凯就国是交换意见。初次会晤

① 《政党和民初政治》，《近代稗海》第6辑，四川人民出版社1987年版，第201页。

② 《广东电报》，《民立报》1912年4月30日。

后孙中山即表示："袁总统可与为善，绝无不忠民国之意。国民对袁总统万不可存猜疑心，妄肆攻讦，使彼此诚意不孚，一事不可办，转至激迫袁总统为恶。"[①] 黄兴也称："袁总统民国可靠人，新闻界宜注意维持，不宜心存成见，取过激之攻击态度。"[②] 从北京南下后，他更强调支持政府的重要性，劝告国民党员不要对袁世凯进行诽谤性的攻击[③]。国民党领袖人物对袁世凯尚且持扶植态度，其他主流媒体的态度也就可想而知了。因而像《民权报》这样的激进言论在当时是孤立的，他们肆意妄为的言论极大地损害了国民党作为民国缔造者的崇高形象，也是国民党引起袁世凯反感的重要原因之一。

应该说，在临时参议院时期，国民党推行议会政治的有利条件还是相当多的：武昌起义，尤其是东南光复为革命党积累了巨大声誉；革命初期，革命党在各省势力空前发展；临时参议院大部分时间由正统派控制，与袁世凯势力占主导地位的行政机关形成双轨并峙局面，等等。但到1913年初时，同盟会—国民党的优势却逐渐丧失，无论在军事上、对地方的控制上、社会认同等方面都呈现衰落景象。为什么会出现这种现象呢？原因很多，其中之一与同盟会—国民党对议会政治缺乏足够的认识密切相关。武昌起义前，革命党虽然就宪政论题与立宪派展开过辩论，但从总体而言，议会政治并没有引起他们的重视；民国统一后，大部分领导人转向了实业救国的道路，对于推行议会政治的兴趣并不浓厚，只有个别领导人孤军奋战。对议会政治复杂性、渐进性及长期性认识的偏差直接影响了同盟会—国民党作为议会党团政治积极性的发挥，导致了组织分化，力量涣散。日后总结民初议会政治斗争失败的原因时，当事者无不把它与同盟会—国民党组织自身联系起来。孙中山指出，国民党的失败，乃因为"党员皆独断独行，各为其是，无复统一"[④]。章士钊则认为同盟会—国民党的激进特

---

① 《民立报》，1912年8月27日。

② 《社论二》，《民立报》1912年9月14日。

③ 《民立报》，1912年10月12日。

④ 孙中山：《国父全集》卷五，中央文物供应社1980年版，第171页。

征和强烈的排他性是造成民初议会政治失败的主要根源[①]。不管从何种角度出发，有一点可以肯定，国民党的自身问题是造成民初议会政治遭遇挫折的重要原因之一。

三　袁世凯议会政治观的变化轨迹

在研究民初议会政治挫折原因的论著中，一般都有一个基本的价值预设，即同盟会—国民党是民初议会政治的推动力量，而袁世凯则是反动力量。诚然，作为结论，这个提法当然可以，但如果以此作为前提来指导学术研究，则难免有先入为主的嫌疑。考诸历史事实，不难发现，上述价值预设与实际情况并不完全相符，或者至少说在二次革命爆发前，袁世凯对议会政治并没有太大恶感。也就是说，袁世凯从赞成共和到反对议会政治是有一个演变过程的。了解这个过程，对认识袁世凯在民国议会政治中的作用会有所帮助。

（一）清末时期

清末宪政改革，固然与立宪派的大力鼓吹和积极推动有关，但也与袁世凯、张之洞等地方大吏的积极推动是分不开的，尤其是袁世凯，他所起的作用更大。早在1905年7月，时任直隶总督的袁世凯，便联合两江总督周馥、湖广总督张之洞联衔奏请自12年之后实行立宪政体，并请简派亲贵大臣赴各国考察政治[②]。经详细考察，有学者认为，在主张君主立宪的地方大员中，“以袁世凯最为激进”[③]，当时“没有哪一位官员能像袁世凯那样，在如此短的时间内，为改良争取到如此多的东西”[④]。正是在以袁世凯为代表的地方督抚压力下，清政府终于被迫接受宪政，走议会政治救国之路。清末宪政改革也基本上是按照袁世凯等设计的改革蓝图按部就班地逐步推进。这一现象表

① 章士钊：《甲寅杂志存稿》上，商务印书馆1922年版，第1页。

② 《十年以来中国大事记》，《东方杂志》第9卷第7号。

③ 张玉法：《清季的立宪团体》，中央研究院近代史研究所专刊（28），三民书局1985年版，第307页。

④ ［美］费正清：《剑桥中华民国史》第一部，章建刚等译，上海人民出版社1991年版，第238—239页。

明，袁世凯起初并不反对宪政，不仅如此，他还在推动清末宪政改革运动中发挥了积极作用。其人并非不可信。

尤其重要的是，清末新政时期，袁世凯在直隶总督任内，各项政治建设，无论是地方自治的推行，还是整饬吏治等方面，都取得了举国瞩目的成效。1907 年调任中央后，袁世凯放眼国内，视野更加开阔，预备立宪的速度也明显加快。地方和中央的历练，使袁世凯从政经验丰富，行政能力也较为突出。这些优点，某种程度上弥补了革命党人行政经验的不足。如果能够善加利用，对促进议会政治的建设，显然是有利因素。

（二）南北和谈时期

武昌起义后，义军在短短一个月时间内，三分天下而有其二。而独立各省无不以民主共和相号召，共和政治一时成为时代发展的潮流。袁世凯复出后，在“抱定君主立宪”① 宗旨下，与起义各省展开谈判。在论及国体问题时，独立各省态度极为坚决：君主立宪绝不适用于中国，“中国欲求五族平等，国家富强，必须向先进国家学习，改建五族共和国家”②。经过一系列紧张而激烈的谈判，在波涛汹涌的革命浪潮面前及南方答应选举他为临时大总统的前提下，袁世凯选择了放弃君主立宪思想。清帝退位当日，袁世凯即宣布：“共和为最良国体，世界公认。”③ 隔一日，南京参议院选举袁世凯为临时大总统。袁完成了从君主立宪到赞成共和的转变。不管其意图如何，有一点可以肯定，袁世凯的态度转变促进了南北议和，顺应了民众和平统一的心理，最终为实现国家和平统一创造了有利条件，这是毋庸置疑的，也是不容抹杀的。袁世凯能够放弃君主立宪，转而赞成民主共和，表明他是可以改造的，而非顽固守旧。关键在于如何进行引导。

（三）民国初年

袁世凯反对议会政治，从主观方面看，是其内心深处权力欲望

---

① 丁文江等：《梁启超年谱长编》，上海人民出版社 1983 年版，第 567 页。

② ［澳大利亚］骆惠敏：《清末民初政情内幕》上册，刘桂梁译，知识出版社 1986 年版，第 793—794 页。

③ 《临时政府公报》第 15 号。

不断膨胀的必然结果；从客观方面看，则与民初议会政治的无效运作、舆论要求加强中央权力及民众渴望安全稳定的社会心理有密切关系。

议会的无效运作使袁世凯十分反感。其表现之一是对议会内激烈的党争不满。他曾规劝政党："无论何种政党，均宜蠲除成见，专趋于国利民福之一途。若乃怀挟阴私，激成意气，习非胜是，蜚短流长，藐法令若弁髦，以国家为孤注，将使灭亡之祸，于共和时代而发生，揆诸经营缔造之初心，其将何以自解?"要求各政党："务念阋墙御侮之忠言，怀同室操戈之大戒，折衷真理，互相提携，忍此小嫌，同扶大局。"① 其二是对议员能力表示怀疑，他曾公开声明："这个国会不好，因为它大部分是由缺乏经验和理论的年轻政客们组织起来的，他们要干涉政府，也要使一切事情通过立法手续，他们的真正任务是要通过一部永久的宪法，但他们在这一方面却全无进展。"② 议会对政府的掣肘和无效运作使袁世凯一度试图以命令代替法律或越过《临时约法》行使职权，但都在议会反对下而退却。尽管如此，袁世凯对议会政党和议会运作不满还是清晰可见的。

动荡不安的形势为袁世凯实行中央集权提供了可能。民国成立后，统一的中央政府虚有其名，国家实际上处于极度无序状态，"省与省争，府与府争，团体与团体争，个人与个人争"，"今日兵变，明日兵变，此省兵变，彼省兵变，八公草木，风鹤皆惊"③。而议会内激烈的党争使原本就不安的形势更加混乱不堪。为此，维护社会稳定、加强中央集权一时成为民初社会各界的普遍要求。上海总商会就曾通电全国要求维护社会秩序："前年武昌起义，海内响应，人民苦于专制，急求改革，不惜牺牲生命财产，克成共和……而秩序渐安，人心渐定。当此春夏之交，正商业进行之际……讵意风波迭起，谣诼朋兴……各埠成交之货物，纷纷函电止退……或者谓法兰西过去时

① 《政府公报》1912年第194期。

② ［美］保罗·芮恩施：《一个美国外交官使华记》，李抱宏、盛震溯译，商务印书馆1982年版，第10页。

③ 《民权报》，1912年4月3、10日。

代，恐慌倍蓰于今日，商人所见者浅，未能远谋。然师人者当以覆辙为殷鉴，毋宁舍短而用长……商人在商言商，不知附和，若有所破坏而无建设，乱靡有定，胡所底止。”① 建设强善政府的言论更是比比皆是。共和党—进步党向来以建设强固政府为口号，舆论界的主流媒体更是大力鼓吹中央集权。即使外国观察家也注意到，中国士绅阶层渴望有一个强有力的中央政府，并且相信只有在袁世凯指导下，安全稳定的统治局面才有可能实现②。社会各界对重建秩序的强烈要求为袁世凯集权提供了可能。

国民党发动的二次革命给袁世凯以消灭普选产生的国会以可乘之机。国民党和袁世凯并非从一开始就是一对死敌。有资料显示，武昌起义前，袁世凯曾暗中资助过革命党③。统一的临时政府建立后，袁世凯对同盟会十分重视，唐绍仪 9 名内阁成员中，就有 4 人隶属同盟会籍。唐内阁倒台，标志着袁世凯和同盟会关系出现裂痕④。在如何组织民国第二届内阁问题上，同盟会和袁世凯出现较大分歧：袁主张采用人才内阁，同盟会则坚持政党内阁。政治理想和行政效率的价值取向直接冲突，双方僵持不下。1912 年 8、9 月间，孙中山、黄兴以平民身份先后北上，与袁世凯共商国是。他们都受到隆重接待。经过一系列会谈，孙、黄均对袁世凯表示信任。孙中山公开宣称：“国民对袁总统万不可存猜疑心，妄肆攻讦，使彼此诚意不孚，一事不可办，转至激迫袁总统为恶”⑤，“凡我中华民国之人民，无论在政界、在社会，须出真实爱国心，以建赞助大总统建设之伟业”⑥。双方重

① 《上海总商会要求保卫商民维持秩序通电》，《民初政争与二次革命》，上海人民出版社 1983 年版，第 333 页。

② 《艾斯敦先生致格雷爵士函》，《英国蓝皮书有关辛亥革命资料选译》，胡滨译，中华书局 1984 年版，第 696 页。

③ 许指严：《新华秘记》，《近代稗海》第 3 辑，四川人民出版社 1985 年版，第 307—308 页。

④ 白蕉：《袁世凯与中华民国》，《近代稗海》第 3 辑，四川人民出版社 1985 年版，第 41 页。

⑤ 广东省社会科学院历史研究室编：《孙中山全集》第 2 卷，中华书局 1982 年版，第 406 页。

⑥ 《民立报》，1912 年 9 月 21 日。

归于好的标志有二：一是组织所谓国民党内阁，二是袁世凯以孙、黄、黎、袁四人名义公布内政方针（即所谓“八大政纲”）。此后，国民党和袁世凯关系进入蜜月期。随着国会大选趋于明朗，国民党胜利在握，他们与袁世凯再次走向对立。大选中，宋教仁对临时政府的内外政策进行了猛烈抨击，并暗中有拥黎代袁为正式总统的活动[①]。袁世凯对国民党咄咄逼人的姿态十分不安。在拉拢失效后遂决定教训一下国民党[②]。宋教仁被刺后，国民党把矛头直指袁世凯。南方发动二次革命之声腾嚣于中外。临时政府强行签订善后大借款更是增加了国民党的疑虑。国民党和袁世凯的纷争从国会内的政治冲突蔓延到战场上的军事对抗。二次革命的爆发标志着国民党和袁世凯正式决裂。议会政治的命运也危如累卵。

随着战场的胜利推进，袁世凯同时着手收拾国民党国会议员。其第一步是分化国民党力量，强迫国民党本部开除南方起义党员党籍；第二步是迫害参与起义的国会议员；第三步则以国民党本部与国会议员勾结为由，下令解散国民党，并将国民党议员资格剥夺。在此作用之下，国会解散于无形。其实，即使没有二次革命，袁世凯对国会也已经磨刀霍霍，如要求增修《临时约法》，派人向宪法会议表达意见，要求先选总统等。国会国民党议员面对袁世凯政府的步步紧逼，隐忍退让，甚至宣布脱离国民党。但所有的让步没有能够换来袁世凯的谅解，国民党依然被宣布为非法而遭取缔。

从袁世凯对议会政治的态度演变来看，一方面与其不可遏止的权力扩张欲望密切相关；另一方面，国民党控制的民初议会的无效运作也为袁世凯集权提供了口实，加之特定历史时期特定的政治需求，多种因素相互作用，最终导致了民初议会政治试验遭遇挫折。

历史的一页已经翻了过去，掩卷回首，浮想联翩。时光如果能够倒流，回到清末民初。假如我们是民意代表，假如我们是政党首领，

---

① 胡绳武、金冲及：《辛亥革命史稿》第4卷，上海人民出版社1991年版，第508—513页。

② 白蕉：《袁世凯与中华民国》，《近代稗海》第3辑，四川人民出版社1985年版，第44页。

假如我们是行政首脑，面对变幻莫测的政局，我们将如何处理？一定就比时人高明、游刃有余吗？也未必。如果能够回归历史情境，设身处地地理解历史，也许不无益处。历史已经过去，不必苛责前人。只有眼光投向前方，未来才会更加美好。

参考文献

著作部分

1. 章开沅、林增平主编：《辛亥革命史》，人民出版社 1980 年版。
2. 胡绳武、金冲及：《从辛亥革命到五四运动》，湖南人民出版社 1983 年版。
3. 李剑农：《最近三十年中国政治史》，上海太平洋书店 1934 年版。
4. 韦庆远、高放、刘文源：《清末宪政史》，中国人民大学出版社 1993 年版。
5. 杨幼炯：《中国政党史》上海书店 1984 年版。
6. ［日］宗方小太郎：《一九一二年中国之政党结社》，《近代稗海》第 12 辑，四川人民出版社 1988 年版。
7. 白蕉：《袁世凯与中华民国》，《近代稗海》第 3 辑，四川人民出版社 1988 年版。
8. 谢彬：《中国政党史》，《近代稗海》第 6 辑，四川人民出版社 1987 年版。
9. 张玉法：《民国初年的政党》，台湾中央研究院近代史研究所专刊（49），1985 年。
10. 侯宜杰：《二十世纪初中国政治改革风潮——清末立宪运动史》，人民出版社 1993 年版。
11. 杨玉如编：《辛亥革命先著记》，科学出版社 1957 年版。

12. 刘伟、饶东辉：《中国近代政体发展史》，华中师范大学出版社1998年版。
13. 胡绳武、金冲及：《辛亥革命史稿》，上海人民出版社1991年版。
14. 费正清主编：《剑桥中华民国史》，上海人民出版社1991年版。
15. 李新、李宗一主编：《中华民国史》，中华书局1987年版。
16. 李守孔：《民初之国会》，台湾正中书局1977年版。
17. 顾敦鍒：《中国议会史》，苏州木渎心正堂1931年版。
18. 仇昌渭：《议会政治》，世界书局1933年版。
19. 谷钟秀：《中华民国开国史》，上海泰东书局1914年版。
20. 佐藤三郎：《民国之精华》，北京写真通讯社1916年版。
21. 谢振民：《中华民国立法史》，中国政法大学出版社2000年版。
22. 刘景泉等：《宋教仁与民国初年的议会政治》，河北人民出版社1998年版。
23. 张孝若：《南通张季直先生传记》，中华书局1930年版。
24. 邹鲁：《中国国民党史稿》，中华书局1960年版。
25. 薛君度：《黄兴与中国革命》，杨慎之译，三联书店香港分店1985年版。
26. 张难先：《湖北革命知之录》，文海出版社1986年版。
27. 虞和平主编：《中国现代化历程》，江苏人民出版社2001年版。
28. 萧功秦：《危机中的变革——清末现代化进程中的激进与保守》，上海三联书店1999年版。
29. 钱端升等：《民国政制史》，上海书店出版社1989年版。
30. 戈公振：《中国报学史》，上海书店出版社1990年版。
31. 胡道静：《上海新闻事业之史的发展》，上海书店出版社1990年版。
32. 汤志钧编：《章太炎政论选集》，中华书局1977年版。
33. 张朋园：《立宪派与辛亥革命》，三民书局1983年版。
34. 张玉法：《清季的立宪团体》，三民书局1975年版。
35. 张玉法：《清季的革命团体》，三民书局1982年版。
36. 张朋园：《梁启超与民国政治》，食货出版社1981年版。

37. 蔡寄鸥：《鄂州血史》，龙门联合书局 1958 年版。
38. 钱实甫：《北洋政府时期的政治制度》，中华书局 1984 年版。
39. 彭明等主编：《近代中国的思想历程 1840—1949》，中国人民大学出版社 1999 年版。
40. 徐矛：《中华民国政治制度史》，上海人民出版社 1992 年版。
41. 方汉奇：《中国近代报刊史》，山西教育出版社 1981 年版。
42. 杨幼炯：《近代中国立法史》，商务印书馆 1936 年版。
43. 中华文化复兴运动推行委员会主编：《中国近代现代史论集》第 19、20、21 辑，台湾商务印书馆 1986 年版。
44. 亓冰峰：《清末革命和立宪的论争》，三民株距 1970 年版。
45. 武昌辛亥革命研究中心：《辛亥革命与近代中国（1980—1989 年论文选）》，湖北人民出版社 1991 年版。
46. 湖北省哲学社会科学联合会编：《辛亥革命五十周年纪念论文集》，中华书局 1962 年版。
47. 熊月之：《中国近代民主思想史》（修订本），上海社会科学院出版社 2002 年版。
48. 《辛亥革命史丛刊》编辑部：《辛亥革命史丛刊》，中华书局 1980—1987 年版。
49. ［美］本杰明·史华兹：《寻求富强：严复与西方》，叶凤美译，江苏人民出版社 1996 年版。
50. ［美］张灏：《梁启超与中国思想的过渡（1890—1907）》，崔志海、葛夫平译，江苏人民出版社 1995 年版。
51. ［美］费正清：《伟大的中国革命 1800—1985 年》，刘尊棋译，世界知识出版社 2000 年版。
52. ［美］任达：《新政革命与日本（中国，1898—1912）》，李仲贤译，江苏人民出版社 1998 年版。
53. ［美］王国斌：《转变的中国——历史变迁与欧洲经验的局限》，江苏人民出版社 1998 年版。
54. 朱宗震、杨光辉：《民初政争与二次革命》，上海人民出版社 1983 年版。

55. [美] 费正清主编:《剑桥中华民国史》，章建刚等译，上海人民出版社 1991 年版。

资料部分

1.《庸言》
2.《申报》
3.《民国汇报》
4.《东方杂志》
5.《民立报》
6.《清议报》
7.《新民丛报》
8.《大共和日报》
9.《时报》
10.《大公报》
11.《民报》
12.《时务报》
13.《清议报》
14. 张枬、王忍之编:《辛亥革命前十年间时论选集》1—3 卷，生活·读书·新知三联书店 1960—1977 年版。
15. 中国人民政治协商会议文史资料研究委员会编:《文史资料选辑》第 53 辑，中国文史出版社 1964 年版。
16. 政协全国委员会资料研究委员会编:《文史资料选辑》第 82 辑，文史资料出版社 1982 年版。
17. 吴玉章:《吴玉章回忆录》，中国青年出版社 1978 年版。
18. 王韬:《弢园文录外编》，中华书局 1959 年版。
19. 湖南省社会科学院编:《黄兴集》，中华书局 1981 年版。
20. 易国干、宗彝、陈帮镇编:《黎副总统政书》，上海古今图书局 1915 年版。
21. 罗家伦主编:《革命文献》系列，台湾中央文物供应社 1983 年版。
22. 孙曜编:《中华民国史料》，上海文明书局 1929 年版。

23. 《政府公报》。
24. 《临时政府公报》。
25. 《临时公报》。
26. 《政治官报》。
27. 上海自由社编：《中华民国临时政府新法令》，上海自由社 1912 年版。
28. 张国福编：《参议院议事录参议院议决案汇编》，北京大学出版社 1989 年版。
29. 中国第一历史档案馆编：《清末筹备立宪档案史料》，中华书局 1979 年版。
30. 中国第二历史档案馆编：《中华民国档案资料汇编》，江苏古籍出版社 1986 年版。
31. 赵尔巽主编：《清史稿》，中华书局 1976 年版。
32. 中国史学会主编：《戊戌变法》，上海人民出版社 1957 年版。
33. 郭廷以：《近代中国史事日志》，中华书局 1987 年版。
34. 《中华民国史事纪要》编辑委员会主编：《中华民国史事纪要》，中央文物供应社 1974 年版。
35. 广东省社会科学院历史研究室编：《孙中山全集》，中华书局 1981—1986 年版。
36. 陈旭麓编：《宋教仁集》，中华书局 1981 年版。
37. 风岗及门弟子编：《三水梁燕孙先生年谱》，上海书店 1990 年版。
38. 丁文江、赵丰田编：《梁启超年谱长编》，上海人民出版社 1983 年版。
39. 陈锡祺主编：《孙中山年谱长编》，中华书局 1991 年版。
40. 上海社会科学院历史研究所编：《辛亥革命在上海史料选辑》，上海人民出版社 1966 年版。
41. 中国人民政治协商会议文史资料研究委员会编：《辛亥革命回忆录》，中华书局 1961—1963 年版。
42. 中国史学会主编：《辛亥革命》，上海人民出版社 1957 年版。
43. ［美］保罗·芮恩施：《一个美国外交官使华记》，李抱宏、盛震溯译，商务印书馆 1982 年版。

44. ［澳大利亚］骆惠敏：《清末民初政情内幕》，知识出版社 1986 年版。

45. 吴玉章：《辛亥革命》，外文出版社 1964 年版。

46. 《英国蓝皮书有关辛亥革命资料选译》，胡滨译，中华书局 1984 年版。

47. 胡汉民：《胡汉民自传》，《近代史资料》1981 年第 2 期。

48. 李云汉：《黄克强先生年谱》，中央文物出版社 1973 年版。

49. 章太炎：《章太炎自订年谱》，台湾商务印书馆 1980 年版。

50. 武汉大学历史系中国近代史教研室编：《辛亥革命在湖北史料选辑》，湖北人民出版社 1981 年版。

51. 中国社会科学院近代史研究所近代史资料编辑组编：《辛亥革命史料》，中华书局 1961 年版。

52. 经世文社编：《民国经世文编》，文海出版社 1970 年版。

53. 张怡祖辑：《张季子九录》，中华书局 1931 年版。

54. 林志钧编：《饮冰室合集》，中华书局 1941 年版。

55. 黄远庸：《远生遗著》，上海书店 1990 年版。

56. 魏源：《海国图志》，《续修四库全书》（744）史部·地理类，上海古籍出版社 1995 年版。

57. 徐继畬：《瀛寰志略》，《续修四库全书》（743）史部·地理类，上海古籍出版社 1995 年版。

58. 梅萼编：《邹鲁文存》，文海出版社 1985 年版。

59. 陆纯编：《袁大总统书牍汇编》，文海出版社 1966 年版。

60. 邹鲁：《回顾录》，文海出版社 1971 年版。

61. 章士钊：《甲寅杂志存稿》，商务印书馆 1921 年版。

62. 马建忠：《适可斋纪言纪行》，文海出版社 1968 年版。

63. 王韬：《弢园尺牍》，中华书局 1959 年版。

64. 续修四库全书编撰委员会编：《续修四库全书》史部·地理类，上海古籍出版社 1995 年版。

65. 中国社会科学院近代史研究所《近代史资料》编辑部：《近代史

资料》系列。
66. 杨立强等编：《张謇存稿》，上海人民出版社 1987 年版。
67. 陈旭麓等编：《孙中山集外集》，上海人民出版社 1990 年版。
68. 黄彦、李伯新编著：《孙中山藏档选编》（辛亥革命前后），中华书局 1986 年版。

后　记

本书是在笔者的博士学位论文基础之上，经简单修改而成。

武昌首义后，各省都督府代表联合会作为民意机构，为南方独立各省所接受，由此开启了中国共和立宪的新时代。不过，到了1913年11月，经由普选而产生的第一届国会因国民党籍议员证书被收缴，不能满足法定人数而无法开议，民国初年的议会政治遭遇顿挫。学术界对此现象从不同角度进行了探讨，笔者对此也深怀兴趣。2001年上半年，笔者与导师王国平先生讨论学位论文选题时，言及此事。先生认为，讨论民初议会政治顿挫的原因，有一定的学术价值，可以进行尝试。现在呈献在读者面前的这本书，就是笔者两年多初步思考的结果。

本书能够完成，首先要感谢我的导师王国平先生。我生性愚钝，对学术不够敏感，科研能力差，又不刻苦勤奋，实在不堪造就。然而，先生不以此为意，于2000年慨然接纳了我跟随先生攻读博士学位。先生的恩情，刻骨铭心！读书期间，先生循循善诱，将我引入学术之路。围绕博士论文选题，先生提出了很多建设性意见，并鼓励我到全国各地查找资料。我的博士论文能够完成，没有先生的鼓励与支持，是不可能实现的。毕业时，看到先生斑白的两鬓，心生无限感慨！先生在生活上也给予我莫大帮助。我是硕士毕业后直接攻读博士的，经济情况不好。为了解决我的后顾之忧，先生帮我申请了各项资助，包括苏州大学社会学院和苏州大学研究生处等单位和部门的各项资助。先生无微不至的关怀，难以言表！这里，要特别感谢美籍华人王振明先生。先生和王振明先生是朋友，非常要好。王振明先生有意资助寒门学子，先生立刻推荐了我。然而，毕业离校时，我却没能和王振明先生告别，至今引为憾事。论文写作期间，得到了师母陈珍棣老师的大力支持。师母在苏州大学社会学院资料室工作，坐拥书城。那里是我们的乐园。师母在我查资料时，提供了各种便利。师母兢兢业业的工作态度，令我印象深刻。苏州大学社会学院朱维老师是我读博时的班主任。朱老师为人和善，工作认真，我在学业、生活上遇到问题时，朱老师总是不厌其烦地帮助我。在此深表感谢。

在我博士论文写作期间，苏州大学段本洛教授、唐力行教授、陆建洪教授、俞政教授、王玉贵教授等各位教授对我的博士论文提出了许多指导和修改意见。他们的教导，提高了我的学养，拓宽了我的思路，使本书增色不少。在此一并感谢。

感谢我的博士论文评阅人，他们分别是：南京大学历史系张宪文教授、上海市社会科学院熊月之教授、南京大学历史系崔之清教授、华东理工大学石培华教授、南京大学张海林教授、南京大学历史系朱庆葆教授、扬州大学周新国教授、苏州大学唐力行教授、扬州大学吴善中教授、徐州师范大学安宇教授、徐州师范大学姜新教授等。各位先生的真知灼见，令我受益匪浅。

博士学位论文能够完成，也得益于同门师兄弟的启发和鼓励。徐旭阳师兄亦师亦兄，引领我做学问，教我做人。侯强师兄寡言少语，思想深邃；杨木武兄在工作繁忙之际，也会指点一二。读书期间，得到了同门同学王芹博士、物理学专家高雷教授夫妇的悉心关照。师兄杨大春、李传斌、顾卫星等，也都给予了无私帮助。方旭红、凌金铸、蔡晓荣等师兄弟均对论文写作有所建议。

江西师范大学历史系的各位领导和同事对我的工作予以了极大关怀。原历史文化与旅游学院院长方志远先生、党支部书记丁荣根老师对我的工作提供了便利。江西师范大学副校长张艳国教授对我经常予以鼓励。历史文化与旅游学院院长万振凡教授既是院长，也是中国近现代史学位点的负责人。在我最困难的时候，万院长给予大力支持，深表感谢。学院彭小云书记、项久恒副院长、陈晓鸣副院长、梁民愫副院长、谢兆元副书记、蔡泽琛主任对我也关爱有加，一并致以衷心的感谢。

特别需要感谢的是，在我读书期间，妻子张书美默默无闻地予以支持。她承担了所有家务，照顾小孩，还要工作。本书稿也得到了她的细心校对。每天面对各种琐碎事务，她无怨无悔。生活，洗去了她的青春。对她，我与其说是感谢，不如说是内疚。没有她的奉献，也就没有这部书稿。

本书能够出版，得到了江西师范大学研究生院的专项基金资助，在此深表感谢。由衷地祝福学校越办越好！